Problema no paraíso

Slavoj Žižek

Problema no paraíso

Do fim da história ao fim do capitalismo

Tradução:
Carlos Alberto Medeiros

ZAHAR

Para Jela – um messias que chegou bem na hora

Título original:
Trouble in Paradise
(From the End of History to the End of Capitalism)

Tradução autorizada da primeira edição inglesa, publicada em 2014
por Allen Lane, um selo de Penguin Books, de Londres, Inglaterra

Jorge Zahar Editor Ltda.
rua Marquês de S. Vicente 99 – 1º | 22451-040 Rio de Janeiro, RJ
tel (21) 2529-4750 | fax (21) 2529-4787
editora@zahar.com.br | www.zahar.com.br

Grafia atualizada respeitando o novo
Acordo Ortográfico da Língua Portuguesa

Preparação: Diogo Henriques | Revisão: Lucas Bandeira, Isadora Torres
Capa: adaptada da arte de Richard Green
Foto da capa: © Matt Carr/Getty Images

CIP-Brasil. Catalogação-na-fonte
Sindicato Nacional dos Editores de Livros, RJ

Žižek, Slavoj
Z72p Problema no paraíso: do fim da história ao fim do capitalismo/Slavoj Žižek; tradução Carlos Alberto Medeiros. – 1.ed. – Rio de Janeiro: Zahar, 2015.
il.

Tradução de: Trouble in paradise (from the end of history to the end of capitalism)
Apêndice
ISBN 978-85-378-1468-0

1. Globalização. 2. Capitalismo. 3. Movimentos sociais. 4. Sociologia política. I. Título.

15-23568
CDD: 303.482
CDU: 316.42

Sumário

Introdução
Divididos venceremos!

Ladrão de alcova, obra-prima de Ernst Lubitsch de 1932, é a história de Gaston e Lily, um feliz casal de ladrões que vive roubando os ricos, mas cuja vida se complica quando Gaston se apaixona por Mariette, uma de suas abonadas vítimas. A letra da canção que se ouve durante os créditos iniciais fornece uma definição do "problema"* a que o título se refere, da mesma forma que as imagens que a acompanham: primeiro vemos as palavras "*trouble in*", em seguida, embaixo dessas palavras, uma ampla cama de casal, e então, sobre a cama, em letras grandes, "*paradise*". Assim, esse "paraíso" é o das relações sexuais plenas: "*That's paradise/ while arms entwine and lips are kissing/ but if there's something missing/ that signifies/ trouble in paradise.*"** Falando de forma brutalmente direta, "problema no paraíso" é o nome dado por Lubitsch a *il n'y a pas de rapport sexuel.*

Então, onde está o problema no paraíso de *Ladrão de alcova*? Há uma ambiguidade fundamental em relação a esse aspecto-chave. A primeira resposta que se impõe é: embora Gaston ame Lily tanto quanto ama Mariette, a verdadeira relação sexual "paradisíaca" seria com Mariette, motivo pelo qual é essa relação que deverá permanecer impossível e irrealizada. Essa irrealização confere ao final do filme um toque de melancolia: todo o riso e a confusão do último minuto, toda a festiva exibição da parceria entre Gaston e Lily, só fazem preencher o vazio dessa melancolia. Não está Lubitsch apontando nessa direção com a repetida cena da cama de casal

* O título original em inglês, tanto do filme como deste livro, é *Trouble in Paradise* [Problema no paraíso]. (N.T.)

** Em tradução livre: "É o paraíso/ quando braços se enlaçam e lábios se beijam/ mas se alguma coisa estiver faltando/ isso significa/ um problema no paraíso." (N.T.)

vazia na casa de Mariette, uma cena que relembra a cama vazia durante os créditos do filme? Também há, contudo, a possibilidade de uma leitura exatamente oposta:

> Será que o paraíso não é na verdade o escandaloso caso de amor de Gaston e Lily, dois ladrões chiques que cuidam um do outro, enquanto o problema é a sublime e escultural Mariette? Será que Mariette, numa ironia fascinante, não é a cobra espreitando Gaston em seu Jardim do Éden encantadoramente pecaminoso? O paraíso, a boa vida, é a vida criminosa cheia de glamour e riscos, e a tentação maligna aparece sob a forma de madame Colet, cuja abastança sustenta a promessa de uma relaxada *dolce vita* sem a ousadia ou os subterfúgios do crime, apenas a monótona hipocrisia das classes respeitáveis.[1]

A beleza dessa leitura é que a inocência paradisíaca está situada na glamourosa e dinâmica vida do crime, de modo que o Jardim do Éden é equiparado ao submundo, enquanto o apelo da respeitabilidade associada à alta sociedade é equiparado à tentação da serpente. Entretanto, essa inversão paradoxal é explicada pelo sincero e rude acesso de raiva de Gaston, o primeiro e único no filme, representado sem elegância nem distanciamento irônico, depois que Mariette se recusa a chamar a polícia quando ele lhe conta que o presidente do conselho de sua empresa tem roubado milhões dela, sistematicamente, durante anos. A reprovação de Gaston deve-se ao fato de que, embora esteja pronta a chamar a polícia de imediato quando um ladrão comum como ele lhe rouba uma quantidade relativamente pequena de dinheiro ou bens, Mariette não hesita em desviar os olhos quando um membro de sua própria e respeitável classe rouba milhões. Não estaria Gaston parafraseando nisso a famosa afirmação de Brecht: "O que é roubar um banco comparado a fundar um?" O que é um roubo direto como os de Gaston e Lily comparado ao roubo de milhões sob o disfarce de obscuras operações financeiras?

Há nisso, contudo, um outro aspecto a ser notado: seria a vida criminosa de Gaston e Lily realmente tão "cheia de glamour e riscos"? Debaixo do glamour superficial de seus roubos não constituiriam eles "um casal essencialmente burguês, profissionais diligentes com gostos caros – yuppies antes do tempo? Gaston e Mariette, por outro lado, fazem o par verdadeiramente romântico, os amantes aventureiros e audazes. Ao voltar para Lily e para a criminalidade, Gaston faz a coisa sensata – retornar a sua 'estação', por assim dizer, optando pela vida rotineira que conhece. E ele o faz lamentando-se profundamente, o que transparece em seu longo diálogo final com Mariette, cheio de angústia e intensidade exuberante de ambos os lados".[2]

G.K. Chesterton observou como as histórias de detetive

> nos explicam de certa forma o fato de a civilização em si ser a mais sensacional das aventuras e a mais romântica das rebeliões ... Quando, num romance policial, um detetive se vê sozinho e de alguma forma se mostra absurdamente destemido em meio a facas e punhos no território dos bandidos, isso certamente serve para nos fazer lembrar que o agente da justiça social é que é a figura original e poética, enquanto ladrões e bandidos são apenas velhos e plácidos conservadores cósmicos, felizes na imemorial respeitabilidade dos macacos e dos lobos. O romance policial ... baseia-se no fato de que a moral é a mais obscura e audaciosa das conspirações.[3]

Não é essa também a melhor definição de Gaston e Lily? Esses dois ladrões não estariam vivendo em seu paraíso antes da queda na paixão ética? O que é fundamental aqui é o paralelo entre crime (roubo) e promiscuidade sexual: e se, em nosso mundo pós-moderno de transgressão autorizada, em que o compromisso marital é percebido como algo ridiculamente fora de época, os que se aferram a ele fossem os verdadeiros subversivos? E se, hoje em dia, o casamento convencional fosse "a mais obscura e audaciosa das transgressões"? Essa é justamente a premissa implícita de outro filme de Lubitsch, *Sócios no amor*: uma mulher leva uma vida calma e feliz com dois homens; numa experiência perigosa, tenta um casamento convencional, mas a iniciativa fracassa miseravelmente e ela retorna à segurança da vida com dois homens, de modo que o resultado final pode ser parafraseado a partir das palavras de Chesterton citadas acima:

> o casamento em si é a mais sensacional das aventuras e a mais romântica das rebeliões. Quando os amantes fazem seus votos matrimoniais, sozinhos e mostrando-se absurdamente destemidos em meio às múltiplas tentações dos prazeres promíscuos, isso certamente serve para nos fazer lembrar que o casamento é que é a figura original e poética, enquanto traidores e participantes de orgias são apenas velhos e plácidos conservadores cósmicos, felizes na imemorial respeitabilidade dos macacos e dos lobos promíscuos. Os votos matrimoniais ... baseiam-se no fato de que o casamento é o mais obscuro e audacioso dos excessos sexuais.

Uma ambiguidade homóloga está presente na escolha política básica com que hoje nos defrontamos. O conformismo cínico nos diz que os ideais emancipatórios de maior igualdade, democracia e solidariedade são enfadonhos e até perigosos, levando a uma sociedade sombria, exageradamente regulada, e que nosso único e verdadeiro paraíso é o "corrupto" universo capitalista existente. O engajamento emancipatório radical parte da premissa de que as dinâmicas capitalistas é que são enfadonhas, oferecendo mais do mesmo sob o disfarce da mudança constante, e que a luta por emancipação é ainda a mais perigosa de todas as aventuras.

Há uma maravilhosa anedota francesa sobre um inglês esnobe em visita a Paris que acha que entende francês. Ele vai a um restaurante caro no Quartier Latin e, quando o garçom lhe pergunta "*Hors d'oeuvre?*", sua resposta é: "Não, não estou desempregado, ganho o suficiente para poder comer aqui! Alguma sugestão de entrada?" O garçom sugere presunto cru: "*Du jambon cru?*" O esnobe responde: "Não, não acho que foi presunto que eu comi aqui da última vez. Mas tudo bem, pode servi-lo de novo. E o prato principal?" "*Un faux-filet, peut-être?*" O esnobe explode: "Traga-me o verdadeiro, já disse que tenho dinheiro suficiente! E depressa, por favor!" O garçom lhe assegura: "*J'ai hâte de vous servir!*", ao que o esnobe rebate: "Por que odeia me servir? Eu lhe daria uma boa gorjeta!" Finalmente, o esnobe chega à conclusão de que seu conhecimento de francês é limitado; para salvar sua reputação e provar que é um homem de cultura, decide, ao ir embora no final da tarde, dar boa-noite ao garçom em latim, já que o restaurante fica no Quartier Latin, e o brinda com um "*Nota bene!*".

Este livro avança em cinco fases, imitando as gafes do infeliz esnobe inglês. Começaremos pela *diagnose* das coordenadas básicas de nosso sistema capitalista global; prosseguiremos então para a *cardiognose*, o "conhecimento do coração" desse sistema, ou seja, a ideologia que nos faz aceitá-lo. Segue-se a *prognose*, a visão do futuro que nos aguarda se as coisas continuarem como estão, assim como as presumíveis aberturas ou saídas. Vamos concluir com a *epignose* (termo teológico que designa o conhecimento em que acreditamos, envolvendo-nos em nossos atos, subjetivamente assumidos), delineando formas subjetivas e organizacionais apropriadas à nova fase de nossa luta emancipatória. O apêndice vai examinar os impasses dessa luta em nossos dias usando como referência o último filme do Batman.

O "paraíso" do título deste livro faz referência ao paraíso do Fim da História (tal como elaborado por Francis Fukuyama: o capitalismo liberal-democrata como a melhor ordem social possível enfim encontrada), e o "problema", evidentemente, é a crise permanente que levou o próprio Fukuyama a abandonar sua ideia de Fim da História. Minha premissa é que aquilo que Alain Badiou chama de "hipótese comunista" é o único arcabouço adequado ao diagnóstico da crise. A inspiração veio da série de palestras que dei em Seul em outubro de 2013 como o Eminent Scholar na Universidade Kyung Hee. Ao aceitar o convite, minha primeira reação foi: não é uma loucura total falar sobre a Ideia de Comunismo na Coreia do Sul? A dividida Coreia não é o exemplo mais claro imaginável, quase clínico, de onde estamos hoje após o fim da Guerra Fria? De um lado, a Coreia do Norte dá corpo ao beco sem saída do projeto comunista do século XX; do outro, a Coreia do Sul vê-se em meio a um desenvolvimento capitalista explosivo, alcançando novos níveis de prosperidade e modernização tecnológica, com a Samsung solapando a primazia da própria Apple. Nesse sentido, a Coreia do Sul não seria a prova suprema de como é falso falar de uma crise global?

O sofrimento do povo coreano no século XX foi imenso. Não admira que – assim me contaram – mesmo hoje seja tabu na Coreia falar das atrocidades cometidas pelos japoneses durante a ocupação na Segunda Guerra Mundial. Eles temem que falar sobre isso possa perturbar a paz de espírito dos mais velhos: a destruição foi tão ampla que os coreanos fazem o possível para esquecer essa época e seguir em frente. Essa atitude, portanto, envolve uma inversão profundamente nietzschiana da fórmula padrão "perdoamos, mas não esquecemos". Com respeito às atrocidades perpetradas pelos japoneses, os coreanos têm um ditado: *esquecer, mas jamais perdoar.* E estão certos: há uma coisa muito hipócrita na fórmula "perdoar, mas não esquecer", que é duplamente manipulativa, já que envolve uma chantagem do superego: "Eu o perdoo, mas, não esquecendo seu erro, vou garantir que você sempre se sinta culpado por ele." Logo, como os coreanos suportam esse sofrimento? Gostaria de começar com o relato de Franco Berardi, teórico social italiano, de sua recente viagem a Seul:

> No final do século XX – após décadas de guerra, humilhação, fome e bombardeios terríveis –, a paisagem física e antropológica deste país havia sido reduzida a uma espécie de abstração devastada. Naquele ponto, a vida humana e a cidade se entregaram docilmente à mão transformadora da forma mais elevada de niilismo contemporâneo.
>
> A Coreia é o marco zero do planeta, um modelo para o futuro do mundo …
>
> Depois da colonização e das guerras, da ditadura e da fome, a mente sul-coreana, liberta da carga do corpo natural, entrou tranquilamente na esfera digital com um nível de resistência cultural mais baixo do que praticamente qualquer outra população do mundo. Essa é, em minha opinião, a principal fonte do incrível desempenho econômico que esse país tem tido no período da revolução eletrônica. No espaço cultural esvaziado, a experiência coreana é marcada por um grau extremo de individualização e ao mesmo tempo se orienta para o cabeamento final da mente coletiva.
>
> Essas mônadas solitárias caminham pelo espaço urbano em suave e contínua interação com fotos, tuítes, jogos surgindo de suas telinhas, perfeitamente isoladas e conectadas à serena interface do fluxo …

> A Coreia do Sul tem a mais alta taxa de suicídios do mundo … O suicídio é causa de morte mais comum de pessoas abaixo de quarenta anos neste país … Curiosamente, a taxa de suicídios na Coreia do Sul dobrou na última década … No espaço de duas gerações, sua condição certamente melhorou do ponto de vista de renda, nutrição, liberdade e possibilidade de viajar para o exterior. Mas o preço dessa melhoria tem sido a desertificação da vida cotidiana, a hiperaceleração dos ritmos, a individualização extrema das biografias e a precariedade do trabalho, que também significa uma competição agressiva …
>
> O capitalismo high-tech naturalmente implica uma produtividade sempre crescente e uma intensificação incessante dos ritmos de trabalho, mas também é a condição que tornou possível uma melhoria impressionante dos padrões de vida, nutrição e consumo … Mas a alienação atual é um tipo diferente de inferno. A intensificação do ritmo de trabalho, a desertificação da paisagem e a virtualização da vida emocional estão convergindo para produzir um nível de solidão e desespero que é difícil de recusar e combater conscientemente … Isolamento, competição, senso de insignificância, compulsão e fracasso: a cada ano, 28 pessoas em cada 100 mil têm sucesso em sua tentativa de escapar, e um número muito maior o tenta sem êxito.
>
> Como o suicídio pode ser considerado a marca decisiva da mutação antropológica ligada à transformação e à precarização digitais, não surpreende que a Coreia do Sul esteja em primeiro lugar no mundo no que se refere à taxa de suicídios.[4]

O retrato que Berardi faz da Coreia do Sul parece seguir o incomparável modelo dessas representações nas últimas décadas, o famoso retrato de Baudrillard de Los Angeles (em *América*) como um inferno hiper-real. É fácil demais rejeitar esse tipo de retrato como um exercício pretensioso pseudointelectual de pós-modernistas europeus que usam uma terra ou cidade estrangeira como tela em que projetam suas mórbidas distopias. A despeito de todos os exageros, há um grão de verdade neles; ou mais precisamente, parafraseando a conhecida frase de Adorno sobre a psicanálise, no retrato que Baudrillard faz de Los Angeles nada é verdade, exceto os exageros. E o mesmo vale para as impressões de Berardi sobre Seul: o que elas fornecem é a imagem de um lugar privado de sua história, um lugar *sem mundo*. Badiou refletiu que vivemos num espaço social progressivamente vivenciado como sem mundo. Até o antissemitismo nazista, com todos os seus horrores, abriu as portas de um mundo: ele descrevia sua situação crítica concebendo um inimigo, a "conspiração judaica": identificou um objetivo e os meios de atingi-lo. O nazismo apresentou a realidade de uma forma que permitia a seus súditos apreenderem um "mapa cognitivo" global, o qual incluía um espaço para seu envolvimento significativo. Talvez seja aí que se deva situar um dos principais perigos do capitalismo: embora seja global e abranja o mundo inteiro, ele mantém uma constelação ideológica sem mundo, *stricto sensu*, privando a grande maioria das pessoas de um mapa cognitivo significativo, qualquer que seja. O capitalismo é a primeira ordem socioeconômica a *destotalizar o significado*: no nível deste, ele não é global. Afinal, não há propriamente uma "visão de mundo capitalista", uma "civilização capitalista": a lição fundamental da globalização é precisamente que o capitalismo pode se acomodar em todas as civilizações, da cristã à hindu ou budista, do Ocidente ao Oriente. A dimensão global do capitalismo só pode ser formulada no nível da verdade sem significado, como o Real do mecanismo de mercado global.

Uma vez que na Europa a modernização se difundiu durante séculos, tivemos tempo de nos acomodar a ela, de suavizar seu impacto esmagador, por meio do *Kulturarbeit*, mediante a formação de novos mitos e narrativas sociais, enquanto outras sociedades – por exemplo, a muçulmana – foram expostas a esse impacto diretamente, sem uma tela protetora ou um mecanismo de retardo temporal, de modo que seu universo simbólico foi perturbado com brutalidade muito maior: elas perderam sua base (simbólica) sem terem tempo de estabelecer um novo equilíbrio (simbólico). Assim, não admira que a única forma que algumas dessas sociedades encontraram para evitar a desintegração total tenha sido erigir, em pânico, o escudo do "fundamentalismo", a reafirmação psicótico-delirante-incestuosa da religião como uma visão direta do Real divino, com todas as terríveis consequências que essa reafirmação implica, até o retorno violento dos obscenos sacrifícios exigidos pela divindade do superego. A ascensão do superego é outra característica que a permissividade pós-moderna e o novo fundamentalismo compartilham. O que os distingue é o local de onde é feita a exigência de satisfação: nós mesmos, na permissividade; Deus, no fundamentalismo.[5]

O maior símbolo dessa devastada Coreia pós-histórica talvez seja o grande acontecimento da música pop do verão de 2012: a música "Gangnam Style", cantada por Psy. Como curiosidade, vale a pena observar que o vídeo de "Gangnam Style" superou o de "Beauty and a Beat", de Justin Bieber, tornando-se o mais visto do YouTube em todos os tempos. Em 21 de dezembro de 2012, ele alcançou o número mágico de 1 bilhão de visualizações – e, uma vez que 21 de dezembro foi o dia que aqueles que levavam a sério as previsões do calendário maia esperavam ser o do fim do mundo, pode-se dizer que os antigos maias estavam certos: o fato de um vídeo como "Gangnam Style" chegar a 1 bilhão de visualizações é efetivamente o sinal do colapso de uma civilização. A música não é apenas altamente popular, mas também mobiliza as pessoas num transe coletivo, com dezenas de milhares gritando e dançando de uma maneira que imita alguém andando a cavalo, todos no mesmo ritmo e com uma intensidade nunca vista desde os primeiros dias dos Beatles, e venerando Psy como um novo Messias. A música é *psytrance* em seu pior, totalmente insípida e mecanicamente simples, na maior parte gerada por computador (lembremos que Psy – o nome do cantor – é uma abreviação de "*psytrance*"); o que a torna interessante é a forma como combina transe coletivo com autoironia. A letra da canção (e a montagem no vídeo) obviamente ironizava a insignificância e a vacuidade do estilo Gangnam, até mesmo, dizem alguns, de uma forma sutilmente subversiva – mas somos, não obstante, envolvidos no transe, capturados pelo estúpido ritmo de marcha, participando dela em pura mimese; *flash mobs* se materializam por todo o planeta imitando partes da canção etc. O estilo Gangnam não é uma ideologia apesar da irônica distância, mas por causa dela. A ironia desempenha o mesmo papel do estilo documental em *Ondas do destino*, de Lars von Trier, em que a forma austera de um pseudodocumentário torna palpável o conteúdo excessivo – de modo estritamente homólogo, a ironia autodepreciativa de "Gangnam Style" torna palpável a *jouissance* estúpida da música *rave*. Muitos espectadores acham a canção repulsivamente atraente, ou seja, "amam odiá-la", ou melhor, gostam de achá-la repulsiva, de modo que a tocam repetidamente para prolongar sua repulsa – essa natureza compulsiva da *jouissance* obscena em toda a sua estupidez é aquilo de que a verdadeira arte deveria nos libertar. Não deveríamos dar aqui um passo adiante e traçar um paralelo entre a apresentação de "Gangnam Style" num estádio de Seul e as apresentações montadas não muito longe, além da fronteira, em Pyongyang, para celebrar a glória dos amados líderes norte-coreanos? Não estamos, em ambos os casos, num ritual neossacro de *jouissance* obscena?

Pode parecer que na Coreia, assim como em outros lugares, numerosas formas de sabedoria tradicional sobrevivem para servir de rede de proteção contra o choque da modernização. Mas é fácil discernir como esses remanescentes da ideologia tradicional já foram transfuncionalizados, transformados em ferramentas ideológicas destinadas a facilitar a modernização acelerada – da mesma forma que a chamada espiritualidade oriental (budismo), com sua abordagem mais "suave", equilibrada, holística, ecológica (todas as histórias sobre como, digamos, ao cavar a terra para estabelecer os alicerces de uma casa, os budistas tibetanos têm o cuidado de não matar nenhum verme). Não é apenas que o budismo ocidental, esse fenômeno da cultura pop que prega o distanciamento interior e a indiferença diante do ritmo frenético da competição de mercado, seja provavelmente a maneira mais eficiente de participarmos plenamente da dinâmica capitalista, embora mantendo uma aparência de sanidade mental – em suma, a ideologia paradigmática do capitalismo tardio; deveríamos acrescentar que não é mais possível opor esse budismo ocidental à sua versão oriental "autêntica", e nesse ponto o caso do Japão oferece uma evidência conclusiva. Não apenas existe hoje, entre os gerentes japoneses, o fenômeno generalizado do "zen corporativo", mas nos últimos 150 anos as rápidas industrialização e militarização do país, com sua ética de disciplina e sacrifício, foram sustentadas pela grande maioria dos pensadores zen.

O que encontramos aqui é a lógica dialética da transfuncionalização histórica: numa constelação histórica modificada, um remanescente do passado pré-moderno pode começar a funcionar como símbolo daquilo que é traumaticamente insuportável na modernidade extrema. O mesmo vale para o papel de vampiros em nosso imaginário ideológico. Stacey Abbott[6] demonstrou de que modo o cinema reinventou totalmente o arquétipo do vampiro: em vez de representar o primitivo e o folclórico, o vampiro veio a encarnar a própria experiência da modernidade. Não usando mais a capa e o caixão, o vampiro de hoje mora em grandes cidades, ouve música punk, abraça a tecnologia e se adapta a qualquer situação.

Evidentemente, isso não implica de forma alguma que o budismo possa ser reduzido à ideologia capitalista. Para esclarecer esse ponto, tomemos um exemplo surpreendente. Em 1991, Richard Taruskin publicou uma resenha de livro na qual rejeitava ferozmente toda a música de Serguei Prokofiev como de má qualidade, com exceção da produzida em sua juventude. A música que Prokofiev produziu no Ocidente é "contaminada ou podre, justificadamente descartada e inaproveitável" em sua modernidade superficial; deveria competir com a de Stravinsky, mas não conseguiu. Percebendo isso, Prokofiev refugiou-se na Rússia e em Stálin, onde suas obras foram arruinadas pelo "carreirismo" e "talvez uma indiferença culpável … camuflados por uma fachada apolítica". Na União Soviética, Prokofiev foi primeiro um cúmplice de Stálin e depois sua vítima, mas, sob a superfície, havia sempre o "perfeito vazio" de um músico "absoluto" "que só escrevia música, ou melhor, que escrevia 'apenas música'".[7] Injustas como possam ser, essas afirmações apontam para um tipo de atitude quase psicótica da parte de Prokofiev: em contraste com outros compositores soviéticos arrastados no turbilhão das acusações stalinistas (Shostakovich, Khachaturian e outros), em Prokofiev não há dúvidas íntimas, histeria, ansiedade – ele suportou a campanha antiformalista de 1948 com uma serenidade quase psicótica, como se na verdade não lhe dissesse respeito. (A própria loucura de seu retorno à URSS em 1936, no auge dos expurgos stalinistas, é um sinal eloquente de seu estado mental.) O destino de suas obras durante o stalinismo não deixa de ser irônico: a maioria de seus trabalhos seguindo a linha do partido foi criticada e rejeitada como fraca e insincera (o que de fato era), enquanto suas obras de câmara "dissidentes" de caráter íntimo (as sonatas para piano números 7 e 8, a primeira sonata para violino e a sonata para violoncelo) lhe renderam o Prêmio Stálin. De especial interesse foi a justificativa ideológica (obviamente sincera) que ele deu para sua obediência total às exigências stalinistas: o stalinismo foi adotado na sequência de sua adesão à Ciência Cristã. No universo gnóstico da Ciência Cristã, a realidade material é apenas uma aparência que se deve superar para se chegar à beatitude espiritual mediante o trabalho duro e a renúncia. Prokofiev transpôs essa mesma atitude para o stalinismo, vendo as exigências-chave da estética stalinista – simplicidade, harmonia, felicidade – através das lentes gnósticas. Usando o termo proposto por Jean-Claude Milner, podemos dizer que, embora o universo de Prokofiev não fosse homogêneo ao stalinismo, era definitivamente *homogénéisable* ("homogeneizável") – Prokofiev não se acomodou simples e oportunisticamente à realidade stalinista. E essa mesma questão deve ser posta hoje: embora seja estúpido afirmar que a espiritualidade budista é homogênea ao capitalismo global, ela é definitivamente homogeneizável a ele.

De volta à Coreia, essa análise parece ser confirmada por *Propaganda*, um documentário de 2012 (facilmente acessível on-line) sobre o capitalismo, o imperialismo e a manipulação de massa da cultura ocidental para fins de comodificação e como eles permeiam todos os aspectos das vidas das massas jubilosamente ignorantes, à beira da zumbificação. É um *mockumentary* apresentado como norte-coreano, embora tenha sido realizado por um grupo da Nova Zelândia – mas, como dizem na Itália, *Se non è vero, è ben trovato*. O uso do medo e da religião para manipular as massas, assim como o papel da mídia, fornecendo distrações pitorescas para nos impedir de pensar sobre os problemas maiores, tudo é abordado. Uma das melhores partes do filme é quando arrasa a cultura de veneração das celebridades: falando em Madonna e Brad e Angelina "atrás de crianças nos países do terceiro mundo"; a obsessão ocidental pelas vidas glamourosas de celebridades e por sua arrogância, ao mesmo tempo que ignora a sorte dos sofredores e dos sem-teto; celebridades transformadas em instrumentos de comodificação a tal ponto que elas nem o percebem, o que muitas vezes as leva à insanidade – tudo isso é tão evidente que assusta. É o mundo à nossa volta. O filme inteiro, especialmente a parte referente a Michael Jackson – um olhar sobre "o que os Estados Unidos fizeram a esse homem" –, soa tão verdadeiro que é um pouco difícil de digerir. Se em *Propaganda* alguém apagasse uma breve passagem aqui e ali em que aparecem menções à sabedoria de seu grande e amado líder etc., teríamos uma crítica padrão – não ao estilo marxista tradicional, porém mais especificamente na linha marxista ocidental da Escola de Frankfurt – do consumismo, da comodificação e da *Kulturindustrie*. Mas o que deveria atrair nossa atenção é uma advertência que surge no início do filme: a voz do narrador diz aos espectadores que, embora a sujeira e a perversidade que vão ver possam embaraçá-los e chocá-los, o grande e amado Líder decidiu confiar em que eles sejam suficientemente maduros para ver a horrível verdade do mundo exterior – palavras utilizadas por uma autoridade maternal benevolente e protetora quando decide informar seus filhos de um fato desagradável.

Para entender a condição ideológica da Coreia do Norte, não se pode deixar de mencionar a mítica Xangri-Lá do filme *Horizonte perdido*, de James Hilton, um vale isolado do Tibete em que as pessoas levavam vidas felizes e modestas, totalmente isoladas da corrupta civilização global e sob o domínio benevolente de uma elite instruída. A Coreia do Norte é o mais próximo que chegamos de Xangri-Lá nos dias de hoje – em que sentido? A ideia, proposta por Pierre Legendre e outros lacanianos, é que o problema de hoje é o declínio do Nome-do-Pai, da simbólica autoridade paterna: em sua ausência, explode o narcisismo patológico, evocando o espectro do Verdadeiro Pai primordial. Embora essa ideia deva ser rejeitada, ela é plenamente justificada ao apontar que o declínio do Mestre não garante de modo algum a emancipação, mas pode muito bem engendrar formas muito mais opressivas de dominação. Seria a Coreia do Norte o último bastião do stalinismo, misturando o controle totalitário com o autoritarismo confuciano? Eis a letra da canção política mais popular naquele país:

Ah, Partido dos Trabalhadores Coreanos, em cujo peito
Minha vida começa e termina
Seja eu enterrado no solo ou aspergido ao vento
Continuo seu filho e uma vez mais retorno ao seu peito!
Confiando meu corpo a seu olhar afetuoso,
Sua mão amorosa estendida,
Eu choro para sempre na voz de uma criança,
Mãe! Não posso viver sem minha Mãe!

Foi isso que sinalizaram os excessivos lamentos após a morte de Kim Il-sung: "Não posso viver sem minha Mãe!" Outra prova disso são os verbetes "mãe" e "pai" do *Dicionário da Língua Coreana*, publicado naquele país em 1964:

mãe: 1) A mulher que deu à luz alguém: Pai e mãe; amor de mãe. *A benevolência da mãe é maior que uma montanha, mais profunda que o oceano.* Também usada no sentido de "uma mulher que tem um filho": *O que todas as mães ansiosamente desejam é que seus filhos cresçam saudáveis e se tornem grandes operários vermelhos.* 2) Termo respeitoso para designar uma pessoa com idade semelhante à mãe de alguém: *O Camarada Líder do Pelotão chamava a mãe de Dŏngmani de "mãe" e sempre a ajudava em suas tarefas.* 3) Metáfora para ser amável, cuidar de tudo e preocupar-se com os outros: *Os funcionários do Partido devem tornar-se mães que incessantemente amam e ensinam as massas de correligionários, assim como levantar a bandeira no front das atividades.* Em outras palavras, uma pessoa encarregada dos alojamentos deve tornar-se mãe dos que ali se abrigam. Isso significa cuidar de tudo diligentemente: se alguém está resfriado ou doente, como estão comendo e assim por diante. 4) Metáfora para a fonte de que alguém se origina: *O Partido é a grande mãe de tudo que é novo. A necessidade é a mãe da invenção.*
pai: o marido da mãe de nascença de alguém.[8]

Talvez seja por isso que, até o terceiro Kim, a mãe do líder nunca tenha sido mencionada em público: o Líder era hermafrodita, com uma predominância de traços femininos. Seria isso uma contradição com a política norte-coreana da "força militar em primeiro lugar", com a dureza de sua disciplina e treinamento militares? Não, trata-se de dois lados da mesma moeda. A figura da mãe de que estamos tratando aqui é a chamada mãe onipotente, devoradora e "não castrada": a respeito da verdadeira mãe, Jacques-Alain Miller observou que "temos aí não apenas a mãe insatisfeita, mas também a todo-poderosa. E o aspecto apavorante dessa figura da mãe lacaniana é que ela é ao mesmo tempo todo-poderosa e insatisfeita".[9] Aí reside o paradoxo: quanto mais "onipotente" pareça uma mãe, mais insatisfeita (ou seja, "carente") será ela: "A mãe lacaniana corresponde à fórmula *quaerens quem devoret*: ela procura alguém para devorar, e assim Lacan a apresenta como o crocodilo, o sujeito com a boca aberta."[10] Essa mãe devoradora não responde (à demanda do filho por um sinal de amor) e é como tal que parece onipotente: "Como a mãe não responde ... é transformada num agente real que detém o poder inclemente ... se o Outro não responde, é transformado num poder devorador."[11] É por isso que os traços feminizados claramente discerníveis nos retratos oficiais dos dois Kims não são acidentais. Citando B.R. Myers:

> Kim [Il-sung] foi mais uma mãe para seu povo do que um rígido patriarca confuciano: ele ainda é mostrado como suave e solícito, acolhendo adultos chorosos em seus amplos seios, abaixando-se para atar os cadarços das botas de um jovem soldado ou deixando crianças excitadas pularem sobre ele. A tradição prossegue com Kim Jong-il, que foi chamado de "mais mãe do que todas as mães do mundo". Sua política de força militar em primeiro lugar pode vir com o título de General, mas os relatórios sobre suas infindáveis inspeções em bases do exército concentram-se fundamentalmente em sua escrupulosa preocupação com a saúde e o conforto das tropas. O ridículo internacional de sua aparência é, portanto, ao mesmo tempo injusto e tedioso. Qualquer um que já tenha visto uma multidão de mães coreanas esperando do lado de fora de uma sala de provas não terá dificuldade em reconhecer a parca insípida e os ombros curvados de Kim, nem a face sofredora sob o

permanente em forma de almofada: essa é uma mãe que não tem tempo para pensar em si mesma.[12]

Será então que a Coreia do Norte representa algo semelhante à Kali indiana – a deusa benevolente/assassina – no poder? Deveríamos distinguir aqui a existência de níveis: na Coreia do Norte, o nível superficial do discurso masculino-militar do Líder como "General", com a ideia *Juche* de autodeterminação, da humanidade como Mestre de si mesma e de seu destino, é sustentada pelo nível mais profundo do Líder como protetor maternal. Eis como Myers formula o axioma básico da ideologia norte-coreana: "O povo coreano tem o sangue muito puro, e portanto é demasiado virtuoso para sobreviver neste mundo maligno sem um grande líder paternal."[13] Não seria esse um belo exemplo da metáfora paternal segundo a fórmula lacaniana, do Nome-do-Pai como substituto metafórico do desejo da mãe? O Nome-do-Pai (Líder/General) e, por baixo dele, o desejo protetor/destrutivo da mãe?[14]

Um dos lugares-comuns da nova era é que nós no Ocidente somos demasiadamente subjugados pelo princípio masculino/paternal da dominação, disciplina, luta e assim por diante, e que, para restabelecer o equilíbrio, deveríamos reafirmar o princípio feminino da dedicação e da proteção amorosas. Entretanto, exemplos de figuras políticas "duras", de Indira Gandhi a Margaret Thatcher, deveriam nos fazer pensar. Hoje em dia a figura de autoridade preponderante não é mais o Mestre patriarcal. Nem mesmo o totalitarismo é um discurso do Mestre; mas a trágica experiência de muitas revoluções em que a derrubada do antigo Mestre terminou num terror muito mais brutal não deveria de forma alguma nos conduzir a advogar um retorno à autoridade paternal simbólica como único modo de escapar do impasse autodestrutivo do self multiforme narcisista característico do capitalismo tardio. E isso nos leva de volta a Berardi. Embora sejam tão diferentes quanto se possa imaginar, as Coreias do Norte e do Sul compartilham uma qualidade básica: ambas são sociedades pós-patriarcais. Assim, o motivo pelo qual *Propaganda* frequentemente parece tão verdadeiro que é difícil de aceitar é não apenas o fato, conhecido desde as *Cartas persas* de Montesquieu, de que o olhar ingênuo de um estrangeiro é capaz de perceber em nossa cultura coisas que nós mesmos, imersos como estamos nela, não conseguimos ver, mas também que a oposição extrema entre Coreia do Norte e do Sul é sustentada pela similitude subjacente indicada pelo título do filme: dois modos extremos de atemporalidade, de suspensão da própria historicidade. (Por isso o termo "propaganda" é ele mesmo emblemático: o falso documentário usa como título uma palavra que corresponde ao seu próprio universo ideológico – norte-coreano.)

HÁ UMA HISTÓRIA judaica bem conhecida sobre uma criança que, depois de ouvir de um rabino uma lenda antiga e maravilhosa, pergunta a ele, entusiasmada: "Mas isso realmente aconteceu? É verdade?" O rabino responde: "Não aconteceu realmente, mas é verdade." Essa afirmação da verdade simbólica "mais profunda" em contraste com a factual deveria ser complementada por seu oposto – nossa reação a muitos eventos "espetaculares" só pode ser uma: "Efetivamente, aconteceu, mas não é verdade." Assim, deveríamos todos ser mais gratos diante de qualquer sinal de esperança, não importa quão pequeno pareça, como a existência do Café Photo em São Paulo. Anunciado como "entretenimento com um toque especial", ele é – segundo me disseram – um local de encontro de prostitutas de alta classe com seus potenciais clientes. Embora esse fato seja bem conhecido do público, a informação não aparece no site: oficialmente, "é um lugar para encontrar a melhor companhia para sua noite". Lá, as coisas realmente acontecem com um toque especial: as próprias prostitutas – na maioria estudantes de ciências humanas – podem escolher seus fregueses. Os homens (potenciais clientes) entram, sentam-se à uma das mesas, pedem um drinque e esperam, sendo observados pelas mulheres. Se uma mulher acha um deles aceitável, senta-se à sua mesa, deixa-o pagar um drinque e inicia uma conversa sobre algum tema intelectual, geralmente algo ligado à cultura, por vezes até mesmo teoria da arte. Se considerar o homem suficientemente inteligente e atraente, pergunta se ele gostaria de levá-la para a cama e lhe diz o preço. Esse é um tipo de prostituição com um toque feminista, se é que isso é possível – mesmo que, como frequentemente ocorre, o toque feminista seja compensado por uma limitação de classe: tanto prostitutas quanto clientes são de classe alta ou pelo menos classe média alta. Assim, humildemente, dedico este livro às prostitutas do Café Photo em São Paulo.

1. Diagnose: *Hors d'oeuvre?*

Crise, que crise?

A situação atual na Coreia do Sul não pode deixar de evocar as famosas linhas iniciais de *Um conto de duas cidades*, de Charles Dickens: "... foi a primavera da esperança, o inverno do desespero, tínhamos tudo diante de nós, não tínhamos nada diante de nós, íamos todos diretamente para o Céu, estávamos todos indo diretamente no sentido oposto". Assim, na Coreia do Sul, encontramos um desempenho econômico de ponta, mas com a intensidade frenética do ritmo de trabalho; um paraíso do consumismo desenfreado, mas permeado por um inferno de solidão e desespero; uma riqueza material abundante, mas com a desertificação da paisagem; a imitação de tradições ancestrais, mas com a mais alta taxa de suicídios do mundo. Essa ambiguidade radical embaralha a imagem da Coreia do Sul como a maior história de sucesso de nossos dias – sucesso, sim, mas de que tipo?

A edição do Natal de 2012 da revista *Spectator* abria com o editorial "Por que 2012 foi o melhor de todos os anos", que argumenta contra a percepção de que vivemos num "mundo perigoso, cruel, onde as coisas vão mal e estão piorando":

> Pode não parecer, mas 2012 foi o melhor ano da história do mundo. Isso soa como uma afirmação extravagante, mas tem origem nas evidências. Nunca houve menos fome, menos doenças ou mais prosperidade. O Ocidente continua na estagnação econômica, mas a maioria dos países em desenvolvimento está avançando, e pessoas estão sendo tiradas da pobreza à taxa mais

> elevada de que se tem registro. O custo em vidas cobrado pela guerra e pelos desastres naturais é também generosamente baixo. Estamos vivendo uma era de ouro.[1]

A mesma ideia foi desenvolvida em detalhes por Matt Ridley – eis a sinopse de seu livro *O otimista racional*:

> Uma resposta vigorosa ao pessimismo que prevalece em nossos dias, [o livro] prova, não importa o quanto desejemos pensar o contrário, que as coisas estão melhorando. Por volta de 10 mil anos atrás havia menos de 10 milhões de pessoas no planeta. Hoje em dia há mais de 6 bilhões, 99% das quais têm mais alimentos, abrigos, diversão e proteção contra doenças do que seus ancestrais da Idade da Pedra. A disponibilidade de quase tudo que uma pessoa possa desejar ou necessitar tem aumentado de forma errática por 10 mil anos e se acelerou rapidamente nos últimos duzentos: calorias, vitaminas, água limpa, máquinas, privacidade, meios de viajar mais depressa do que podemos correr e capacidade de nos comunicarmos a distâncias mais longas do que as que seriam alcançáveis por nossos gritos. No entanto, estranhamente, por mais que as coisas melhorem em relação ao que eram antes, as pessoas ainda se agarram à crença de que o futuro será inevitavelmente desastroso.[2]

> E Os anjos bons da nossa natureza, de Steven Pinker, nos fornece mais do mesmo. Eis sua sinopse: Acreditem ou não, hoje em dia podemos estar vivendo o momento mais pacífico de nossa existência como espécie. Nesta nova obra cativante e polêmica, o escritor Steven Pinker, autor best-seller do *New York Times*, mostra que, apesar das incessantes notícias sobre guerra, crime e terrorismo, a violência tem "na verdade" declinado ao longo da história. Demolindo mitos sobre a violência inerente da humanidade e o curso da modernidade, este livro ambicioso dá continuidade à investigação de Pinker sobre a essência da natureza humana, misturando psicologia e história para fornecer um retrato notável de um mundo cada vez mais civilizado.[3]

Frequentemente se ouve na mídia, sobretudo nos países não europeus, uma versão mais modesta desse otimismo, com foco na economia: crise, que crise? Vejam os BRICs ou a Polônia, a Coreia do Sul, Cingapura, Peru, muitos países da África subsaariana: estão todos progredindo. Os perdedores são apenas a Europa ocidental e, até certo ponto, os Estados Unidos, de modo que não estamos enfrentando uma crise global, somente uma mudança na dinâmica do progresso, que se afasta do Ocidente. Não seria um símbolo poderoso dessa mudança o fato de que ultimamente muitas pessoas estão voltando de Portugal, país que atravessa uma crise profunda, para Moçambique e Angola, ex-colônias portuguesas – mas agora como imigrantes econômicos, não como colonizadores? Nossa tão pranteada crise dificilmente seria digna desse nome se fosse uma simples crise local num quadro mais amplo de progresso geral. Mesmo no que se refere aos direitos humanos: será que a situação na China e na Rússia não é melhor agora do que cinquenta anos atrás? Condenar a crise econômica como um fenômeno global é tipicamente uma visão eurocêntrica – e, além disso, uma visão proveniente de esquerdistas que em geral se orgulham de seu antieurocentrismo.

Com muitas restrições, pode-se quase aceitar os dados a que esses "racionalistas" se referem. Sim, hoje em dia vivemos definitivamente melhor do que nossos ancestrais de 10 mil anos atrás na Idade da Pedra, e mesmo um prisioneiro comum de Dachau (o campo de *trabalho* nazista, e não Auschwitz, o campo de *extermínio*) provavelmente vivia pelo menos um pouco melhor do que um escravo prisioneiro dos mongóis. E assim por diante. Mas há algo faltando nessa história.

Primeiro – devemos refrear aqui nossa euforia anticolonialista –, a pergunta a ser feita é: se a Europa está em gradual decadência, *o que está substituindo sua hegemonia*? A resposta é: "o capitalismo com valores asiáticos" (o qual, evidentemente, nada tem a ver com o povo da Ásia, e tudo com a clara e atual tendência do capitalismo contemporâneo de suspender a democracia). A partir de Marx, a esquerda realmente radical nunca foi apenas "progressista". Sempre foi obcecada pela pergunta: qual é o preço do progresso? Marx era fascinado pelo capitalismo, pela produtividade sem precedentes por ele trazida; só que ele insistia em que esse mesmo sucesso engendra antagonismos. E deveríamos fazer o mesmo com o progresso do capitalismo global nos dias de hoje: ter em vista o seu lado oculto sombrio, que fomenta revoltas.

O que tudo isso implica é que os conservadores atuais não são realmente conservadores. Embora endossem plenamente o processo de autorrevolução continuada do capitalismo, querem apenas torná-lo mais eficiente, complementando-o com algumas instituições tradicionais (a religião, por exemplo) a fim de restringir suas consequências negativas para a vida social e manter a coesão da sociedade. Hoje em dia, um verdadeiro conservador é aquele que admite plenamente os antagonismos e dilemas dos capitalismos globais, que rejeita o progressismo primário e está atento ao anverso obscuro do progresso. Nesse sentido, somente um esquerdista radical pode ser agora um verdadeiro conservador.

As pessoas não se rebelam quando "as coisas realmente vão mal", mas quando suas expectativas são frustradas. A Revolução Francesa ocorreu depois de o rei e os nobres terem perdido gradualmente, durante décadas, o controle do poder; a revolta anticomunista de 1956 na Hungria explodiu depois que Imre Nagy já era primeiro-ministro havia dois anos, após debates (relativamente) livres entre intelectuais; as pessoas rebelaram-se no Egito em 2011 porque tinha havido algum progresso econômico durante o governo Mubarak, o que proporcionara a ascensão de toda uma classe de jovens instruídos que participavam da cultura digital universal. E é por isso que os comunistas chineses têm razão para estar em pânico: precisamente porque, na média, os chineses agora vivem consideravelmente melhor do que quarenta anos atrás, mas os antagonismos sociais (entre os novos-ricos e os outros) têm explodido, e as expectativas das pessoas são agora muito maiores. Esse é o problema do desenvolvimento e do progresso: eles são sempre desiguais, dando origem a instabilidades e antagonismos e gerando expectativas que não podem ser realizadas. Na Tunísia ou no Egito pouco antes da Primavera Árabe, a maioria das pessoas provavelmente vivia um pouco melhor do que décadas atrás, mas os padrões pelos quais avaliavam sua (in)satisfação eram muito mais elevados.

De modo que, sim, a *Spectator*, Ridley, Pinker e seus companheiros de viagem estão certos, em princípio, mas os próprios fatos que enfatizam estão criando condições para a rebelião e a revolta. O erro a ser evitado é aquele cujo melhor exemplo é dado por uma história (apócrifa, talvez) a respeito do economista keynesiano de esquerda John Kenneth Galbraith. Antes de uma viagem à URSS no final da década de 1950, ele escreveu a seu amigo anticomunista Sidney Hook: "Não se preocupe, não serei seduzido pelos soviéticos nem voltarei para casa proclamando que eles chegaram ao socialismo!" Hook respondeu prontamente: "Mas é isso que me preocupa – que você volte afirmando que a URSS NÃO é socialista!" O que preocupava Hook era a defesa ingênua da pureza do conceito: se as coisas vão mal na construção de uma sociedade socialista, isso não invalida a ideia em si, apenas significa que não a implementamos corretamente. Não detectamos a mesma ingenuidade no atual fundamentalismo do mercado? Quando, durante um recente debate na TV na francesa, Guy Sorman proclamou que a democracia e o capitalismo andam necessariamente de mãos dadas, não pude deixar de fazer a pergunta óbvia: "Mas o que dizer da China atual?" Ele replicou: "Não existe capitalismo na China!" Para Sorman, fanaticamente pró-capitalista, se um país não é democrático, isso significa simplesmente que não é de fato capitalista, mas pratica uma versão desfigurada do capitalismo, da mesma forma que, para um comunista democrático, o stalinismo simplesmente não era uma forma autêntica de comunismo. O erro subjacente não é difícil de identificar. É o mesmo da conhecida piada: "Minha noiva nunca chega atrasada para um encontro porque no momento em que se atrasar não será mais minha noiva!" É assim que os atuais apologistas do livre mercado explicam a crise de 2008: não foi a deficiência do livre mercado que causou crise, e sim a regulamentação excessiva do Estado, ou seja, o fato de nossa economia de mercado não ser autêntica, de ainda estar sob as garras do Estado de bem-estar social. Quando nos aferramos a essa pureza do capitalismo de mercado, minimizando suas falhas como infortúnios acidentais, terminamos num progressismo ingênuo que ignora a dança insana dos opostos.

Um dos exemplos mais marcantes dessa dança insana é, na esfera econômica, a estranha coexistência do pleno emprego com a ameaça do desemprego: quanto mais intensamente trabalham os que estão empregados, mais generalizada é a ameaça de desemprego. Assim, a situação atual nos compele a mudar a ênfase de nossa leitura de *O capital*, de Marx, do tema geral da reprodução capitalista para, como diz Fredric Jameson, "a centralidade estrutural fundamental do desemprego no texto do próprio *O capital*": "o desemprego é estruturalmente inseparável da dinâmica de acumulação e expansão que constitui a própria natureza do capitalismo em si".[4] Naquele que é possivelmente o ponto extremo da "unidade dos opostos" na esfera econômica, é o próprio sucesso do capitalismo (aumento da produtividade etc.) que produz desemprego (tornando inúteis mais e mais trabalhadores): o que devia ser uma bênção (menor necessidade de trabalho duro) torna-se uma maldição. Dessa maneira, o mercado mundial é, com respeito a sua dinâmica imanente, "um espaço em que todos já foram trabalhadores produtivos e em que o trabalho começou por toda parte a ser precificado fora do sistema".[5] Isso significa que, no contínuo processo de globalização capitalista, a categoria dos desempregados adquiriu uma nova qualidade além da clássica noção de "exército de reserva de mão de obra". Devem-se considerar, em termos da categoria do desemprego, "aquelas enormes populações ao redor do mundo que foram, por assim dizer, 'expulsas da história', deliberadamente excluídas dos projetos modernizantes do capitalismo do Primeiro Mundo e desvalorizadas como casos sem esperança ou terminais":[6] os chamados "Estados falidos" (Congo, Somália), vítimas da fome ou de desastres ecológicos, presas de "ódios étnicos" pseudoarcaicos, objetos de filantropia e de ONGs ou (frequentemente o mesmo povo) da "guerra contra o terror". A categoria dos desempregados deveria assim ser ampliada para abranger o amplo arco populacional que vai dos desempregados temporários, passando pelos não mais empregáveis e pelos desempregados permanentes, até as pessoas que vivem em favelas e outros tipos de guetos (todas elas frequentemente menosprezadas por Marx como "lumpemproletariado") e, finalmente, áreas, populações ou Estados inteiros excluídos do processo capitalista global, como os espaços em branco dos mapas antigos. Será que essa ampliação do círculo dos "desempregados" não nos leva de volta de Marx a Hegel:

a "plebe" retorna, emergindo no próprio cerne das lutas emancipatórias? Isso significa que essa recategorização muda todo o "mapa cognitivo" da situação: o inerte pano de fundo da História se torna um agente potencial da luta emancipatória.

Devemos, contudo, apontar três restrições à apresentação que Jameson faz dessa ideia. Primeiro, deve-se corrigir o bloco semiótico por ele proposto, cujos termos são: 1) os trabalhadores; 2) o exército de reserva dos (temporariamente) desempregados; 3) os (permanentemente) desempregados e 4) os "formalmente empregados",[7] mas não empregáveis. Um quarto termo mais apropriado não seria os *ilegalmente empregados*, desde os que trabalham nas favelas e nos mercados negros até as diferentes formas de escravidão? Em segundo lugar, Jameson deixa de enfatizar o modo como esses "excluídos" são, não obstante, frequentemente *incluídos* no mundo do mercado. Tomemos o exemplo do Congo de hoje: por trás da fachada das "paixões étnicas primitivas" mais uma vez explodindo no "coração das trevas" africano, é fácil discernir os contornos do capitalismo global. Após a queda de Mobutu, o Congo não mais existe como um Estado unido em funcionamento; sua parte leste, em particular, consiste numa multiplicidade de territórios governados por chefes militares locais controlando sua faixa de terra com exércitos que, via de regra, incluem crianças drogadas. Cada um desses chefes tem vínculos de negócios com uma companhia ou corporação estrangeira que explora a riqueza – principalmente mineral – da região. Os arranjos atendem às duas partes: a corporação ganha os direitos de mineração sem pagamento de impostos e assim por diante, enquanto o chefe militar recebe sua remuneração. A ironia é que esses recursos minerais são usados em produtos de alta tecnologia, como laptops e celulares. Assim, em suma, esqueça o hábito de culpar pelos conflitos os "costumes selvagens" das populações locais: basta tirar da equação as companhias estrangeiras de alta tecnologia e todo o edifício das "guerras étnicas fomentadas por antigas paixões" irá desmoronar.[8] E, em terceiro lugar, a categoria dos "formalmente empregados" deve ser complementada pelo seu oposto: os desempregados instruídos. Hoje em dia, toda uma geração de estudantes quase não tem chance de encontrar empregos adequados, o que leva a protestos de massa. A pior maneira de superar essa brecha é subordinar diretamente a educação às exigências do mercado – se não por outra razão, pelo fato de a própria dinâmica do mercado tornar "obsoleta" a educação fornecida pelas universidades. Esses estudantes não empregáveis estão destinados a desempenhar um papel-chave na organização dos futuros movimentos emancipatórios (como já fizeram no Egito e nos protestos na Europa, da Grécia ao Reino Unido). A mudança radical nunca é desencadeada apenas pelos pobres. A incorporação de uma geração de jovens não empregáveis instruídos (combinada com uma tecnologia digital moderna e amplamente disponível) oferece a perspectiva de uma situação propriamente revolucionária.

Jameson acrescenta aqui outro ponto-chave: ele caracteriza esse novo desemprego estrutural como uma forma de *exploração*. Os explorados não são apenas trabalhadores produzindo mais-valia apropriada pelo capital, mas também aqueles estruturalmente impedidos de ser apanhados no vórtice capitalista do trabalho assalariado explorado, incluindo regiões e nações inteiras. Como, então, devemos repensar o conceito de exploração? Aqui se faz necessária uma mudança radical: numa guinada adequadamente dialética, a exploração inclui sua própria negação – os explorados não são apenas os que produzem ou "criam", mas também (e até mais) os que estão condenados a *não* criar. Aqui, não estaríamos de volta à estrutura da conhecida piada da última década da União Soviética sobre Rabinovitch, um judeu que deseja emigrar? O burocrata do escritório de emigração lhe pergunta por quê e ele responde: "Há duas razões. A primeira é que tenho medo de que os comunistas percam o poder na União Soviética e os novos governantes ponham nos judeus toda a culpa pelos crimes que cometeram – virão de novo os pogroms..." "Mas isso não faz nenhum sentido", interrompe o burocrata. "Nada pode mudar na União Soviética, os comunistas ficarão no poder para sempre!" "Bem", responde Rabinovitch com toda a calma, "essa é minha segunda razão." Podemos facilmente imaginar um burocrata perguntando a um trabalhador: "Por que você pensa que é explorado?" E o trabalhador respondendo: "Por dois motivos. Primeiro, quando trabalho, o capitalista se apropria de minha mais-valia."

"Mas agora você está desempregado; ninguém está se apropriando de sua mais-valia porque você não cria nenhuma!" "Esse é o segundo motivo..." Tudo gira em torno do fato de que a totalidade da produção capitalista não apenas precisa de trabalhadores, mas também produz o "exército de reserva" daqueles que não conseguem encontrar trabalho: estes não estão simplesmente fora da circulação do capital, eles são ativamente produzidos como não trabalhadores por essa mesma circulação.

Há uma piada maravilhosamente dialética em *Ninotchka*, de Lubitsch. O herói vai a uma cafeteria e pede um café sem creme, ao que o garçom responde: "Desculpe, estamos sem creme. Posso lhe trazer um café sem leite?" Em ambos os casos, o cliente consegue apenas café, mas esse café é a cada vez acompanhado de uma negação diferente, primeiro café sem creme, depois café sem leite. O que encontramos aqui é a lógica da diferencialidade, na qual a própria falta funciona como um traço positivo – paradoxo admiravelmente retratado por uma antiga piada iugoslava sobre um montenegrino (povo estigmatizado como preguiçoso na antiga Iugoslávia): por que um cara de Montenegro, quando vai dormir, coloca ao lado da cama dois copos, um cheio e um vazio? Porque é preguiçoso demais para tentar imaginar se vai ter sede durante a noite. O eixo dessa piada é que a ausência em si tem de ser positivamente registrada: não basta ter um copo cheio d'água, uma vez que, se não tiver sede, o montenegrino vai simplesmente ignorá-lo – esse fato negativo deve ser enfatizado pelo copo vazio, ou seja, a não necessidade de água deve ser materializada no vácuo desse copo.

Por que perder tempo com essas piadas dialéticas? Porque elas nos permitem entender como a ideologia, em seu maior grau de pureza, funciona em nossos tempos supostamente pós-ideológicos. Para detectar as chamadas distorções ideológicas, deve-se observar não apenas o que é dito, mas a complexa interação entre o que se diz e o que não se diz, o não dito implícito no que é dito: queremos café sem creme ou café sem leite? Há um equivalente político dessas linhas. Numa conhecida piada da Polônia socialista, um freguês entra numa loja e diz: "Você provavelmente não tem manteiga, tem?" Resposta: "Desculpe, mas esta é a loja que não tem papel higiênico. Aquela do outro lado da rua é a que não tem manteiga!" E que dizer de uma cena no Brasil de hoje, em que, no carnaval, pessoas de todos os níveis dançam juntas nas ruas, esquecendo por ora suas diferenças de raça e de classe? Mas quando um trabalhador desempregado se entrega livremente à dança, esquecendo as preocupações com a subsistência da família, obviamente não é a mesma coisa que um banqueiro quando relaxa por completo e se sente bem por estar misturado com o povo, esquecendo nesse processo que se recusou a conceder um empréstimo ao trabalhador pobre. Na rua são ambos iguais, mas o trabalhador está dançando sem leite, enquanto o banqueiro está dançando sem creme. Os rótulos dos alimentos fornecem outro exemplo marcante da ausência como fator determinante: quantas vezes lemos nesses rótulos as palavras "sem adição de açúcar", ou "sem conservantes ou aditivos" (para não mencionar "sem calorias", "sem gordura" etc.)? A armadilha é que para cada "sem" é preciso aceitar (conscientemente ou não) a presença de um "com" (Coca-Cola sem calorias nem açúcar? Tudo bem, mas com adoçantes artificiais que trazem seus próprios riscos à saúde).

Esse paradoxo atinge o clímax quando nos oferecem uma coisa sem ela própria – café sem café. Lembremos o contínuo debate sobre o sistema de saúde universal nos Estados Unidos: os republicanos que reclamam que o sistema de saúde universal vai privar os indivíduos da liberdade de escolha estão efetivamente promovendo uma liberdade de escolha *sem uma verdadeira liberdade de escolha*. Ou seja, o que os oponentes republicanos do sistema de saúde universal são incapazes de perceber é que um sistema desse tipo imposto pelo Estado efetivamente funciona como uma rede de proteção que permite à maioria desfrutar de um espaço mais amplo em termos de liberdade de ação. Eles não estão apenas não trabalhando – seu não trabalhar é sua característica positiva, da mesma forma que o "café sem leite".

Quebrar ovos sem fazer uma omelete

A crise cujo indicador é o novo papel do desemprego revela "os limites estruturais que o capital encontra na tentativa de subjugar a economia imaterial e a internet à lógica da comercialização, em que o princípio da gratuidade continua a predominar a despeito das tentativas de estabelecer barreiras econômicas ao acesso e ampliar os direitos de propriedade intelectual".[9] Em outras palavras, a crise não resulta apenas de regulações financeiras inadequadas, mas expressa "a dificuldade intrínseca de fazer o capital imaterial funcionar como capital e o capitalismo cognitivo funcionar como capitalismo".[10] Desse modo, essa crise assinala o fim do projeto da década de 1990 de uma Nova Economia, a ideia de que o capitalismo pode ser revitalizado em sua forma digital, com programadores e outros trabalhadores intelectuais transformados em capitalistas "criativos" (o sonho encarnado na revista *Wired*). É por isso que se faz necessária uma intervenção cada vez mais forte do Estado para manter viável o sistema. Não podemos deixar de perceber a dupla ironia que isso encerra: há um tanto de verdade na afirmação de que o socialismo de Estado se desintegrou nos anos 1990 por não ser capaz de se adaptar à digitalização da vida social e econômica; entretanto, a mesma noção marxista tradicional da contradição entre forças produtivas e relações de produção está agora solapando o próprio capitalismo. (A renda mínima deveria, assim, ser reconceitualizada não como um apoio ampliado aos desempregados, ou seja, uma medida redistributiva de seguro social, mas como um reconhecimento financeiro do fato de que, numa economia baseada no conhecimento, a produtividade coletiva do "intelecto geral" é a principal fonte da riqueza.)[11]

O COMUNISMO CONTINUA sendo o horizonte, o único horizonte, a partir do qual se pode não apenas avaliar, mas até mesmo analisar adequadamente o que está acontecendo hoje – uma espécie de mensuração imanente daquilo que deu errado. É por isso que se deveria abandonar o "pacto neorricardiano entre trabalho assalariado e capital produtivo contra o poder das finanças",[12] que tenta ressuscitar o modelo social-democrata do Estado de bem-estar social: toda demonização do capital financeiro é uma manobra para ofuscar o antagonismo básico da produção capitalista, transpondo-o para essa modalidade considerada "parasitária". E não devem ser menos rejeitadas as tentativas do que não se pode chamar senão ironicamente de "friedmanismo de esquerda", a ideia defendida por Wang Hui (entre outros) segundo a qual o que estamos testemunhando agora não é consequência da economia de mercado, mas uma distorção dela: "a resistência à monopolização e à opressiva tirania do mercado não pode ser simplesmente igualada à luta 'contra' o mercado, pois essa mesma resistência social inclui os esforços em favor da justa competição no mercado e da democracia econômica".[13] Relembremos a noção de Habermas de comunicação distorcida (distorcida em função das relações de poder extralinguísticas de opressão e dominação): Wang Hui parece deixar implícita a noção de competição e permuta de mercado distorcidas – distorcidas devido às pressões externas das condições políticas, culturais e sociais:

> o movimento da economia está sempre inserido na política, na cultura e em outras condições sociais, de modo que lutar pelas condições de justa competição no mercado não equivale a se livrar do sistema político do Estado, dos costumes sociais e de qualquer mecanismo de regulamentação. Pelo contrário, o aperfeiçoamento das condições de mercado visa reformar, limitar e expandir esses sistemas a fim de criar condições sociais para a interação justa. Nesse sentido, a luta por justiça social e pela justa competição no mercado não pode ser considerada equivalente a uma oposição à intervenção do Estado. Exige, em vez disso, uma democracia socialista, ou seja, evitar que o Estado se torne o protetor do monopólio doméstico e multinacional mediante seu controle democrático pela sociedade.[14]

Aqui, devemos continuar sendo marxistas francamente ortodoxos: Wang Hui subestima a lógica imanente das relações de mercado, que tende à exploração e a excessos desestabilizantes. Estaríamos exagerando aqui no que se refere a substancializar a economia? Seria fácil realizar a operação desconstrucionista padrão na "economia" e afirmar que não existe Economia como campo substancial unificado, que o que designamos como "economia" é um espaço inconsistente atravessado por uma multiplicidade de práticas e discursos: da produção material da mão de obra primitiva à produção automatizada, operações monetárias, máquinas publicitárias, intervenções dos aparelhos de Estado, regulações e obrigações legais, sonhos ideológicos, mitos religiosos, histórias de dominação, sofrimento e humilhação, obsessões privadas com saúde e prazer e assim por diante. Embora isso seja inegavelmente verdadeiro, existe, não obstante, não uma "essência" mais profunda da economia, mas sim algo como um "matema" do capital, uma matriz formal de sua autorreprodução, como a que Marx tentou elaborar em *O capital*. Esse matema, essa matriz formal trans-histórica e transcultural, é o "real" do capital: aquilo que permanece o mesmo através de todo o processo do capitalismo global, cuja loucura se torna palpável em momentos de crise. Marx descreve os contornos dessa loucura quando fala do avarento tradicional como "um capitalista ensandecido", acumulando seu tesouro num depósito secreto, em contraste com o capitalista "normal", que aumenta seu tesouro colocando-o em circulação:

> O processo incansável e interminável da obtenção de lucros é a única coisa que ele quer. Essa ânsia ilimitada por riqueza, essa busca apaixonada por valor de troca, é comum ao capitalista e ao avarento; mas, enquanto o avarento é meramente um capitalista que ficou louco, o capitalista é um avarento racional. O aumento interminável do valor de troca, que o avarento está sempre tentando conseguir, ao poupar seu dinheiro e evitar que ele circule, é consagrado pelos capitalistas mais inteligentes, que estão sempre colocando seu dinheiro em circulação.[15]

Essa loucura do avarento, não obstante, não é algo que simplesmente desapareça com a ascensão do capitalismo "normal" ou seu desvio patológico. É, em vez disso, *inerente* a ele: o avarento tem seu momento de triunfo na *crise* econômica. Numa crise, não é – como seria de esperar – o dinheiro que perde seu valor, de modo a precisarmos recorrer ao valor "real" das mercadorias; as próprias mercadorias (a encarnação do "valor [de uso] real") tornam-se inúteis, pois não há ninguém para comprá-las. Numa crise,

> o dinheiro muda súbita e imediatamente de sua forma meramente nominal, em conta, para dinheiro em espécie. Mercadorias comuns não podem mais substituí-lo. O valor de uso das mercadorias torna-se desvalorizado e se desvanece em face de sua própria forma de valor. O burguês, embriagado com a prosperidade e arrogantemente seguro de si, acaba de declarar que o dinheiro é uma criação puramente imaginária. As mercadorias sozinhas são o dinheiro, diz ele. Mas agora a observação oposta ressoa nos mercados do mundo: só o dinheiro é uma mercadoria ... Numa crise, a antítese entre mercadorias e sua forma de valor, o dinheiro, é elevada ao nível de uma contradição absoluta.[16]

Não significaria isso que nesse momento, longe de se desintegrar, o fetichismo é plenamente corroborado em sua loucura direta? Na crise, a crença subjacente, repudiada e apenas praticada, é assim diretamente corroborada. E o mesmo é válido para a atual crise permanente, à qual uma das reações espontâneas é recorrer a alguma orientação pragmática: "Dívidas devem ser pagas!", "Você não pode gastar mais do que produz!" ou algo semelhante – e essa, é claro, é a pior coisa que se pode fazer, uma vez que dessa maneira se é apanhado numa espiral descendente.

Em primeiro lugar, esse saber elementar é simplesmente errado – os Estados Unidos foram muito bem durante décadas gastando muito mais dinheiro do que produziam. Num nível mais fundamental, deveríamos perceber claramente o paradoxo da dívida. O problema do slogan "Você não pode gastar mais do que produz!" é que, tomado universalmente, é uma banalidade tautológica, um fato e não uma norma (evidentemente, a humanidade não pode consumir mais do que produz, tal como não se pode comer mais comida do que se tem no prato), mas no momento em que se caminha para determinado nível as coisas se tornam problemáticas e ambíguas. No nível material direto da totalidade social, as dívidas são, de certa forma, irrelevantes, até mesmo inexistentes, já que a humanidade como um todo consome aquilo que produz – por definição, não se pode consumir mais. Só se pode falar razoavelmente em dívida com respeito a recursos naturais (a destruição dos recursos naturais para a sobrevivência das futuras gerações), aí estamos em débito com futuras gerações que, precisamente, ainda não existem e que, não sem ironia, só virão a existir por meio de nós mesmos – e assim deverão a nós a sua existência. De modo que também aqui o termo "dívida" não tem um sentido literal, não pode ser "financializado", quantificado numa soma em dinheiro. A dívida de que podemos falar ocorre quando, numa sociedade global, um grupo (nação ou o que seja) consome mais do que produz, o que significa que outro grupo tem de consumir menos – mas aqui as relações não são de forma alguma tão simples e claras como possam parecer. As relações seriam claras se, numa situação de dívida, o dinheiro fosse um instrumento neutro que medisse quão mais foi consumido por um grupo em relação ao que este produziu, e à custa de quem – mas a situação real está distante disso. Segundo dados de domínio público, cerca de 90% do dinheiro em circulação é dinheiro de crédito "virtual", de modo que, se produtores "reais" se encontrarem em dívida com instituições financeiras, têm-se boas razões para duvidar do status dessa dívida: quanto dela é resultado de especulações que ocorreram numa esfera sem vínculo algum com a realidade de uma unidade de produção local?

Assim, quando um país se vê sob pressão de instituições financeiras internacionais, seja o FMI ou bancos privados, sempre se deve ter em mente que essa pressão (traduzida em exigências concretas: reduzir o gasto público desmontando partes do Estado de bem-estar social, privatizar, abrir o mercado, desregulamentar os bancos...) não é a expressão de alguma lógica ou conhecimento objetivo e neutro, mas de um conhecimento duplamente parcial ("interessado"). No nível formal, é um conhecimento que incorpora uma série de pressupostos neoliberais, enquanto, no nível do conteúdo, privilegia os interesses de certos Estados ou instituições (bancos etc.).

Quando o escritor comunista romeno Panait Istrati visitou a União Soviética no final da década de 1920, época dos primeiros expurgos e julgamentos teatrais, um apologista soviético que tentava convencê-lo da necessidade do uso da violência contra os inimigos daquele país invocou um provérbio, "Não se pode fazer omeletes sem quebrar ovos", ao que Istrati concisamente replicou: "Certo. Estou vendo os ovos quebrados. Onde estão as omeletes?" Devemos dizer o mesmo sobre as medidas de austeridade impostas pelo FMI, a respeito das quais os gregos estariam plenamente justificados ao dizer: "Tudo bem, estamos quebrando os ovos para a Europa inteira, mas onde estão as omeletes que vocês nos prometeram?"

Se o ideal da especulação financeira é obter uma omelete sem quebrar nenhum ovo, numa catástrofe financeira nós acabamos ficando apenas com ovos quebrados, como no caso de Chipre. Relembremos a clássica cena de desenho animado de uma gata que simplesmente continua andando além da beira do precipício, ignorando o fato de não ter mais chão embaixo de si – ela só cai quando olha para baixo e percebe que está no ar sobre o abismo. Não é assim que os cipriotas comuns devem estar se sentindo atualmente? Eles sabem que Chipre nunca mais será o mesmo, que têm pela frente uma queda catastrófica em seu padrão de vida, mas o pleno impacto dessa queda ainda não foi propriamente sentido, de modo que por um curto período eles podem se dar ao luxo de prosseguir em suas vidas cotidianas normais, tal como a gata que caminha calmamente sobre o vazio. E não devemos condená-los. Essa protelação do impacto total do choque é também uma estratégia de sobrevivência: o verdadeiro impacto chegará silenciosamente, quando não houver mais pânico. É por isso que é agora, quando a crise de Chipre desapareceu amplamente da mídia, que devemos pensar e escrever sobre ela.

De volta à piada sobre Rabinovitch, é fácil imaginar uma conversa semelhante entre um administrador financeiro da União Europeia e um Rabinovitch cipriota atual. Queixa-se este: "Há duas razões para estarmos em pânico por aqui. Primeiro, temos medo de que a União Europeia simplesmente nos abandone e deixe nossa economia entrar em colapso..." O administrador da UE o interrompe: "Mas vocês podem confiar em nós, não vamos abandoná-los, vamos controlá-los estritamente e lhes dizer o que fazer!" "Bem", responde Rabinovitch com toda a calma, "essa é minha segunda razão." Esse dilema está no cerne da triste situação de Chipre: não é capaz de sobreviver na prosperidade sem a Europa, mas *com* a Europa também não. As duas opções são piores, como diria Stálin. Relembremos a cruel piada de *Ser ou não ser*, de Lubitsch: quando indagado sobre os campos de concentração alemães na Polônia ocupada, o oficial nazista responsável, "Erhardt Campo de Concentração", responde: "Nós fazemos a concentração, os poloneses fazem o campo." O mesmo não seria válido para a atual crise financeira europeia? A poderosa Europa setentrional, centrada na Alemanha, faz a concentração, enquanto o enfraquecido e vulnerável sul ocupa o campo. Assim, são visíveis no horizonte os contornos de uma Europa dividida: sua parte meridional será cada vez mais reduzida a uma região com uma força de trabalho barata, fora da rede de segurança do Estado de bem-estar social, um domínio apropriado para a terceirização e o turismo. Em suma, a brecha entre o mundo desenvolvido e os que ficaram para trás agora está se abrindo na própria Europa.

Essa brecha se reflete nas duas principais histórias sobre Chipre, a que correspondem duas histórias semelhantes sobre a Grécia. Há o que se pode chamar de história alemã: a liberalidade nos gastos, as dívidas e a lavagem de dinheiro não podem continuar indefinidamente. E há a história cipriota: as medidas brutais da UE equivalem a uma nova ocupação alemã que está tirando do país sua soberania. As duas histórias estão erradas e as exigências que implicam não fazem sentido: Chipre, por definição, não pode pagar sua dívida, enquanto Alemanha e UE não podem continuar simplesmente jogando dinheiro no poço sem fundo das finanças cipriotas. Ambas ocultam um fato fundamental: que há algo errado num sistema em que a especulação bancária incontrolável pode levar um país inteiro à bancarrota. A crise de Chipre não é uma tempestade no copo d'água de um pequeno país marginal, mas um sintoma do que está errado em todo o sistema da UE. É por isso que a solução não é somente mais regulamentação para evitar a lavagem de dinheiro e assim por diante, mas (pelo menos) uma *mudança radical em todo o sistema bancário* – para dizer o indizível, algum tipo de *socialização dos bancos*. A lição das quebras que se acumulam pelo mundo desde 2008 (Wall Street, Islândia e assim por diante) é clara: toda a rede de transações e fundos financeiros, dos depósitos individuais e dos fundos de pensão até o funcionamento de todos os tipos de derivativos, terá de ser colocada de alguma forma sob o controle social, ajustada e regulamentada. Isso pode parecer utópico, mas a verdadeira utopia é a noção de que podemos sobreviver de algum modo com pequenas mudanças cosméticas.

Mas há aqui uma armadilha fatal a ser evitada: a socialização dos bancos de que se necessita não é um acordo entre o trabalho assalariado e o capital produtivo contra o poder financeiro. Crises e colapsos financeiros são lembretes óbvios de que a circulação do capital não é um circuito fechado capaz de sustentar a si mesmo – ou seja, que essa circulação aponta para a realidade de produzir e vender produtos reais que satisfaçam as necessidades reais das pessoas. Entretanto, a lição mais sutil dos colapsos e das crises é que *não há retorno a essa realidade* – toda a retórica do "vamos sair do espaço virtual da especulação financeira e voltar às pessoas reais que produzem e consomem" é profundamente equivocada: é ideologia em sua forma mais pura. O paradoxo do capitalismo é que não se pode jogar fora a água suja das especulações financeiras e preservar o bebê saudável da economia real: *a água suja é efetivamente a "genealogia" do bebê saudável.*

Agora sabemos quem é John Galt!

Esse paradoxo tornou-se palpável no outono de 2013 com a paralisação das atividades do aparelho de Estado norte-americano. O que foi realmente essa paralisação? Em meados de abril de 2009, eu estava descansando num quarto de hotel em Syracuse, estado de Nova York, dividindo minha atenção entre dois canais: um documentário da PBS sobre Pete Seeger, o grande cantor country esquerdista americano, e uma reportagem da Fox News sobre o "Tea Party", contrário aos impostos, em Austin, Texas, em que outro cantor country apresentava uma canção populista anti-Obama, cheia de queixas sobre como Washington está impondo impostos às pessoas comuns que trabalham duro para custear os ricos financistas de Wall Street. Havia uma estranha similaridade entre os dois cantores: ambos formulavam uma queixa populista ao Estado e aos ricos desonestos, pedindo medidas radicais, entre elas a desobediência civil. O que constitui outro doloroso lembrete de que, pelo menos no que se refere à forma de organização, a direita radical-populista atual estranhamente nos lembra a antiga esquerda radical-populista. Será que os grupos cristãos sobrevivencialistas-fundamentalistas de hoje, com sua condição semilegal e vendo como principal ameaça à sua liberdade o aparelho opressivo do Estado, não estão organizados da mesma forma que os Panteras Negras lá na década de 1960? Em ambos os casos, temos um grupo militarizado se preparando para a batalha final. Por quanto tempo essa habilidosa manipulação ideológica continuará funcionando? Por quanto tempo a base do Tea Party continuará se atendo à irracionalidade fundamental de sua agenda de proteger os interesses das pessoas comuns que trabalham duro privilegiando os "ricos desonestos" e dessa forma contrariando literalmente seus próprios interesses?

Alguns de nós se recordam das velhas e infames tiradas comunistas contra a liberdade "formal" burguesa – por mais ridículas que sejam, há um elemento de verdade nessa distinção entre liberdade "formal" e "real". Um gerente de uma empresa em crise tem a "liberdade" de despedir o trabalhador A ou B, mas não de mudar a situação que lhe impôs essa escolha. No momento em que abordamos dessa maneira o debate sobre o sistema de saúde nos Estados Unidos, a "liberdade de escolha" aparece de uma forma diferente. É verdade que grande parte da população será efetivamente libertada da duvidosa "liberdade" de se preocupar com quem vai cobrir sua doença, de encontrar um caminho através da intrincada rede de decisões financeiras e outras. Podendo tomar como certa a atenção básica de saúde, contar com ela como se conta com o suprimento de água, sem se preocupar em ter de escolher o fornecedor, as pessoas simplesmente ganham mais tempo e energia para dedicar a outras coisas. A lição a ser extraída é que a liberdade de escolha é algo que só funciona de fato se houver uma complexa rede de condições jurídicas, educacionais, éticas, econômicas e outras como uma invisível base compacta para o exercício dessa liberdade. É por isso que, como um antídoto à ideologia da escolha, países como a Noruega deveriam ser tomados como modelo: embora todos os principais agentes respeitem um acordo social básico e amplos projetos sociais sejam realizados em solidariedade, a produtividade e a dinâmica sociais encontram-se num nível extraordinário, negando peremptoriamente a visão de senso comum de que uma sociedade como essa deveria ser estagnada.

Não muitas pessoas sabem – e um número ainda menor aprecia a ironia do fato – que "My Way", a icônica canção de Frank Sinatra que supostamente expressa o individualismo norte-americano, é uma versão americanizada da canção francesa "Comme d'habitude", que significa "como de hábito" ou "como de costume". É muito fácil ver esse par – o original francês e sua versão americana – como outro exemplo da oposição entre as maneiras estéreis dos franceses e a inventividade dos americanos (os franceses seguem costumes estabelecidos, enquanto os americanos buscam novas soluções); mas e se abandonarmos a falsa aparência de oposição e percebermos no hábito de "*comme d'habitude*" a triste verdade oculta da tão louvada busca por novos caminhos? Para conseguir fazer algo "do meu jeito", cada um de nós deve confiar em que uma série de coisas se comporte *comme d'habitude*. Uma série de coisas, em outras palavras, deve ser regulamentada para que possamos gozar de nossa liberdade não regulamentada.[17]

Uma das estranhas consequências do colapso financeiro de 2008 e das medidas tomadas para enfrentá-lo (enormes somas de dinheiro para ajudar os bancos) foi a redescoberta da obra de Ayn Rand, a maior expressão ideológica do capitalismo radical ao estilo "a cobiça é boa": as vendas de *A revolta de Atlas*, sua *magnum opus*, explodiram. Para alguns, já há sinais de que o cenário descrito em *A revolta de Atlas* – os próprios "capitalistas criativos" entrando em greve – está sendo montado. Mas essa reação constitui uma interpretação quase totalmente equivocada da situação: a maior parte das gigantescas somas de socorro financeiro foi exatamente para os desregulamentados "titãs" randianos que fracassaram em seus esquemas "criativos" e, ao fazê-lo, provocaram o colapso. Não são os grandes gênios criativos que estão agora ajudando as preguiçosas pessoas comuns; em vez disso, os contribuintes comuns é que estão ajudando os "gênios criativos" fracassados. Bastaria relembrar que o pai político-ideológico do longo processo econômico que se encerrou com o colapso de 2008 foi Alan

Greenspan, um "objetivista" randiano de carteirinha. Assim, enfim ficamos sabendo quem é John Galt – o idiota responsável pelo colapso financeiro de 2008 e, logo, pela ameaça de paralisação do aparelho de Estado.

Para realmente despertar do "sonho dogmático" capitalista randiano (como diria Kant), deveríamos aplicar a nossa situação o velho gracejo de Brecht em sua *Ópera dos três vinténs*: "O que é roubar um banco comparado a fundar um?" O que é o roubo de alguns milhares de dólares, pelo qual vai-se preso, comparado às especulações financeiras que tiram de dezenas de milhões seus lares e poupanças e depois são recompensadas pela ajuda do Estado em sua sublime grandeza? Talvez José Saramago estivesse certo quando propôs tratar os gerentes dos grandes bancos e outros responsáveis pelo colapso como perpetradores de crimes contra a humanidade, cujo lugar é o Tribunal de Haia; talvez não devêssemos tratar essa proposta como um mero exagero poético ao estilo de Jonathan Swift, mas levá-la a sério. Isso, porém, nunca vai acontecer, pois, seguindo a doutrina do banco *grande demais para falir* (a lógica sendo que sua falência teria consequências catastróficas para toda a economia), temos agora a doutrina do banco *grande demais para indiciar*[18] (uma vez que, pode-se argumentar, seu indiciamento teria consequências catastróficas para o status financeiro e moral das elites governantes).

Essas elites, principais culpadas pelo colapso financeiro de 2008, agora se impõem como especialistas, os únicos capazes de nos conduzir pelo caminho penoso da recuperação financeira, e cuja orientação deveria agora prevalecer na política parlamentar, ou como disse Mario Monti: "Os que governam não devem aceitar ser totalmente guiados pelos parlamentares."[19] O que é, então, essa força superior cuja autoridade pode suspender as decisões dos representantes do povo democraticamente eleitos? A resposta foi dada já em 1998 por Hans Tietmeyer, então presidente do Deutsches Bundesbank, que saudou os governos nacionais por preferirem "o plebiscito permanente dos mercados globais" ao "plebiscito das urnas".[20] Observe-se a retórica democrática dessa declaração obscena: os mercados são mais democráticos do que as eleições parlamentares, pois neles o processo de voto continua permanentemente (e é permanentemente refletido nas flutuações do mercado) e num nível global – não apenas a cada quatro anos e dentro dos limites de um Estado-nação. A ideia subjacente é que, libertas desse controle superior dos mercados (e de seus especialistas), as democráticas decisões parlamentares são "irresponsáveis".

As consequências desse pensamento foram – e são – sentidas por toda a Europa. Numa das últimas entrevistas antes de sua queda, Nicolae Ceauşescu revelou a um jornalista ocidental como justificava o fato de os cidadãos romenos não poderem viajar livremente para o exterior, embora a liberdade de movimento fosse garantida pela constituição da Romênia. A resposta de Ceauşescu seguiu a melhor linha do sofisma stalinista: verdade, a constituição garantia a liberdade de movimento, mas também o direito das pessoas a um lar seguro e próspero. Temos, então, um potencial conflito de direitos: se os cidadãos romenos tivessem permissão de deixar livremente o país, a prosperidade deste seria ameaçada e eles colocariam em perigo seu direito a um lar seguro. Nesse conflito de direitos, deve-se fazer uma escolha, e o direito a um país seguro e próspero tem evidente prioridade.

Parece que esse mesmo espírito do sofisma stalinista está vivo e bem de saúde na atual Eslovênia, onde, em 9 de dezembro de 2012, o Tribunal Constitucional concluiu que uma proposta de referendo a respeito de uma lei que criava um "banco ruim" e uma holding soberana era inconstitucional – proibindo, assim, uma votação popular sobre o tema. O referendo fora proposto por sindicatos contra a política econômica neoliberal do governo, e a proposta conseguiu um número suficiente de assinaturas para torná-la constitucionalmente obrigatória. A ideia do governo era transferir todos os créditos de maus pagadores dos principais bancos para um "banco ruim", que então seria salvo com dinheiro do Estado (ou seja, à custa dos contribuintes), evitando uma investigação séria sobre o responsável pelo fiasco financeiro. Essa medida, uma questão de política financeira e econômica, foi debatida durante meses e estava longe de ser aceita de maneira geral até mesmo por especialistas em finanças. Assim, por que proibir o referendo? Em 2011, quando o governo Papandreou, na Grécia, propôs um referendo sobre medidas de austeridade, houve pânico em Bruxelas, mas mesmo lá ninguém ousou diretamente proibi-lo.

De acordo com o Tribunal Constitucional esloveno, o referendo "teria consequências inconstitucionais" – mas como? O Tribunal concordou que o referendo era um direito constitucional, mas afirmou que sua realização colocaria em perigo outros valores constitucionais que deviam ter prioridade numa situação de crise econômica: o funcionamento eficiente da máquina de Estado, sobretudo no que dizia respeito à criação de condições para o crescimento econômico; a efetivação dos direitos humanos, em especial aqueles referentes à segurança social e à livre iniciativa econômica. Em suma, em sua avaliação das consequências do referendo, o Tribunal Constitucional simplesmente aceitou como fato indiscutível o raciocínio das autoridades financeiras internacionais que exercem pressão sobre a Eslovênia para que adote novas medidas de austeridade: deixar de obedecer aos ditames das instituições financeiras internacionais (ou deixar de concretizar suas expectativas) pode levar a uma crise política e econômica e é, assim, inconstitucional. Falando abertamente: uma vez que concretizar esses ditames/expectativas do setor financeiro é condição para manter a ordem constitucional, eles têm prioridade sobre a constituição (e, portanto, sobre a soberania do Estado).

Não admira, assim, que a decisão desse tribunal tenha deixado chocados muitos especialistas jurídicos. O dr. France Bučar, antigo dissidente e um dos pais da independência eslovena, assinalou que, seguindo a lógica do Tribunal Constitucional, qualquer referendo pode ser proibido, uma vez que toda ação tem consequências sociais: "Com essa decisão, os juízes constitucionais passaram a si mesmos um cheque em branco que lhes permite proibir qualquer coisa que se possa imaginar. De onde vem o direito do Tribunal Constitucional de avaliar o estado da economia ou das instituições bancárias? Ele só pode avaliar se determinada regulação jurídica está de acordo com a constituição ou não. Isso é tudo!"

Evidentemente, pode haver conflito entre diferentes direitos constitucionais: se um grupo de pessoas propusesse, digamos, um referendo abertamente racista, pedindo ao povo que endossasse uma lei permitindo a tortura policial, ele deveria ser indiscutivelmente proibido. Entretanto, a razão da proibição nesse caso é que o princípio promovido pelo referendo (a aceitabilidade da tortura) choca-se diretamente com outros artigos da constituição, enquanto no caso da Eslovênia a razão da proibição não diz respeito a princípios, mas às (possíveis) consequências pragmáticas de uma medida econômica.

A Eslovênia pode ser um pequeno país marginal, mas a decisão de seu Tribunal Constitucional foi sintoma de uma tendência global no sentido de limitar a democracia. A ideia é que, numa situação econômica complexa como a atual, a maioria das pessoas não está qualificada para decidir – elas só querem manter intactos seus privilégios, desconhecendo as consequências catastróficas que teriam lugar se suas exigências fossem aceitas. Essa linha de argumentação não é nova. Numa entrevista na televisão uma década atrás, o teórico Ralf Dahrendorf estabeleceu uma ligação entre a crescente desconfiança na democracia e o fato de que, depois de uma mudança revolucionária, o caminho para uma nova prosperidade passa por um "vale de lágrimas". Após o colapso do socialismo, não se poderia passar diretamente para a abundância de uma próspera economia de mercado – era preciso desmontar o limitado, mas verdadeiro, sistema socialista de bem-estar e segurança social, e os primeiros passos são necessariamente dolorosos. O mesmo vale para a Europa ocidental, em que a passagem do Estado de bem-estar social pós-Segunda Guerra Mundial para a nova economia global envolve renúncias dolorosas, menos segurança, menos garantias de assistência social.

Na década de 1990, circulou na Alemanha o rumor (*se non è vero, è ben trovato*) de que, numa visita a Berlim depois de perder o poder, Gorbachev deu um telefonema de surpresa para o ex-chanceler Willy Brandt. Entretanto, quando ele (com seus seguranças) chegou à casa de Brandt e tocou a campainha, este se recusou a vê-lo. Mais tarde, explicou a um amigo por que nunca perdoara Gorbachev por permitir a dissolução do bloco comunista – não porque Brandt fosse um admirador secreto do comunismo soviético, mas porque sabia muito bem que o desaparecimento do bloco comunista também acarretaria o fim do Estado de bem-estar social-democrático da Europa ocidental. Ou seja, Brandt sabia que o sistema capitalista só está disposto a fazer consideráveis concessões aos trabalhadores e aos pobres diante da séria ameaça de uma alternativa, de um modo de produção diferente que prometa conceder aos trabalhadores seus direitos. Para manter sua legitimidade, o capitalismo deve demonstrar que funciona melhor até para os trabalhadores e os pobres – e, no momento em que essa alternativa desaparece, pode-se ir em frente e desmontar o Estado de bem-estar social.

Para Dahrendorf, contudo, o problema é mais bem resumido pelo simples fato de essa dolorosa passagem pelo "vale de lágrimas" durar mais do que o intervalo médio entre eleições (democráticas), de modo que há uma grande tentação de postergar mudanças difíceis em favor de ganhos eleitorais de curto prazo. Na visão de Dahrendorf, a constelação paradigmática que aqui se apresenta é a decepção do amplo espectro de nações pós-comunistas com os resultados econômicos da nova ordem democrática. Nos dias gloriosos de 1989, eles estabeleciam uma equivalência entre a democracia e a abundância das sociedades de consumo ocidentais; agora, dez anos depois, quando a abundância ainda não chegou, eles culpam a própria democracia por isso. Infelizmente, Dahrendorf concentra-se muito menos na tentação oposta: se a maioria resiste às mudanças estruturais necessárias na economia, será que a conclusão lógica (ou pelo menos uma delas) não seria que, por uma década ou mais, uma elite iluminada assumisse o poder, ainda que por meios não democráticos, a fim de aplicar as medidas necessárias e assim estabelecer os alicerces de uma democracia verdadeiramente estável? Nessa mesma linha, Fareed Zakaria assinalou que a democracia só pode "pegar" em países economicamente desenvolvidos: se países em desenvolvimento forem "democratizados prematuramente", o resultado é um populismo que termina na catástrofe econômica e no despotismo político. Não admira que os países do Terceiro Mundo mais bem-sucedidos economicamente nos dias de hoje (Taiwan, Coreia do Sul, Chile) só tenham abraçado a democracia após um período de governo autoritário. E, além disso, essa linha de pensamento não fornece o melhor argumento para o regime autoritário da China?

Não surpreende que exista hoje, entre alguns nacionalistas russos, uma certa nostalgia de Iúri Andropov, o chefe do KGB que se tornou secretário-geral do Partido Comunista soviético em 1982 mas morreu apenas dezoito meses após chegar ao poder. Essa nostalgia é por um tipo de história alternativa: se Andropov tivesse vivido mais tempo, a URSS teria sobrevivido à maneira chinesa. Ele queria introduzir reformas econômicas radicais, e seu programa, no qual estava trabalhando desde 1965, era semelhante ao do Chile de Pinochet: um poder de Estado autoritário e centralizado introduz, por meios não democráticos e sem debate público, um complexo de transformações modernizadoras impopulares voltadas à ocidentalização do país. Andropov tinha muita consciência de que, por muitos anos, seria necessária uma ditadura rígida, quase stalinista, em função da oposição que essas reformas liberais iriam provocar. Ele também queria abolir as divisões etnoterritoriais da URSS, uma vez que, em sua opinião, abrir mão das repúblicas não russas significaria destruir grande parte da *nomenklatura* do partido. Consequentemente, considerava proibir a atividade de todos os partidos (o que significava colocar o Partido Comunista na ilegalidade). Em lugar das repúblicas, Andropov queria criar dez regiões econômicas concorrentes, a melhor das quais iria liderar o país como um todo e superar a degradação do sistema de maneira geral, seguindo em parte o modelo chinês. Para dirigir essas regiões, Andropov sabia que precisaria de novos profissionais, e para isso tinha em vista alguns funcionários do KGB e outros que estavam preparados para trabalhar com a agência nessa direção. A decisão de Andropov de implantar políticas ultraliberais por meios autoritários era um reflexo do espírito Reagan-Thatcher da década de 1980 – para a Rússia, a alternativa do modelo de socialismo sueco era considerada inadequada.[21]

A novidade hoje em dia é que, com a continuidade da crise iniciada em 2008, essa mesma desconfiança na democracia – antes confinada ao Terceiro Mundo ou aos países pós-comunistas em desenvolvimento – está ganhando terreno nos próprios países desenvolvidos do Ocidente: o que uma ou duas décadas atrás era um conselho arrogante que dávamos a outros agora se aplica a nós mesmos. Mas e se essa desconfiança for justificada? E se só os especialistas puderem nos salvar, com uma democracia plena ou menos que isso? O mínimo que podemos dizer é que a atual crise oferece muitas provas de que não é o povo, mas os próprios especialistas que, em grande parte, não sabem o que estão fazendo. Na Europa ocidental, estamos efetivamente testemunhando uma crescente incapacidade da elite governante – eles sabem cada vez menos como governar. Vejam como a Europa está lidando com a crise na Grécia: pressionando o país a pagar suas dívidas, mas ao mesmo tempo arruinando sua economia com a imposição de medidas de austeridade e assim garantindo que a dívida grega jamais seja paga. No final de dezembro de 2012, o próprio FMI publicou uma pesquisa mostrando que o prejuízo econômico provocado por medidas agressivas de austeridade pode ser até três vezes maior do que se imaginava antes, portanto revogando sua própria prescrição de austeridade para o enfrentamento da crise na Zona do Euro. Agora o FMI admite que forçar a Grécia e outros países assolados pelas dívidas a reduzir seus déficits com demasiada rapidez poderia ser contraproducente – agora, depois de centenas de milhares de empregos terem sido perdidos em função desse "erro de cálculo". E nisso reside a verdadeira mensagem dos protestos populares "irracionais" por toda a Europa. Os manifestantes sabem muito bem o que não sabem: não imaginam ter respostas rápidas e fáceis, mas o que seu instinto lhes diz é, não obstante, verdade – que os que estão no poder também não sabem. Na Europa de hoje, cegos estão guiando cegos. A política de austeridade não é verdadeiramente uma ciência, nem mesmo num sentido mínimo. Está mais próxima de ser uma forma contemporânea de superstição – uma espécie de reação emocional a uma situação impenetravelmente complexa, uma reação de senso comum do tipo "as coisas foram mal, temos alguma culpa, precisamos pagar o preço e sofrer, assim vamos fazer alguma coisa dolorosa e gastar menos". A austeridade não é "radical demais", como afirmam alguns críticos de esquerda, mas, pelo contrário, superficial demais: um ato de negação das verdadeiras raízes da crise.

Outro exemplo desse pensamento mágico (e um verdadeiro modelo daquilo que Hegel denominou pensamento abstrato) é a chamada "curva de Laffer", evocada pelos defensores do livre mercado como um argumento contra a tributação excessiva. A curva de Laffer é uma representação da relação entre as possíveis taxas de tributação e os resultantes níveis de receita do governo, ilustrando o modo como a renda tributável vai mudar em resposta a modificações na taxa de tributação. Ela afirma que nenhuma receita fiscal é arrecadada nas taxas extremas de 0% e de 100%, e que deve haver pelo menos uma taxa em que essa renda seria um máximo diferente de zero: mesmo do ponto de vista do governo que tributa as empresas, uma renda mais alta não é obtida por impostos mais altos. Há um ponto em que os impostos mais altos começam a funcionar como um desincentivo, provocando a fuga de capitais e, consequentemente, uma redução da receita fiscal. A premissa implícita nesse raciocínio é que hoje em dia a taxa tributária já é muito alta e reduzi-la iria, portanto, não apenas ajudar as empresas, mas também aumentar as rendas tributáveis. O problema desse raciocínio é que, embora possa ser verdadeiro num sentido abstrato, as coisas ficam mais complicadas no momento em que situamos a tributação na totalidade da reprodução econômica. Grande parte do dinheiro recolhido por meio de impostos é novamente gasto com produtos das empresas privadas, dando-lhes assim um incentivo. Mais importante ainda, as receitas tributárias também são gastas na criação de condições adequadas para o funcionamento das empresas. Tomemos duas cidades comparáveis, uma com taxas tributárias baixas e a outra com taxas elevadas. Na primeira delas a educação e a saúde públicas estão em más condições, o crime está explodindo e assim por diante; enquanto isso, a outra gasta suas receitas maiores com melhor educação, melhor fornecimento de energia, melhores transportes etc. Não seria razoável supor que muitas empresas considerariam a segunda cidade mais atraente em termos de investimentos? Assim, paradoxalmente, se a primeira cidade decide seguir a segunda em matéria de política fiscal, aumentar os impostos pode dar maior incentivo às empresas privadas. (E, a propósito, muitas antigas nações comunistas semidesenvolvidas nas quais os países desenvolvidos estão terceirizando suas indústrias são exploradas, uma vez que, nelas, as empresas ocidentais têm acesso a uma força de trabalho qualificada e mais barata que se beneficiou da educação pública: assim, o Estado socialista fornece educação gratuita para a força de trabalho de empresas ocidentais.)[22]

Estar à beira da dívida como modo de vida

Um espectro paira hoje em dia sobre o capitalismo – o espectro da dívida. Todos os poderes do capitalismo formaram uma sagrada aliança para exorcizar esse espectro, mas será que querem mesmo se livrar dele? Maurizio Lazzarato[23] fornece uma análise detalhada de como, no capitalismo global de hoje, a dívida funciona através de toda uma gama de práticas e níveis sociais, desde os Estados-nação até os indivíduos. A ideologia neoliberal hegemônica busca estender a lógica da competição de mercado a todas as áreas da vida social a fim de que, por exemplo, saúde e educação – ou mesmo as próprias decisões políticas (o voto) – sejam percebidas como investimentos feitos por indivíduos com seu próprio capital. Dessa maneira, o trabalhador não é mais concebido meramente como força de trabalho, mas como um capital pessoal tomando boas ou más decisões de "investimento" ao mudar de um emprego para outro e aumentar ou reduzir seu valor de capital. Essa nova conceituação do indivíduo como "empresário de si mesmo" significa uma mudança importante na natureza da governança: um afastamento da relativa passividade e compartimentalização dos regimes disciplinares (a escola, a fábrica, a prisão), assim como do tratamento biopolítico da população (pelo Estado de bem-estar social). Como se pode governar indivíduos concebidos como agentes autônomos das escolhas do livre mercado, ou seja, como "empresários de si mesmos"? A governança é agora exercida no nível do ambiente em que as pessoas tomam suas decisões aparentemente autônomas: os riscos são terceirizados de empresas e Estados para indivíduos. Por meio dessa individualização da política social e dessa privatização da proteção social mediante seu alinhamento com as normas do mercado, a proteção torna-se condicional (não mais um direito) e é ligada a indivíduos cujos comportamentos são, assim, expostos à avaliação. Para a maioria das pessoas, ser um "empresário de si mesmo" refere-se à capacidade do indivíduo de lidar com riscos terceirizados sem ter os recursos ou o poder necessário para fazê-lo de maneira adequada:

> as atuais políticas neoliberais produzem um capital humano ou "empresário de si mesmo" mais ou menos endividado e mais ou menos pobre, mas sempre precário. Para a maioria da população, tornar-se um "empresário de si mesmo" resume-se a gerenciar sua empregabilidade, suas dívidas, a queda do salário e da renda e a redução dos serviços sociais de acordo com a empresa e as normas de concorrência.[24]

Como os indivíduos se tornam mais pobres devido à redução de seus salários e à remoção da proteção social, o neoliberalismo lhes oferece uma compensação por meio da dívida e da promoção da participação acionária. Dessa maneira, os salários ou pensões não aumentam, mas as pessoas têm acesso ao crédito ao consumidor e são encorajadas a se preparar para a aposentadoria por meio de portfólios de ações pessoais; não têm mais direito à moradia, mas têm acesso ao crédito mediante hipoteca; não têm mais direito à educação superior, mas podem usar o crédito estudantil; a proteção mútua e coletiva contra riscos é suprimida, mas as pessoas são encorajadas a fazer seguro privado. Dessa maneira, sem substituir todas as relações existentes, o nexo credor-dívida vem suplantá-las: os trabalhadores tornam-se trabalhadores endividados (tendo de pagar aos acionistas por empregá-los); os consumidores tornam-se consumidores endividados; os cidadãos tornam-se cidadãos endividados, tendo de assumir responsabilidade por sua parte na dívida do país.

Lazzarato baseia-se aqui na ideia de Nietzsche, desenvolvida em *Genealogia da moral*, de que o que distinguiu as sociedades humanas, à medida que se afastavam de suas origens primitivas, foi sua capacidade de produzir um ser humano apto a prometer retribuir aos outros e reconhecer sua dívida para com o grupo. Essa promessa sustenta um tipo particular de memória orientado para o futuro ("Eu me lembro de que lhe devo, portanto vou me comportar de maneiras que me permitam pagar-lhe a dívida"), e assim se torna uma forma de governar condutas futuras. Em grupos sociais mais primitivos, as dívidas para com outros eram limitadas e podiam ser descartadas, enquanto com a chegada dos impérios e dos monoteísmos a dívida social ou divina de alguém tornou-se efetivamente impagável. O cristianismo aperfeiçoou esse mecanismo: seu Deus todo-poderoso significava uma dívida infinita; ao mesmo tempo, a culpa de alguém por não pagá-la era internalizada. O único modo de possivelmente pagá-la de alguma forma era por meio da obediência: à vontade de Deus, à Igreja. A dívida, ancorada nos comportamentos passados e futuros e com seu escopo moral, era uma formidável ferramenta de governo. Todo o restante devia ser secularizado.

Essa constelação faz surgir um tipo de subjetividade caracterizado pela moralização e pela temporalização específica. O sujeito endividado faz dois tipos de trabalho: o assalariado e aquele sobre seu eu, que é necessário para produzir um sujeito capaz de prometer, de pagar dívidas, e que está pronto a assumir a culpa por ser um sujeito endividado. Um conjunto particular de temporalidades é associado ao endividamento: para ser capaz de pagar (lembrar-se de sua promessa), a pessoa deve tornar seu comportamento previsível, regular e calculado. Isso não apenas milita contra qualquer revolta futura, com sua inevitável destruição da capacidade de retribuição; também implica uma eliminação da memória de rebeliões e atos de resistência coletiva do passado que interromperam o curso normal do tempo e levaram a comportamentos imprevisíveis. Esse sujeito endividado é constantemente exposto à inspeção crítica de outros: avaliações e objetivos individualizados no trabalho, análises de crédito, entrevistas individuais para os que recebem benefícios ou créditos públicos. O sujeito é assim compelido não apenas a mostrar que é capaz de pagar a dívida (e de pagar a sociedade por meio de comportamentos corretos), mas também a ter as atitudes certas e assumir a culpa por todas as falhas. É aqui que a assimetria entre credor e devedor se torna palpável: o "empresário de si mesmo" que deve é mais ativo que os sujeitos aos modos de governança anteriores, mais punitivos; entretanto, privado da capacidade de governar seu tempo, ou de avaliar seus próprios comportamentos, sua capacidade de ação autônoma é estritamente reduzida.

Caso pareça que essa dívida é simplesmente um instrumento do governo destinado a modular o comportamento de indivíduos, deve-se observar que técnicas semelhantes podem ser aplicadas (e o são) à governança de instituições e países. Qualquer um que acompanhe o desastre automobilístico em câmera lenta que é a crise atual não pode deixar de estar consciente de como países e instituições estão sob avaliação constante (por agências de avaliação de crédito, por exemplo), têm que aceitar a culpa moral por erros e excessos anteriores e comprometer-se a assumir no futuro um bom comportamento, de modo a garantir que, independentemente dos cortes que precisem ser feitos no corpo de sua assistência social, ou nos direitos de seus trabalhadores, serão capazes de pagar à agência que concedeu o empréstimo cortando a própria carne.[25]

Dessa maneira, o maior triunfo do capitalismo ocorre quando cada trabalhador se torna seu próprio capitalista, o "empresário de si mesmo" que decide quanto investir em seu futuro (educação, saúde e assim por diante) pagando esses investimentos mediante a contração de dívidas. O que antes eram direitos formais (à educação, à saúde, à moradia) transforma-se, assim, em livres decisões de investimento que estão formalmente no mesmo nível da decisão do banqueiro ou capitalista de investir nesta ou naquela empresa, de modo que – nesse nível formal – todos são capitalistas que ficam endividados a fim de investir. Estamos aqui um passo além da igualdade formal, aos olhos da lei, entre capitalista e trabalhador. Ambos são agora investidores capitalistas; entretanto, a mesma diferença na "fisionomia de nossas *dramatis personae*", que, de acordo com Marx, aparece após a troca entre trabalho e capital, reaparece aqui entre o investidor capitalista propriamente dito e o trabalhador que é compelido a agir como o "empresário de si mesmo": "Um, cheio de importância, sorriso satisfeito e ávido por negócios; o outro, tímido, contrafeito, como alguém que vendeu a própria pele e só está esperando ser esfolado."[26] E ele está certo em permanecer tímido: a liberdade de escolha que lhe foi imposta é uma liberdade falsa; é a própria forma de sua servidão.[27]

De que maneira a atual aparição do homem endividado, específica das condições do capitalismo global, se compara à relação devedor/credor como uma constante antropológica universal articulada por Nietzsche? É o paradoxo da realização direta que se transforma no seu oposto. O capitalismo global de hoje leva a relação devedor/credor ao seu extremo e ao mesmo tempo a solapa: a dívida se torna um excesso ostensivamente ridículo. Entramos então no domínio da obscenidade: quando um crédito é concedido, nem mesmo se espera que o devedor venha a saldá-lo – a dívida é diretamente tratada como um meio de dominação e controle.

É como se os fornecedores e zeladores da dívida acusassem os países endividados de não se sentirem suficientemente culpados: são acusados de se sentirem inocentes. Lembremos a atual pressão da UE sobre a Grécia para que esta implemente medidas de austeridade, uma pressão que se encaixa perfeitamente naquilo que a psicanálise chama de "superego". O superego não é propriamente uma agência ética, mas um agente sádico que bombardeia o sujeito com demandas impossíveis, deleitando-se obscenamente com o fracasso do sujeito em atendê-las. O paradoxo do superego é que, como Freud viu claramente, quanto mais aceitamos suas exigências, mais nos sentimos culpados. Imaginem um professor pervertido que atribui a seus alunos tarefas impossíveis e depois, sadicamente, os ridiculariza ao perceber sua ansiedade e pânico. É isso o que há de tão terrivelmente errado com as exigências/ordens da UE: elas não dão à Grécia nem mesmo uma chance. O fracasso dos gregos é parte do jogo. Aqui, o objetivo da análise político-econômica é apresentar estratégias para sair desse círculo infernal de dívida e culpa.

Um paradoxo semelhante esteve em operação desde o início, evidentemente, já que uma promessa/obrigação que jamais poderá ser cumprida está na própria base do sistema bancário. Quando depositamos dinheiro num banco, este é obrigado a devolvê-lo a nosso pedido – mas todos sabemos que ele pode fazer isso para algumas pessoas, mas não, por definição, para todas. Entretanto, esse paradoxo, originalmente válido para a relação entre correntistas e seu banco, agora é válido também para a relação entre o banco e as pessoas (físicas ou jurídicas) que nele pegaram dinheiro emprestado. O que isso implica é que o verdadeiro objetivo de emprestar dinheiro a um devedor não é que a dívida seja saldada com lucro, mas a continuação da dívida, que mantém o devedor em permanente dependência e subordinação. Mais ou menos uma década atrás, a Argentina decidiu saldar sua dívida com o FMI antes do tempo previsto (com ajuda financeira da Venezuela). A reação do FMI diante disso foi de surpresa: em vez de ficar contente por recuperar seu dinheiro, o FMI (ou melhor, seus principais representantes) expressou a preocupação de que a Argentina viesse a usar sua recente liberdade e independência financeira em relação a instituições internacionais para abandonar uma política rígida nessa área e se envolver em gastos irresponsáveis. Esse desconforto tornou palpáveis as verdadeiras bases da relação devedor/credor: a dívida é um instrumento para controlar e regular o devedor, e como tal busca a sua própria e ampliada reprodução.

Outra surpresa aqui é que a teologia e a poesia sabiam disso há muito tempo – confirmando uma vez mais a validade do tema "poesia e finanças" de Berardi. Saltemos de volta à modernidade. Por que a história de Orfeu foi *o* tema da ópera no primeiro século de sua história, com quase uma centena de versões conhecidas? A figura de Orfeu pedindo aos Deuses que o levem de volta a Eurídice simboliza uma constelação intersubjetiva que fornece, por assim dizer, a matriz elementar da ópera, ou, mais precisamente, da ária operística: a relação do sujeito (nos dois sentidos do termo: agente autônomo e sujeito do poder jurídico) com seu Mestre (divindade, rei ou dama do amor cortês) é revelada por meio da canção do herói (o contraponto à coletividade encarnada no coro), a qual é basicamente uma súplica endereçada ao Mestre, um apelo por sua piedade, para que faça uma exceção ou, de alguma forma, perdoe o herói pelo seu crime. A primeira forma, rudimentar, de subjetividade é a voz do sujeito implorando ao Mestre que suspenda, por um breve momento, sua própria Lei. Uma tensão dramática na subjetividade surge da ambivalência entre poder e impotência que afeta o gesto de clemência com o qual o Mestre responde ao apelo do sujeito. Quanto à ideologia oficial, a clemência expressa o poder supremo do Mestre, o poder de estar acima de sua própria lei: só um Mestre realmente poderoso pode se dar ao luxo de conceder misericórdia. O que temos aqui é uma espécie de intercâmbio simbólico entre o sujeito humano e seu Mestre divino: quando o sujeito, humano e mortal, por meio de sua oferta de autossacrifício, ultrapassa sua finitude e alcança as alturas divinas, o Mestre responde com o gesto sublime da Graça, a prova maior de *sua* humanidade. Mas esse ato de graça leva ao mesmo tempo à marca irredutível de um gesto vazio e forçado: o Mestre, em última instância, pratica uma virtude por força da necessidade, promovendo como livre um ato que de qualquer maneira estaria obrigado a realizar. Se recusasse a clemência, correria o risco de o apelo respeitoso do sujeito transformar-se em revolta declarada. De especial interesse aqui é *La clemenza di Tito*, ópera tardia de Mozart em que testemunhamos uma sublime/ridícula explosão de misericórdias. Pouco antes do perdão final, o próprio Tito execra a proliferação de motivos que o obriga a multiplicar seus atos de clemência:

> No próprio momento em que absolvo um criminoso, descubro outro ... Creio que as estrelas conspiram para me obrigar, a despeito de mim mesmo, a me tornar cruel. Não: elas não vão ter essa satisfação. Minha virtude já garantiu que continuará na disputa. Vamos ver o que é mais constante, a traição dos outros ou a minha misericórdia ... Que Roma possa saber que eu sou o mesmo e que conheço todos, absolvo cada um deles e perdoo tudo.

Quase se pode ouvir Tito se queixando, como o Figaro de Rossini, "*Uno alla volta, per carità!*" – "Não tão rápido, por favor, um de cada vez, na fila, por misericórdia!" Mostrando-se preparado para a tarefa, Tito perdoa a todos, mas aqueles que ele perdoa estão condenados a se lembrar para sempre:

> SEXTO: É verdade, Imperador, o Mestre me perdoou; mas meu coração não vai me absolver; vai lamentar esse erro até que não tenha mais memória.
> TITO: O verdadeiro arrependimento, do qual você é capaz, é mais valioso do que a fidelidade constante.

Essas palavras do final revelam o obsceno segredo da *Clemenza*: o perdão na verdade não anula a dívida. Em vez disso, ele a torna infinita – temos uma dívida eterna com a pessoa que nos perdoou. Não admira que Tito preferisse o arrependimento à fidelidade: na fidelidade ao Mestre, eu o sigo por respeito, enquanto no arrependimento o que me liga a ele é uma culpa inextirpável e infinita. Nisso, Tito é um Mestre profundamente cristão. A ridícula multiplicação da misericórdia na *Clemenza* significa que o poder não mais funciona de maneira normal, de modo que precisa ser sustentado o tempo inteiro pela misericórdia: se o Mestre precisa mostrar misericórdia, isso significa que a lei fracassou, que a máquina jurídica do Estado não é capaz de funcionar por si mesma e necessita uma intervenção incessante vinda de fora.[28] E o mesmo vale para o capitalismo de hoje. Peter Buffett (filho de Warren) publicou recentemente um artigo na página de opinião do *New York Times* em que explicou o "colonialismo filantrópico":

> Em qualquer encontro filantrópico importante veem-se chefes de Estado reunindo-se com gerentes de investimentos e líderes empresariais. Todos buscam respostas com a mão direita para problemas que outros presentes na sala criaram com a esquerda ... A filantropia tornou-se "o" veículo para elevar o nível do jogo e tem gerado um número crescente de encontros, workshops e grupos de afinidade.
>
> Quanto mais vidas e comunidades são destruídas por um sistema que cria grandes quantidades de riqueza para uns poucos, mais heroico parece "retribuir". É o que eu chamaria de "lavagem da consciência" – sentir-se bem acumulando mais do que qualquer um poderia necessitar para viver, espargindo um pouco ao seu redor como um ato de caridade. Mas isso só faz manter de pé as estruturas de desigualdade existentes. Os ricos dormem melhor à noite, enquanto outros conseguem apenas o necessário para impedir que a panela transborde.
>
> E com mais pessoas de orientação corporativa entrando em cena, os princípios empresariais são apresentados como um elemento importante a ser adicionado ao setor filantrópico ... Microempréstimos e alfabetização financeira (agora vou incomodar pessoas maravilhosas e alguns amigos queridos) – de que realmente se trata isso? As pessoas certamente aprenderão a se integrar a nosso sistema de dívida e pagamento com lucro. As pessoas deixarão de ganhar dois dólares por dia para entrar em nosso mundo de bens e serviços de modo a poderem comprar mais. Mas será que tudo isso simplesmente não alimenta a fera?[29]

Embora a crítica de Buffett permaneça ideologicamente limitada a preocupações elementares em relação a uma vida humana mais decente, evitando questões referentes a mudanças básicas de sistema ("Não defendo realmente o fim do capitalismo; defendo o humanismo"), ele fornece uma descrição adequada de como a ideologia (e a prática) da caridade desempenha um papel fundamental no capitalismo global. Peter Sloterdijk, referindo-se à noção de George Bataille de "economia geral" da despesa soberana, que ele opõe à "economia contida" do lucro incessante do capitalismo, fornece (em *Ira e tempo*) o esboço da separação que o capitalismo produziu em si mesmo, sua superação imanente. O capitalismo culmina quando "cria em si mesmo seu oposto mais radical – e o único a prosperar –, totalmente diferente daquilo com que a esquerda clássica, prisioneira de seu miserabilismo, conseguiu sonhar".[30] A menção positiva que Sloterdijk faz a Andrew Carnegie mostra o caminho: o gesto soberano de autonegação da acumulação infindável de riquezas é gastar essa riqueza com coisas sem preço e fora da circulação de mercado: bens públicos, arte e ciência, saúde e assim por diante. Quando doa ao público sua riqueza acumulada, o capitalista nega a si mesmo como a mera personificação do capital e de sua circulação reprodutiva: sua vida ganha significado. Não é mais apenas a reprodução ampliada de seu objetivo pessoal. Além disso, o capitalista realiza assim a passagem do *eros* para o *thymos*, da pervertida lógica "erótica" da acumulação para o reconhecimento e a respeitabilidade públicos.

O que a ideia de Sloterdijk significa é nada menos que a elevação de figuras como George Soros ou Bill Gates a personificações da inerente autonegação do próprio processo capitalista: sua obra de caridade, suas imensas doações para organizações de previdência social, não é apenas uma idiossincrasia pessoal, sincera ou hipócrita, mas a conclusão lógica da circulação capitalista, necessária de um ponto de vista estritamente econômico, uma vez que permite ao sistema capitalista postergar sua crise. Ela restabelece o equilíbrio – uma espécie de redistribuição da riqueza aos verdadeiramente necessitados – sem cair numa armadilha fatal: a lógica destrutiva do ressentimento e da redistribuição estatística da riqueza que só pode resultar na miséria generalizada. (Também evita, poderíamos acrescentar, o outro modo de restabelecer uma espécie de equilíbrio e de afirmar o *thymos* mediante a despesa soberana, ou seja, as guerras.) Ou, citando um velho ditado romano, *velle bonum alicui*: a caridade (realizar boas ações) é o passatempo (diversão, distração) dos indiferentes (que realmente não se importam).

Quando compramos produtos como pasta de dente ou refrigerante, a parte de cima da caixa ou garrafa costuma ser de cor diferente, com letras grandes dizendo "20% grátis": você compra o produto e leva, de graça, uma quantidade a mais. Talvez possamos dizer que o sistema capitalista como um todo se dirige a nós de maneira semelhante: "Compre o capitalismo global, participe dele e irá ganhar 20% grátis sob a forma de caridade e doações filantrópicas!" Entretanto, no caso do capitalismo, o Poderoso Chefão está fazendo uma oferta que podemos e devemos recusar.

2. Cardiognose: *Du jambon cru?*

Liberdade nas nuvens

Visitar Julian Assange na embaixada do Equador em Londres, em dezembro de 2013, foi uma experiência bastante deprimente, apesar da cortesia dos funcionários. A embaixada é um apartamento de seis cômodos sem jardim, de modo que Assange não pode sequer fazer uma caminhada diária; também não pode sair do apartamento para o corredor principal – há policiais esperando por ele. Há sempre uma dúzia em volta do prédio e alguns nos prédios vizinhos. Há até mesmo um que fica embaixo da pequena janela do banheiro, para o caso de Assange tentar fugir por esse buraco na parede. O apartamento é grampeado de cima a baixo e a conexão da internet, estranhamente lenta.

Assim, como explicar que o governo britânico empregue quase cinquenta pessoas em tempo integral para vigiar Assange sob o pretexto de que ele se recusa a ir para a Suécia e ser interrogado sobre um delito sexual secundário (não existem acusações contra ele)? Somos tentados a nos tornar thatcherianos e perguntar: como isso se ajusta à política de austeridade? Se um zé-ninguém como eu fosse procurado pela polícia sueca para um interrogatório similar, será que o Reino Unido também empregaria cinquenta pessoas para me vigiar? A questão séria é a seguinte: de onde vem esse desejo ridiculamente excessivo de vingança? O que fizeram Assange, seus colegas e as fontes das denúncias para merecê-lo? De certa maneira, pode-se compreender as autoridades. Assange e seus colegas são frequentemente acusados de serem traidores, mas são algo muito pior (aos olhos das autoridades):

> Mesmo que Snowden vendesse discretamente suas informações a outro serviço de inteligência, esse ato ainda seria visto como parte dos "jogos patrióticos", e se necessário ele seria liquidado como "traidor". No caso de Snowden, contudo, trata-se de uma coisa totalmente diferente. Trata-se de um gesto que questiona a própria lógica, o próprio status quo, que por um bom tempo vem servindo como o único alicerce da (não) política "ocidental". Um gesto que, por assim dizer, põe tudo em risco, sem consideração por lucros e sem interesses próprios: ele assume o risco porque se baseia na conclusão de que o que está acontecendo é simplesmente errado. Snowden não propôs alternativa alguma. Ele mesmo – ou melhor, a lógica de seu gesto, como, digamos, antes dele, o gesto de Chelsea Manning – é a alternativa.[1]

O feito do WikiLeaks é admiravelmente resumido pela irônica autodesignação de Assange como um "espião do povo". "Espionar para o povo" não é uma negação direta da espionagem (o que significaria atuar como um agente duplo, vendendo segredos ao inimigo), mas sua autonegação, ou seja, solapa o próprio princípio da espionagem, o princípio do sigilo, uma vez que seu objetivo é fazer com que segredos se tornem públicos. Funciona, portanto, de forma semelhante ao modo como a "ditadura do proletariado" marxista deveria funcionar (mas raramente funcionou, é claro): como a autonegação imanente do próprio princípio de uma ditadura. Para os que veem o comunismo como um espantalho, devemos dizer que aquilo que o WikiLeaks está fazendo é a prática do comunismo. Ele apenas realiza a comunalidade da informação.

Na luta das ideias, a ascensão da modernidade burguesa foi exemplificada pela *Encyclopédie* francesa (1751-72), uma aventura gigantesca que apresentou a um grande público, sistematicamente, todo o conhecimento disponível. O destinatário desse conhecimento não era o Estado, mas o público em si. Pode parecer que a Wikipédia é a *Encyclopédie* atual, mas lhe falta algo: o conhecimento que é ignorado e reprimido no espaço público, reprimido porque diz respeito precisamente à forma como os mecanismos e agências do Estado controlam e regulam todos nós. O objetivo do WikiLeaks deveria ser tornar esse conhecimento disponível a todos nós com um simples clique. Assange é o D'Alembert dos dias de hoje, o editor dessa nova *Encyclopédie*, a verdadeira enciclopédia do povo do século XXI. Por quê?

Nossa comunalidade informacional emergiu recentemente como um dos territórios-chave da luta de classes em dois de seus aspectos: o econômico, no sentido estrito, e o sociopolítico. De um lado, a nova mídia digital nos confronta com o impasse da "pobreza intelectual". A própria natureza da World Wide Web parece ser comunista, tendendo ao livre fluxo de dados – CDs e DVDs estão aos poucos desparecendo, milhões de pessoas simplesmente baixam músicas e vídeos, quase sempre de graça. É por isso que o establishment empresarial se empenha numa luta desesperada para impor sobre esse fluxo a forma da propriedade privada mediante a aplicação das leis sobre a propriedade intelectual. Evidentemente, essa livre circulação acarreta novos perigos, como assinalou Jaron Lanier,[2] que enxerga uma ameaça no próprio cerne do espaço digital que é geralmente celebrada como sua maior realização social, a livre circulação de dados e ideias: essa mesma abertura deu origem a provedores não criativos (Google, Facebook) que exercem um poder quase monopolístico no que se refere a regular o fluxo de dados, enquanto os indivíduos que criam o conteúdo se perdem no anonimato da rede. A solução de Lanier é um retorno maciço à propriedade privada: tudo que circula na web, incluindo dados pessoais (quais sites tenho visitado, digamos, ou quais livros tenho procurado na Amazon), deveria ser tratado e remunerado como uma mercadoria valiosa, e tudo deveria ser claramente atribuído a uma fonte humana individual. Embora Lanier esteja certo ao afirmar que a livre circulação, anárquica e anônima, engendra suas próprias redes de poder, deve-se no entanto questionar a solução por ele proposta: seria a privatização/comodificação global a única forma de fazer isso? Não haveria outras formas de regulação global?

Por outro lado, a mídia digital (especialmente com o acesso quase universal à internet e aos telefones celulares) abriu novos caminhos para milhões de pessoas comuns estabelecerem uma rede e coordenarem suas atividades coletivas, oferecendo ao mesmo tempo a agências de Estado e empresas privadas possibilidades inimagináveis de rastrear nossas ações públicas e privadas. Foi nessa luta que o WikiLeaks interveio de maneira tão explosiva. Para Jacques Lacan, o axioma da ética da psicanálise era: "Não comprometa o seu desejo." Não seria também uma designação adequada para os atos dos denunciantes? Essa posição não conciliatória é um lembrete constante de que, em nossas vidas cotidianas, cada vez mais nos parecemos com babuínos. Ou seja, por que os babuínos têm nádegas vermelhas, grandes, protuberantes e sem pelos? A principal razão parece ser que o traseiro de uma fêmea no cio incha, de modo a informar o macho de que ela está pronta para o acasalamento. Isso também funciona como um sinal de submissão, em que um animal se vira e apresenta o traseiro ao outro, dizendo implicitamente: "Eu sei que você é mais forte do que eu, portanto não vamos brigar mais!" As fêmeas com traseiros mais vermelhos e menos pelos atraem um número maior de parceiros e têm uma prole mais numerosa, a qual, por sua vez, é favorecida pelo fato de ter, na média, traseiros mais vermelhos e com menos pelos do que o resto. Não é isso que a luta por hegemonia ideológica parece? Indivíduos exibem suas nádegas protuberantes e sem pelos, oferecendo-se para serem penetrados por mensagens ideológicas. Não há necessidade de imposições violentas; a vítima se oferece voluntariamente – como ficou claro com o que se descobriu sobre o maciço controle digital de nossas vidas. É por isso que não basta enxergar o WikiLeaks como um fenômeno antiamericano. Ou seja, como é que os atos do presidente Obama se encaixam na constelação formada pelas revelações do WikiLeaks? Enquanto os republicanos denunciam Obama como um perigoso esquerdista que divide o povo norte-americano e representa uma ameaça ao *American way of life*, alguns esquerdistas o denunciam como "pior do que Bush" em sua adesão a uma política externa imperialista. Quando, ainda em 2009, Obama ganhou o Nobel da Paz, todos sabíamos que não era um prêmio por suas realizações, mas um gesto de esperança, uma tentativa desesperada de aumentar a pressão sobre ele de modo que mantivesse as promessas de campanha e funcionasse como um anti-Bush. A ideia de conceder o Nobel da Paz a Chelsea Manning deve ser abraçada como uma justificável reação diante do fato de Obama não ter conseguido concretizar essas expectativas. Para explicar essa decepção, deve-se ter em mente a forma como Obama se reelegeu em 2012. Jean-Claude Milner propôs recentemente a noção de "classe estabilizadora": não a antiga classe dominante, mas a ampla classe composta por aqueles que estão plenamente comprometidos com a estabilidade e a continuidade da ordem social, econômica e política atual, a classe dos que, mesmo quando pedem mudanças, só o fazem para impor aquelas que tornam o sistema mais eficiente e garantem que nada realmente vá mudar.[3] Essa é a chave para a interpretação dos resultados eleitorais nos Estados desenvolvidos do Ocidente de hoje: quem teve sucesso em ganhar dessa classe? Longe de ser percebido como um transformador radical, Obama *ganhou* deles, e por isso foi reeleito. A maioria que votou nele havia sido posta de lado pelas mudanças radicais propostas pelo mercado e pelos fundamentalistas religiosos republicanos.

Todos nós nos lembramos da face sorridente de Obama, cheia de fé e esperança, ao repetir o slogan de sua primeira campanha: "*Yes, we can!*" – sim, nós podemos nos livrar do cinismo da era Bush e trazer a justiça e o bem-estar ao povo norte-americano, podemos fazer deste país novamente a terra dos sonhos e da esperança. Agora que os EUA continuam com suas operações secretas, usando drones e expandindo sua rede de controle e informações, espionando até mesmo seus aliados, alguns manifestantes têm exibido cartazes com um slogan ligeiramente alterado: "*Yes, we scan!*" – sim, nós escaneamos! Talvez uma variação mais pertinente fosse imaginar Obama olhando para nós com um maldoso sorriso zombeteiro e respondendo "Sim, nós podemos!" aos manifestantes que gritam para ele: "Não se pode usar drones para matar!", "Você não pode querer espionar até mesmo nossos aliados!".

Mas essa personalização elementar está equivocada: a ameaça a nossa liberdade revelada pelos denunciantes tem raízes sistêmicas muito mais profundas. Edward Snowden deve ser defendido não apenas porque suas ações incomodaram e embaraçaram os serviços secretos americanos – o que ele revelou é algo que não apenas os Estados Unidos, mas todas as outras grandes (e não tão grandes) potências (da China à Rússia, da Alemanha a Israel) estão fazendo (na medida de sua capacidade). As ações de

Snowden, assim, fornecem uma base factual a nossas premonições sobre o quanto somos monitorados e controlados – sua lição é global, chegando muito além dos abusos típicos dos americanos. Realmente não aprendemos com Snowden (ou com Manning) nada além do que já presumíamos ser verdade – mas uma coisa é pensar nisso de maneira geral e outra é obter dados concretos. É um pouco como saber que seu parceiro sexual o está enganando. Pode-se aceitar o conhecimento abstrato disso, mas a dor surge quando se descobrem detalhes indecentes, quando se conseguem fotografias do que eles fizeram...

Por vezes tomamos conhecimento desses detalhes indecentes por meio de países menores, marginais, que implementam medidas de segurança de maneira muito mais aberta e direta. Por exemplo, no verão de 2012, o parlamento húngaro aprovou uma nova lei de segurança nacional que

> habilita o círculo interno do governo a espionar pessoas que ocupam cargos importantes. Com essa lei, muitos funcionários do governo devem "consentir" em ser observados da maneira mais intrusiva (telefones grampeados, casas vigiadas, e-mails invadidos) durante até dois meses por ano, embora não saibam em que período estarão sob vigilância. Talvez imaginem que estão sendo vigiados o tempo todo. Talvez seja essa a questão. Mais de vinte anos depois de a Hungria sair do mundo descrito no romance *1984* de George Orwell, a vigilância de Estado está de volta.
>
> Ora, se o governo do primeiro-ministro Viktor Orbán, do partido Fidesz, descobre algo de que não gosta – e não há limites ao que ele pode achar digno de objeção –, os que estão sendo vigiados podem ser despedidos. As pessoas do escalão mais elevado do governo estão amplamente isentas de vigilância – mas essa lei atinge seus representantes, os membros de sua equipe e todos os serviços de segurança, alguns juízes, procuradores, diplomatas e oficiais militares, assim como alguns escritórios "independentes" que o governo Orbán não deveria controlar.[4]

E eis como o governo húngaro justifica essas medidas:

> Autoridades do governo húngaro dirão que o que estão fazendo não é novidade. Outros países, apontarão, têm formas de determinar se funcionários de alto escalão têm tratado de maneira irresponsável segredos de Estado ou se pessoas que gozam da confiança do público são corruptas. Como se mostrou agora, o governo norte-americano acompanha telefonemas e e-mails de todo mundo, então como é possível criticar o que o governo da Hungria está fazendo?[5]

Quando confrontado com tais fatos, será que todo cidadão americano decente não se sente como um babuíno subitamente sufocado pela vergonha de seu saliente traseiro vermelho? Já em 1843, o jovem Karl Marx afirmava que o *ancien régime* alemão "apenas imagina crer em si mesmo e exige que o mundo imagine a mesma coisa".[6] Numa situação dessas, colocar a culpa nos que estão no poder torna-se uma arma – ou, como explica Marx: "A verdadeira pressão deve ser mais premente adicionando-se a consciência da pressão, a vergonha deve ser mais vergonhosa ao ser divulgada."[7] E é exatamente essa a nossa situação nos dias de hoje: estamos encarando o cinismo desavergonhado da atual ordem global, cujos agentes só imaginam acreditar em suas ideias de democracia, direitos humanos e assim por diante, e, graças ao WikiLeaks, a vergonha (nossa vergonha por tolerarmos esse poder sobre nós) se torna mais vergonhosa ao ser divulgada. O que deveria nos envergonhar é o processo global de redução gradual do uso público da razão. Quando Paulo diz que, de um ponto de vista cristão, "não há homens nem mulheres, não há judeus nem gregos", está afirmando que raízes étnicas, identidade nacional e gênero *não são categorias de verdade*; ou, utilizando termos kantianos precisos, ao refletirmos sobre nossas raízes étnicas, envolvemo-nos no *uso privado da razão*, confinados por pressupostos dogmáticos contingentes, ou seja, agimos como indivíduos "imaturos", não como seres humanos livres que acreditam na universalidade da razão. O espaço público da "sociedade civil mundial" designa o paradoxo da singularidade universal, de um sujeito singular que, numa espécie de curto-circuito, contorna a mediação do particular para participar diretamente do Universal. É o que Kant, na famosa passagem de "O que é o iluminismo?", quer dizer quando fala do "público" em oposição ao "privado": "privado" não significa os laços pessoais de um indivíduo em oposição a seus laços comunais, mas a própria ordem comunal-institucional de uma identificação particular, enquanto "público" é a universalidade transnacional do exercício da Razão de alguém. Vemos onde Kant se afasta de nosso senso comum liberal: o domínio do próprio Estado é, à sua maneira, "privado" exatamente no sentido kantiano do "uso privado da Razão" em suas máquinas administrativo e ideológico, enquanto os indivíduos que refletem sobre questões gerais usam a razão de uma forma "pública".

Essa distinção kantiana é especialmente pertinente no caso da internet e de outras novas mídias divididas entre o "uso público" livre e o crescente controle "privado". Assim, nossa luta deve concentrar-se nas ameaças à esfera pública internacional, como a recente tendência a organizar o ciberespaço em "nuvens": dessa maneira, abstraem-se detalhes dos consumidores, que não mais precisam dominar ou controlar a infraestrutura tecnológica "na nuvem" que sustenta sua atividade. Duas palavras são aqui reveladoras: *abstraem-se* e *controlar* – para gerenciar uma nuvem, é necessário um sistema de monitoramento que controle seu funcionamento, e esse sistema é, por definição, oculto aos usuários. O paradoxo é que, quanto mais o pequeno aparelho (smartphone ou iPod) que tenho nas mãos é personalizado, fácil de usar, "transparente" em seu funcionamento, mais o arranjo como um todo deve se basear num trabalho feito em outro lugar, num vasto circuito de máquinas que coordenam a experiência do usuário. Quanto mais a nossa experiência é não alienada, espontânea, transparente, mais é regulada e controlada pela rede invisível de agências do Estado e grandes empresas privadas que seguem suas agendas secretas.

O que torna tão perigoso o controle total de nossas vidas não é perdermos nossa privacidade, todos os nossos segredos serem expostos ao olhar do Grande Irmão. Não existe agência de Estado capaz de exercer esse controle – não porque não sabem o suficiente, mas porque sabem demais. O próprio tamanho dos conjuntos de dados é grande demais, e, apesar de todos os intrincados programas de detecção de mensagens suspeitas, os computadores que registram tantos detalhes são demasiado estúpidos para interpretá-los e avaliá-los adequadamente, o que leva a erros ridículos em que espectadores inocentes são tidos como potenciais terroristas. É isso que torna tão perigoso o controle de nossas comunicações pelo Estado. Sem saber por quê, sem fazer nada ilegal, podemos nos encontrar subitamente numa lista de potenciais terroristas. Lembremos a lendária resposta do editor de um jornal de William Randolph Hearst à pergunta deste sobre por que não queria aproveitar um merecido feriado: "Tenho medo de que, se sair, instaure-se o caos, tudo desmorone – porém tenho mais medo ainda de descobrir que, se sair, as coisas sem mim prossigam normalmente, uma prova de que não sou de fato necessário!" Algo semelhante pode ser dito sobre o controle de nossas comunicações pelo Estado: devemos ter medo de não poder mais ter segredos, de que as agências secretas do Estado possam saber tudo, porém o que devemos temer mais ainda é que não consigam fazê-lo.

Os denunciantes desempenham um papel crucial em manter viva a "razão pública". Assange, Manning, Snowden: esses são nossos novos heróis, casos exemplares da nova ética que se aplica a nossa era digital. Não são mais apenas denunciantes que expõem práticas ilegais de empresas privadas (bancos, companhias de tabaco e petróleo e assim por diante) ou autoridades públicas; eles denunciam as próprias autoridades públicas quando estas se envolvem no "uso privado da razão". Precisamos de outros Mannings e Snowdens também na China, na Rússia, em toda parte. Estados como China e Rússia são, evidentemente, muito mais opressivos que os Estados Unidos – imagine apenas o que teria acontecido com alguém como Manning num tribunal russo ou chinês (provavelmente não haveria um julgamento público; um Manning chinês teria apenas desaparecido). Entretanto, não se deve exagerar quanto à benevolência dos Estados Unidos: na verdade, esse país não trata os prisioneiros com a mesma brutalidade da China ou da Rússia – em função de sua superioridade tecnológica, simplesmente não precisa de uma abordagem abertamente brutal (que está mais que preparado para usar quando necessário). Nesse sentido, os

Estados Unidos são até mais perigosos do que a China, já que suas medidas de controle não são percebidas como tais, enquanto a brutalidade chinesa é abertamente demonstrada. Isso significa que, enquanto num país como a China as limitações à liberdade são evidentes para todos – não há ilusões sobre isso, o Estado é um mecanismo abertamente opressivo –, nos Estados Unidos as liberdades formais são oficialmente garantidas, de modo que a maioria dos indivíduos percebe suas vidas como livres e não está consciente sequer da extensão em que é controlada por mecanismos do Estado. Imaginem só como podemos aprender uns sobre os outros verificando nossas contas-correntes, que livros compramos na Amazon, nossos e-mails e assim por diante. Os denunciantes fazem algo muito mais importante do que afirmar o óbvio ao denunciar regimes abertamente opressivos: tornam pública a falta de liberdade subjacente à própria situação que nós mesmos vivenciamos como livre.

Essa característica não se limita ao espaço digital. Está profundamente impregnada na forma de subjetividade que caracteriza a "permissiva" sociedade liberal. Desde que a liberdade de escolha foi elevada à condição de valor supremo, o controle e a dominação sociais não podem mais parecer infringir a liberdade do sujeito; devem parecer a própria experiência pessoal dos indivíduos como livres (e por ela ser sustentados). Essa falta de liberdade aparece sob o disfarce do seu oposto: quando privados de um sistema de saúde universal, dizem-nos que ganhamos uma nova liberdade de escolha (de escolher nosso plano de saúde); quando não podemos mais confiar no emprego a longo prazo e somos compelidos a buscar um novo emprego precário a cada dois anos ou até a cada duas semanas, dizem-nos que ganhamos a oportunidade de nos reinventar e descobrir nosso inesperado potencial criativo; quando temos de pagar pela educação de nossos filhos, dizem-nos que nos tornamos "empresários de nós mesmos", agindo como capitalistas que só precisam escolher livremente o modo como vão investir os recursos que possuem (ou tomaram emprestados) – em educação, saúde, viagens. Constantemente bombardeados por "livres escolhas" que nos são impostas, forçados a tomar decisões para as quais não estamos adequadamente qualificados (ou sobre as quais não temos informações suficientes), vivenciamos cada vez mais nossa liberdade como um fardo que provoca uma ansiedade insustentável. Incapazes de romper sozinhos, como indivíduos isolados, esse círculo vicioso, uma vez que, quanto mais agimos livremente, mais nos tornamos escravizados pelo sistema, precisamos despertar desse estupor dogmático da falsa liberdade pelo empurrão da figura de um Mestre.

Em maio de 2002, relatou-se que cientistas da Universidade de Nova York haviam criado um chip de computador capaz de transmitir sinais básicos diretamente ao cérebro de um rato, o que lhes permitia controlar os movimentos do animal por meio de um mecanismo de direção (como num carrinho de brinquedo com controle remoto). Pela primeira vez a "vontade" de um agente animal vivo, suas decisões "espontâneas" sobre seus movimentos foram dominadas por um mecanismo externo. Evidentemente, a grande questão filosófica nesse caso é como o pobre rato "vivenciou" esses movimentos decididos a partir de fora: será que continuou a "vivenciá-los" como espontâneos (em outras palavras, será que estava totalmente inconsciente de que seus movimentos estavam sendo controlados?) ou sabia que alguma coisa estava errada? E talvez resida nisso a diferença entre os cidadãos chineses e nós, cidadãos livres dos países liberais do Ocidente; os ratos humanos chineses estão pelo menos conscientes de serem controlados, enquanto nós somos os ratos estúpidos passeando por aí sem saber como nossos movimentos são monitorados.

É fundamental que a nova enciclopédia que está surgindo em torno do WikiLeaks ganhe uma base nacional independente, de modo que o humilhante jogo de atirar um grande Estado contra outro (como Snowden tendo de buscar proteção na Rússia) seja minimizado. Nosso axioma deveria ser que Snowden e o Pussy Riot são parte da mesma luta – precisamos de uma nova Internacional, de uma rede internacional para organizar a proteção dos denunciantes e a disseminação de sua mensagem. A lista já está crescendo: Manning, Assange, Snowden… e Utku Kali, um praça da gendarmerie turca que vazou um relatório dos serviços de informações revelando que o massacre de Reyhanli, cidade turca na fronteira com a Síria (uma explosão, em 11 de maio de 2013, que matou mais de 170 pessoas;

o número oficial é 53), foi organizado pelo grupo radical islâmico El-Nusra. Logo após a explosão, o governo turco culpou o regime sírio de Assad, mas o vazamento mostrou que ele sabia com antecedência do atentado e nada fez para evitá-lo – ou talvez tenha até "guiado" essa operação sob falsa bandeira. Utku Kali foi imediatamente detido e agora está na prisão, acusado de vazar segredos militares.[8] Esses vazamentos fornecem uma visão do que realmente está acontecendo por trás dos panos na Síria de hoje.

Os denunciantes são nossos heróis porque provam que, se eles – os que estão no poder – podem fazê-lo, nós também podemos. Hoje em dia, ouvimos com frequência que a democracia só pode ser renovada a partir do nível de base das comunidades locais, uma vez que os mecanismos do Estado são cristalizados demais e insensíveis às preocupações elementares das pessoas; mas os problemas que hoje confrontamos também exigem organizações e formas de atividades globais – o bom e velho Estado-nação é ao mesmo tempo muito grande e muito pequeno. O contraponto ideal ao Estado seria um curto-circuito direto entre os dois níveis: organizações locais da sociedade civil formando redes transnacionais. O problema, naturalmente, é que os manifestantes que compõem essas redes constituem uma evidente minoria. A reação da grande maioria, após as revelações de Snowden serem amplamente divulgadas, pode ser sintetizada pelos memoráveis versos da última canção de *Nashville*, de Altman, na interpretação de Barbara Harris: "Você pode dizer que não sou livre, mas isso não me incomoda".

Vampiros versus zumbis

Essa luta pelo controle do ciberespaço é no fundo uma questão de classe, o que demonstra que a luta de classes está viva e gozando de boa saúde. Quando o presidente Obama foi acusado de introduzir na política, irresponsavelmente, uma "guerra de classes", Warren Buffett exultou: "Há, sim, uma guerra de classes, mas é a minha classe, a classe dos ricos, que está fazendo a guerra, e estamos vencendo."[9] Se a guerra de classes ainda é um anátema no discurso público norte-americano, esse tema reprimido está voltando com ímpeto em Hollywood. Aqui não é preciso procurar muito pela luta de classes – querendo ou não, nós a encontramos rápida e inesperadamente. Basta pensar nos *blockbusters* (e até video games) pós-apocalípticos como *Elysium* (2013), de Neill Blomkamp, que se passa no ano de 2154, quando os ricos vivem numa gigantesca estação espacial, enquanto o resto da população reside numa Terra em ruínas que parece uma favela latino-americana ampliada.[10] Esse filme é o último de uma série iniciada com *Zardoz* (1974), de John Boorman, que mostra uma Terra pós-apocalíptica, em 2293, habitada sobretudo pelos "Brutais", seres humanos comuns vivendo em condição de miséria e violência. Eles são governados pelos "Imortais", que usam um grupo privilegiado de Brutais, os "Exterminadores", como uma classe de guerreiros para controlá-los. Os Exterminadores cultuam o deus Zardoz, uma enorme cabeça de pedra flutuante e estática cuja mensagem é: "A arma é o bem, o pênis é o mal. O pênis lança raízes e cria novas vidas para envenenar a Terra com uma praga de homens, como era no passado, mas a arma os mata e purifica a Terra da sujeira dos Brutais. Vão em frente… e matem!" A cabeça do deus Zardoz fornece armas aos Exterminadores, enquanto estes lhe fornecem grãos para alimentar os Imortais que vivem no Vortex, uma comunidade isolada, composta de pessoas civilizadas, protegida por um campo de força invisível. Imortais, os Imortais levam uma vida agradável, mas, em última instância, limitada, e previsivelmente o filme termina com a ruptura do escudo e os Imortais redescobrindo, em função disso, o sexo e a mortalidade.[11]

Esses filmes são produzidos numa sociedade radicalmente dividida segundo linhas de classe, porém de uma forma bem específica – uma forma descrita por Peter Sloterdijk em *In the World Interior of Capital*, uma audaciosa afirmação da grande narrativa de nossa modernidade capitalista global.[12] Sloterdijk explica que, na fase final da globalização, o sistema mundial completou seu desenvolvimento e, como sistema capitalista, passou a determinar todas as condições da vida. O primeiro sinal dessa mudança foi o Palácio de Cristal, em Londres, local da Primeira Exposição Universal em 1851: ele sintetizou a inevitável exclusividade da globalização como a construção e expansão de um mundo interior cujas fronteiras são invisíveis, ainda que virtualmente intransponíveis para quem vem de fora, e que é habitado por 1,5 bilhão de vencedores da globalização. Um número três vezes maior ficou do lado de fora. Consequentemente, "o mundo interior do capital não é uma ágora nem uma feira comercial a céu aberto, mas uma estufa que atraiu para dentro de si tudo aquilo que costumava ficar de fora".[13] Construído sobre os excessos capitalistas, esse interior determina tudo: "O fato básico da Idade Moderna não foi que a Terra gira em torno do Sol, mas que o dinheiro gira em torno da Terra."[14] Depois do processo que transformou o mundo num globo, "a vida social só podia ter lugar num interior ampliado, um espaço interno domesticamente organizado e artificialmente climatizado".[15] Com o domínio do capitalismo cultural, são contidas todas as convulsões capazes de conformar o mundo: "Nenhum outro evento histórico poderia ter lugar em tais condições – no máximo, acidentes domésticos."[16]

Em 1º de dezembro de 2013, pelo menos sete pessoas morreram quando uma fábrica de roupas de propriedade chinesa numa zona industrial italiana conhecida como Prato, a dez quilômetros do centro de Florença, pegou fogo, matando trabalhadores que ficaram presos num dormitório improvisado, de papelão, construído no local.[17] O acidente ocorreu no distrito industrial de Macrolotto, conhecido pelo grande número de fábricas de roupas. Roberto Pistonina, funcionário de um sindicato local, comentou: "Ninguém pode dizer que ficou surpreso com isso porque todos sabiam há anos que, na área entre Florença e Prato, centenas, se não milhares de pessoas, vivem e trabalham em condições análogas à escravidão."[18] Somente Prato tem 15 mil imigrantes legalmente registrados (numa população total de aproximadamente 200 mil pessoas), bem como mais de 4 mil empresas de propriedade de chineses. Acredita-se que outros milhares de imigrantes chineses vivam ilegalmente na cidade, trabalhando até dezesseis horas por dia para uma rede de atacadistas e oficinas na produção de roupas baratas. Assim, não precisamos procurar a vida miserável fora do Domo global, lá longe nos subúrbios de Xangai (ou pelo menos em Dubai ou no Catar), e hipocritamente criticar a China. A Foxconn está bem aqui, em nossa casa – apenas não a vemos (ou melhor, fingimos não vê-la).

O que Sloterdijk corretamente aponta é que a globalização capitalista não representa apenas abertura, conquista, mas também um globo autoconfinado a separar o Dentro do Fora. Os dois aspectos são inseparáveis: o alcance global do capitalismo baseia-se na forma como ele introduz uma divisão radical de classe por todo o planeta, separando os protegidos pela esfera dos que estão fora de sua cobertura.

Um exemplo mais surpreendente da luta de classes em Hollywood é fornecido pelos dois filmes sobre Abraham Lincoln lançados em 2012: o grande, liberal, agradável e de "alta qualidade" *Lincoln*, de Spielberg, e seu primo pobre, obviamente ridículo, *Abraham Lincoln: caçador de vampiros*. Como observou um crítico, Spielberg "falseia positivamente a figura de Lincoln da mesma forma que se fez com Martin Luther King em nossa cultura política, que enfatiza o aperfeiçoamento e a unidade à custa da verdade e da justiça".[19] Pouco antes da vitória na Guerra Civil, Lincoln conseguiu impor a emenda que extinguia a escravatura por meio de uma "advocacia inteligente, de algum patrocínio e da vontade pessoal. A ação concentra-se nas elites governantes, retratando Lincoln como o grande bem-informado."[20] Em evidente contraste, *Abraham Lincoln: caçador de vampiros* mostra como "a transformação revolucionária é realizada mediante a militância e a mobilização dos excluídos e oprimidos".[21] Lincoln, cuja mãe foi morta por vampiros, descobre que estes também estão por trás dos separatistas confederados. O líder dos vampiros faz um acordo com Jefferson Davis: eles vão ajudar o exército confederado se o sul lhes fornecer regularmente escravos negros como fonte do sangue de que necessitam para se alimentar. Quando Lincoln descobre a trama, usa as reservas de prata dos Estados Unidos para produzir balas para o exército, e assim garantir a vitória do norte em Gettysburg. Ridículo? Sim, definitivamente. Mas o caráter jocoso é em si mesmo um sintoma de repressão ideológica ou, o que é ainda mais grave, de rejeição psicótica: o que é excluído do Simbólico retorna no Real de uma alucinação, e o que é excluído é a luta de classes em toda a sua brutalidade. Seria possível aventar a hipótese de que os filmes de terror registram a diferença de classe sob o disfarce da diferença entre vampiros e zumbis. Os vampiros são bem-educados, elegantes, aristocráticos e vivem entre as pessoas normais, enquanto os zumbis são rudes, inertes e sujos, e atacam a partir de fora, como uma revolta primitiva de excluídos. A equação entre zumbis e classe trabalhadora ficou explícita em *Zumbi branco* (1932, dirigido por Victor e Edward Halperin), o primeiro longa-metragem sobre zumbis produzido antes de o Código Hays, que proibia referências diretas a capitalistas brutais e à luta dos trabalhadores, começar a regular os filmes de Hollywood. Não há vampiros nesse filme – mas, significativamente, o papel do principal vilão que controla os zumbis é desempenhado por Bela Lugosi, que um ano antes ficara famoso no papel de Drácula. *Zumbi branco* se passa numa plantação no Haiti, local da mais famosa revolta de escravos. Lugosi recebe outro fazendeiro e lhe mostra sua fábrica de açúcar, onde os trabalhadores são zumbis que, como Lugosi se apressa em explicar, não se queixam da duração da jornada de trabalho, não exigem a criação de sindicatos e nunca fazem greve, apenas continuam trabalhando o tempo todo. Um filme assim só pôde ser realizado antes da imposição do Código Hays.

É só contra esse pano de fundo da luta de classes que se pode discernir a lógica subjacente das posições políticas em conflito. Alain Badiou[22] distinguiu quatro principais orientações sociopolíticas nos dias de hoje, e é fácil perceber como elas formam outro quadrado semiótico greimasiano: 1) capitalismo liberal global puro; 2) sua versão mais suave, do Estado de bem-estar social (aceitamos o capitalismo, desde que ele seja regulado para garantir saúde, educação, solidariedade em relação aos pobres e assim por diante); 3) fundamentalismo anticapitalista reacionário explícito; 4) movimentos emancipatórios radicais. As quatro posições podem ser agrupadas ao longo de três eixos: pró-capitalismo (1-2) versus anticapitalismo (3-4); direita (1-3) versus esquerda (2-4); puro (1-4) versus impuro (2-3), em que "pureza" designa uma posição consistente que extrai todas as consequências de sua premissa básica (capitalista ou anticapitalista), enquanto "impuro" se refere a um compromisso (digamos, a social-democracia do Estado de bem-estar social representa o capitalismo regulado, controlado e misturado com os padrões da solidariedade e da justiça universais). E talvez haja mais duas posições: 5) o capitalismo autoritário (como o capitalismo com "valores asiáticos" praticado na China e em Cingapura); 6) o que restou do velho comunismo "totalitário" (Cuba, Khmer Vermelho no Camboja, Coreia do Norte, rebeldes maoistas na Índia e no Nepal). A posição 5 é de direita, pró-capitalista e impura; a 6 é de esquerda, anticapitalista e pura. Há posições que são claramente o espelho uma da outra – as posições 5 e 2, por exemplo: opostas ao longo do eixo direita versus esquerda, ambas buscam regular os excessos do capitalismo liberal puro, a primeira com valores tradicionais e Estado autoritário, a segunda com mecanismos de bem-estar social. Da mesma forma, as posições 3 e 6 espelham-se uma à outra ao longo do eixo esquerda-direita: ambas buscam sair do universo capitalista reorganizando a vida social segundo o projeto "totalitário" de uma sociedade fechada. Finalmente, as posições 1 e 4 também se espelham ao longo do mesmo eixo no sentido de que ambas incorporam claramente os dois polos do antagonismo sociopolítico básico: capitalismo global versus sua superação emancipatória. Evidentemente, o ponto-chave é distinguir a posição 6 da posição 4, assim como a 5 da 3. No caso do capitalismo autoritário (5) e do anticapitalismo reacionário explícito (3), a diferença parece clara, mas na verdade tende a desaparecer. Todos os regimes religiosos "fundamentalistas", por mais anticapitalista que possa ser sua retórica, tendem a encontrar uma forma não apenas de se acostumar ao capitalismo global, mas até de se integrar perfeitamente a ele (pensem na Arábia Saudita). No caso de 4 versus 6, temos o oposto: tanto o regime do Khmer Vermelho quanto os movimentos emancipatórios radicais são puros, de esquerda e anticapitalistas, porém há uma diferença mais radical que qualquer outra a separá-los.

Para discernir essa diferença, é fundamental reconhecer as diferenças entre descrições aparentemente semelhantes ou até idênticas. Por exemplo, um dos traços comuns entre as atuais revoltas populares na Europa, especialmente na Espanha, é a rejeição a toda a "elite política", de esquerda ou de direita. Todos os políticos são rejeitados como corruptos, sem contato com as verdadeiras necessidades das pessoas comuns e assim por diante. Entretanto, tal descrição pode ocultar duas posições radicalmente opostas: de um lado, a rejeição populista-moralista a toda a classe política ("são todos iguais, a política é uma putaria"), que, como regra, oculta o apelo por um novo Mestre que vai limpar esse ninho de corrupção e introduzir a honestidade; por outro lado, algo *totalmente diferente*, que verdadeiramente se afasta da oposição binária que define os contornos do espaço político hegemônico (republicanos versus democratas, conservadores versus trabalhistas). No segundo caso, a lógica subjacente não é "são todos iguais", mas, "evidentemente, nosso principal inimigo é a direita capitalista, mas também rejeitamos a chantagem da esquerda tradicional que nos conclama a apoiá-la como única forma de bloquear a direita". Essa segunda posição é a do "nem um nem outro": não queremos X, mas também não queremos sua inerente negação, a oposição a ele que permanece no mesmo campo. Isso não significa que sejam "todos iguais", mas precisamente que eles não são "todos" (no sentido lacaniano dos paradoxos do não todo, do todo sustentando-se numa exceção). "São todos iguais" significa que queremos a exceção, uma política direta/honesta isenta da política corrupta costumeira, nem de direita nem de esquerda. Entretanto, no caso do "nem um nem outro", a negação da direita nos dá a esquerda (tradicional), mas a negação da esquerda não nos dá novamente a direita, mas uma não esquerda que está mais à esquerda do que a própria esquerda (tradicional).

A ingenuidade cínica

Para sair dessa confusão, precisamos romper nossas limitações ideológicas – mas como? Seria essa uma opção ainda válida nos dias de hoje, em que o cinismo dos que estão no poder é frequentemente tão direto e aberto que não parece haver necessidade de uma crítica da ideologia? Por que perderíamos tempo envolvendo-nos numa árdua "leitura sintomática", detectando lacunas e repressões no discurso público dos que estão no poder, quando esse discurso admite, de forma mais ou menos aberta e desavergonhada, seus interesses particulares? Há, no entanto, muitos problemas com essa tese. Essa noção de uma sociedade cínica em que os que estão no poder admitem brutalmente o que fazem não é de forma alguma suficiente. É precisamente quando admitem aberta e "realisticamente" que, em última instância, tudo se resume ao poder, ao dinheiro ou à influência que eles cometem o maior erro; seu realismo sem ilusões é a própria condição de sua cegueira. O que eles fatalmente subestimam é a eficiência das ilusões que estruturam e sustentam seus impiedosos jogos de poder ou especulações financeiras. No início do governo de Hitler, foram os grandes cínicos capitalistas que disseram a si mesmos: "Vamos deixar Hitler assumir e nos livrar da esquerda, e depois a gente se livra dele." A crise financeira de 2008 foi provocada por banqueiros cínicos agindo segundo o princípio de "a cobiça é boa", e não por idealistas cegos. Aí reside o limite da velha fórmula da razão cínica de Sloterdijk: "Eles sabem o que estão fazendo, mas assim mesmo o fazem."[23] Eles estão cegos às ilusões inerentes à brutal postura "realista". Lembremo-nos da brilhante análise de Marx sobre como, na Revolução Francesa de 1848, o Partido da Ordem, conservador-republicano, funcionou como uma coalizão dos dois braços do monarquismo (orleanistas e legitimistas) no "reino anônimo da República".[24] Os representantes parlamentares do Partido da Ordem concebiam seu republicanismo como uma farsa: nos debates parlamentares, constantemente ridicularizavam a República para evidenciar que seu verdadeiro objetivo era restaurar a monarquia. O que não sabiam é que eles próprios estavam enganados quanto ao verdadeiro impacto social de seu governo. O que estavam fazendo era na verdade estabelecer as condições da ordem republicana burguesa que tanto desprezavam (por exemplo, garantindo a segurança da propriedade privada). Assim, não é que fossem apenas monarquistas disfarçados de republicanos: embora se vissem dessa forma, sua própria convicção monarquista "interior" é que constituiu a fachada ilusória a mascarar seu verdadeiro papel social. Em suma, longe de ser a verdade oculta de seu republicanismo público, seu monarquismo sincero era o suporte fantasmático de seu republicanismo real. Como afirmou Marx, os monarquistas

> enganavam a si mesmos a respeito do fato de seu governo unificado. Não compreendiam que, se cada uma de suas facções, vista separadamente, por si mesma, era monarquista, o produto de sua combinação química tinha de

> ser necessariamente *republicano* ... Assim, vemos esses monarquistas, no começo, acreditando numa restauração imediata, mais tarde preservando a forma republicana espumando de raiva e com uma condenação violenta nos lábios, e finalmente confessando que só podem suportar-se mutuamente na república *e postergando a restauração indefinidamente* [*die Restauration aufs Unbestimmte vertagen*]. O próprio *gozo* do governo unificado [*der Genuss der vereinigten Herrschaft*] reforçou as duas facções e as tornou ainda mais incapazes e indispostas a se subordinar uma à outra, ou seja, a restaurar a monarquia.[25]

Marx descreve aqui precisamente um caso de economia libidinal pervertida: há um Objetivo (a restauração da monarquia) que os membros do grupo vivenciam como verdadeiro, mas que, por motivos táticos, tem de ser publicamente repudiado; mas o que proporciona o gozo não são as múltiplas formas de ridicularizar de modo obsceno a ideologia que são obrigados a seguir publicamente (a raiva e as ofensas ao republicanismo), mas a própria protelação indefinida da concretização de seu Objetivo oficial (que lhes permite um governo unificado). Imaginem o seguinte cenário: na esfera privada, tenho um casamento infeliz, zombo de minha mulher o tempo todo, declarando minha intenção de abandoná-la para me unir a minha amante, a quem realmente amo, e, embora tenha pequenos prazeres com as ofensas a minha esposa, o gozo que me sustenta é gerado pela protelação indefinida da separação. De volta à política, será que os republicanos norte-americanos durante o governo Reagan não se pareciam muito com o Partido da Ordem? Seus orleanistas eram capitalistas liberais *new-tech* e seus legitimistas eram os populistas antiestablishment (que mais tarde se transformaram no Tea Party) – odiavam-se mutuamente, mas sabiam que só podiam governar juntos, de modo que adiaram indefinidamente as medidas com as quais realmente se importavam (como a proibição do aborto). Esta é a fórmula do cinismo político atual: quem é realmente enganado são os próprios cínicos, que não têm a consciência de que sua verdade está naquilo que ridicularizam, não em suas crenças ocultas. Como tal, o cinismo é uma atitude pervertida: transpõe para seus outros ingênuos (não cínicos) sua própria divisão. É por isso que, como assinalou Freud, a atividade perversa não é uma exposição aberta do inconsciente, mas sua maior dissimulação.

Há uma coisa sobre Henry Kissinger, o maior cínico da *Realpolitik*, que realmente se destaca: quão profundamente erradas foram todas as suas previsões. Quando chegou ao Ocidente a notícia do golpe militar anti-Gorbachev, em 1991, ele na mesma hora aceitou o novo regime (que cairia ignominiosamente três dias depois) como um fato. Em suma, quando os regimes socialistas já eram mortos-vivos, ele contava manter com eles um pacto de longo prazo. O que esse exemplo mostra perfeitamente é a limitação do cinismo: os cínicos são, na linguagem de Lacan, *les non-dupes qui errent*; o que não conseguem reconhecer é a eficiência simbólica das ilusões, o modo como elas regulam a atividade que gera a realidade social. A posição do cinismo é a da sabedoria – o cínico paradigmático lhe diz privadamente, em voz baixa e tom confidencial: "Mas você não percebeu que no fundo se trata de dinheiro/poder/sexo, que todos os princípios e valores elevados são apenas expressões vazias que não servem para nada?" Nesse sentido, os filósofos efetivamente acreditam no poder das ideias, acreditam que as ideias governam o mundo, e os cínicos têm plena razão ao acusá-los desse pecado – mas o que os cínicos não percebem é sua própria ingenuidade, a ingenuidade de sua sabedoria cínica. Os filósofos é que são os verdadeiros realistas: têm plena consciência de que a posição cínica é impossível e inconsistente, de que os cínicos efetivamente seguem o princípio do qual zombam em público. Stálin era um cínico exemplar – mas era por isso que acreditava sinceramente no comunismo.

A questão teórica geral subjacente a essa cegueira do cinismo é que uma crítica da ideologia tem de incluir uma teoria da ignorância construída. De modo muito semelhante ao conhecimento, a ignorância também é socialmente construída, em todos os seus cinquenta tons, desde a simples ignorância direta, em que nem sequer sabemos que não sabemos, até ignorar polidamente o que sabemos muito bem, e cobrindo todos os níveis intermediários, em particular o Inconsciente institucional.[26] Lembremos a apropriação liberal de Martin Luther King, em si mesmo um caso exemplar de desaprendizagem. Henry Louis Taylor recentemente observou:

> Todo mundo sabe, até um garoto pequeno, que o momento mais famoso da vida de Martin Luther King foi o discurso "Eu tenho um sonho". Ninguém consegue ir além dessa sentença. Tudo que sabemos é que esse cara tinha um sonho. Não sabemos que sonho era esse.[27]

King havia percorrido um longo caminho desde as multidões que o aclamaram durante a Marcha sobre Washington, em 1963, quando foi apresentado como "o líder moral desta nação"; incorporando questões estranhas à segregação, tinha perdido grande parte do apoio público e começava a ser visto como um pária. Como disse Harvard Sitkoff, ele assumiu as questões da pobreza e do militarismo por considerá-las fundamentais "para tornar a igualdade uma coisa real, e não apenas a fraternidade racial, mas a igualdade de fato".[28] Utilizando a terminologia de Badiou, King levou o "axioma da igualdade" muito além do tema da segregação racial: estava envolvido nas lutas contra a pobreza e contra a guerra quando foi assassinado. Tinha se manifestado contra a Guerra do Vietnã e estava em Memphis para apoiar a greve dos trabalhadores da limpeza pública quando foi morto, em abril de 1968. "Ser um seguidor de King significava caminhar pela estrada impopular, não pela popular."[29] Em suma, elevar King à condição de ícone moral envolveu apagar sistematicamente tudo aquilo que se conhecia sobre ele.

Outro caso de desaprendizagem sistemática diz respeito à psicanálise: como Gerard Wajcman corretamente observou, em nossa era, que se considera permissiva, violando todos os tabus e repressões sexuais, e assim tornando a psicanálise obsoleta, a percepção fundamental de Freud sobre a sexualidade infantil é estranhamente ignorada:

> A única proibição remanescente, o único valor sagrado em nossa sociedade que parece persistir, tem a ver com as crianças. É proibido tocar num fio de cabelo de suas cabecinhas louras, como se as crianças tivessem redescoberto aquela pureza angelical sobre a qual Freud conseguiu lançar alguma dúvida. E é sem dúvida a figura diabólica de Freud que hoje condenamos, vendo-o como aquele que, ao revelar a relação da infância com a sexualidade,

simplesmente depravou nossas infâncias virginais. Numa época em que a sexualidade é exibida a cada esquina, a imagem da criança inocente, estranhamente, retornou com toda a força.[30]

Pode-se prosseguir indefinidamente enumerando casos similares – basta lembrar a desaprendizagem sistemática, imposta pelos colonizadores, dos fatos referentes aos povos colonizados. Essa desaprendizagem diz respeito não apenas a fatos, porém mais ainda ao espaço ideológico que fornece as coordenadas para nossa compreensão dos "primitivos". (Por exemplo, quando os primeiros etnólogos encontraram uma tribo cujo totem era um pássaro, automaticamente atribuíram a seus membros a crença ridícula de que tinham origem nesse pássaro.) A ignorância mais fundamental, contudo, é imanente à Lei: diz respeito a seu próprio e obsceno reverso.

No dia 3 de dezembro de 2013, o jornal israelense *Haaretz* relatou que "patrulhas da decência" ultraortodoxas informais vendiam óculos com adesivos capazes de embaçar suas lentes: eles propiciavam uma visão clara do que estava a até alguns metros, de modo a não impedir o movimento, mas tudo que estivesse mais distante ficava embaçado – incluindo mulheres.[31] Seguindo uma linha semelhante, pode-se muito bem imaginar sionistas agressivos vendendo óculos que de alguma forma embacem a visão de palestinos e seus prédios, de modo que se possa ver a Terra Santa da maneira como ela deveria ser.

O reverso obscuro da Lei

Diz a lenda que certa vez Alfred Hitchcock (um católico) estava atravessando de carro uma pequena cidade da Suíça. De repente, ele apontou algo pela janela do carro e disse: "Essa é a coisa mais terrível que já vi!" Um amigo sentado a seu lado olhou na direção por ele apontada e ficou surpreso: não viu nada de estranho, apenas um padre que, conversando com um garoto, colocara a mão no braço deste. Hitchcock parou o carro, baixou o vidro e gritou: "Corra, menino, salve sua vida!" Embora possa ser tida como uma amostra do excêntrico exibicionismo de Hitchcock, essa anedota de fato nos leva ao "coração das trevas" da Igreja católica. Como?

Vamos esclarecer essa questão mediante uma série de exemplos extraídos de diferentes áreas. Num episódio de *O sentido da vida*, do Monty Python, um professor pergunta aos alunos como se faz para estimular uma vagina. Apanhados em sua ignorância, os alunos constrangidos evitam seu olhar e apresentam respostas semiarticuladas, enquanto o professor os repreende severamente por não praticarem o conteúdo em casa. Com a ajuda de sua esposa, ele demonstra então a penetração do pênis na vagina. Entediado, um dos rapazes lança um olhar furtivo através da janela e o professor lhe pergunta com sarcasmo: "Você teria a gentileza de nos dizer o que há de tão atraente lá no pátio?" Essa cena é tão fantástica porque revela, à plena luz do dia, a forma como o gozo sexual é sustentado por um imperativo do superego: ele não vem espontaneamente, é um dever.

O próprio início desse episódio acentua isso de modo ainda mais claro. Os alunos estão esperando pela chegado do professor; estão entediados, sentados sobre as carteiras, sonolentos e olhando para o vazio. Quando o jovem sentado perto da porta grita "O professor está chegando!", os alunos explodem numa atividade feroz, gritando, jogando papéis uns nos outros, sacudindo suas mesas e assim por diante – tudo aquilo que se presume que os alunos façam na ausência do professor, de modo que, ao entrar na sala, ele possa incomodar-se e gritar: "Parem com esse circo! Silêncio!" O que essa cena deixa claro é que a comoção "transgressora" que incomoda o professor é de fato dirigida a ele – não é uma diversão espontânea, mas uma performance para o professor. Será que o mesmo não é válido para nossas formas mais intensas de prazer, as quais não seriam acessos espontâneos, mas algo aprendido por imitação, um gosto adquirido? Relembremos as primeiras experiências com cigarros ou bebidas fortes: via de regra, é um parceiro um pouco mais velho que me conta, quase como se fosse um segredo, que os adultos fazem isso, e então me oferece uma prova do cigarro ou da bebida, e minha reação inicial é, como seria de esperar, de repugnância – começo a tossir, cuspo e exclamo: "Deveria achar isso *agradável*?" Depois, aos poucos, aprendo a gostar da coisa, e talvez chegue a ficar viciado. (Algo semelhante acontece até com a Coca-Cola: quando alguém a prova pela primeira vez, percebe na mesma hora por que essa bebida, com seu sabor amargo, foi a princípio apresentada como remédio.) Quando alguém quer apenas um simples prazer, não precisa de coisas como álcool ou tabaco – um bom suco de frutas ou uma bebida à base de chocolate tem melhor resultado. E será que isso não é válido, em última instância, até mesmo para o sexo? Uma coisa diretamente agradável provavelmente envolve certa premência rítmica, talvez a masturbação, e não, definitivamente, o complexo esforço de uma cópula completa, que, uma vez mais, é preciso aprender.

Uma lição semelhante pode ser aprendida com o xingamento. Pode parecer que, no meio de uma conversa educada, quando uma pessoa fica realmente exaltada e não consegue se conter, ela explode em xingamentos ferozes... mas será que é isso mesmo? Eu tenho um ritual com (alguns de) meus melhores amigos: durante os cinco primeiros minutos de nossos encontros, nós nos envolvemos numa sessão de xingamentos grosseiros e de mau gosto (tudo quanto é "que se foda a sua mãe" e "que você sufoque na própria merda" que se possa imaginar); então, quando nos cansamos, indicamos com um breve aceno que esse tedioso mas inevitável ritual introdutório chegou ao fim e, aliviados por termos cumprido nosso dever, relaxamos e começamos a falar de forma normal, educada, em consonância com o tipo de pessoas gentis e amigáveis que realmente somos. Assim, novamente, a lição é que, embora os prazeres possam ser espontâneos, não há nada de espontâneo nessas explosões excessivas de prazer – elas devem ser aprendidas do modo mais difícil.

Deveríamos aplicar essa lição também a formas de violência coletiva como estupros e assassinatos cometidos por gangues. Um dos efeitos assustadores da não contemporaneidade de diferentes níveis de vida social é o crescimento da violência contra mulheres – não somente a violência aleatória, mas a violência sistêmica, específica de certo contexto social, que segue um padrão e transmite uma mensagem clara. Embora estivéssemos certos ao nos horrorizar com os estupros cometidos por gangues na

Índia, a ressonância mundial desses casos é, não obstante, suspeita. Como Arundhati Roy assinalou, a causa dessa explosão unânime de julgamento moral foi o fato de os estupradores serem pobres. Assim, talvez fosse recomendável ampliarmos nossa percepção e incluirmos outros fenômenos similares. Os assassinatos em série de mulheres em Ciudad Juárez, na fronteira mexicana com o Texas, não são apenas patologias privadas, mas uma atividade ritualizada, parte da subcultura das gangues locais (primeiro o estupro pela gangue, depois a tortura até a morte, incluindo cortar os bicos dos seios com tesouras), e dirigida a jovens solteiras que trabalham nas novas unidades de montagem – um claro exemplo de reação machista à nova classe de mulheres trabalhadoras independentes.[32] Mais inesperados ainda são os estupros e assassinatos em série de mulheres aborígenes no oeste do Canadá, perto de reservas em torno de Vancouver, desmentindo a pretensão do Canadá de ser um modelo de Estado de bem-estar social caracterizado pela tolerância: um grupo de homens brancos sequestra, estupra e mata uma mulher, e depois deposita o corpo mutilado dentro do território da reserva, o que o coloca legalmente sob a jurisdição da polícia tribal, totalmente despreparada para lidar com casos como esses. Quando as autoridades canadenses são contatadas, tendem a limitar sua investigação à comunidade nativa a fim de apresentar o crime como um caso de violência doméstica local ligado a drogas e álcool.[33] Em todos esses casos, o deslocamento social devido à industrialização e à modernização aceleradas provoca uma reação brutal da parte de homens que vivenciam esse desenvolvimento como uma ameaça. E a característica crucial de todos esses casos é que o ato de violência não é uma explosão espontânea de energia pura, brutal, quebrando as correntes dos costumes civilizados, mas algo aprendido, imposto de fora, parte da substância simbólica de uma comunidade. O que é suprimido ao olhar "inocente" do público não é a brutalidade cruel da ação, mas precisamente seu caráter "cultural", ritualístico, de costume simbólico.

A mesma lógica sociorritual pervertida está em ação nos casos de pedofilia que constantemente abalam a Igreja católica: quando representantes da Igreja insistem em afirmar que esses casos, por mais deploráveis que sejam, constituem um problema interno, e mostram grande relutância em colaborar com a polícia em suas investigações, eles estão em parte certos. A pedofilia dos padres católicos não é algo que diga respeito unicamente àqueles que por acaso escolheram o sacerdócio em função de razões contingentes de sua história privada sem relação com a Igreja como instituição; é um fenômeno que diz respeito à Igreja católica em si, que se inscreve no seu próprio funcionamento como instituição sociossimbólica. Não afeta o inconsciente "privado" de indivíduos, mas o "inconsciente" da própria instituição. Não é algo que aconteça porque a instituição tenha de se acomodar às realidades patológicas da vida libidinal a fim de sobreviver, mas uma coisa de que a própria instituição necessita para se reproduzir. Pode-se muito bem imaginar um padre não pedófilo que, depois de anos de serviço, venha a se envolver com a pedofilia porque a própria lógica da instituição o seduz a isso. Tal *Inconsciente institucional* designa o lado oculto rejeitado e obsceno que, precisamente por ser rejeitado, sustenta a instituição pública. (No exército, esse reverso consiste em obscenos rituais sexualizados que sustentam a solidariedade do grupo.) Em outras palavras, não é simplesmente que, por motivos conformistas, a Igreja tente abafar os embaraçosos escândalos relacionados à pedofilia; ao se defender, ela defende seu mais íntimo segredo obsceno. O que isso significa é que a identificação com esse lado secreto é um constituinte fundamental da própria identidade de um sacerdote cristão: se um deles denuncia seriamente (não apenas retoricamente) esses escândalos, está assim excluindo-se da comunidade eclesiástica. Não é mais "um de nós" (exatamente da mesma forma como um cidadão que denunciasse a Ku Klux Klan à polícia no sul dos Estados Unidos na década de 1920 se excluiria da comunidade, ou seja, teria traído sua solidariedade fundamental).[34]

Casos estruturalmente semelhantes podem ser encontrados por toda parte na forma como funciona a autoridade. Durante o longo governo de Kemal Ataturk, o "pai" da Turquia moderna, do fim da Primeira Guerra Mundial até sua morte na década de 1930, houve um persistente rumor entre os turcos de que, em contraste com sua imagem oficial de líder ascético trabalhando dia e noite por seu país, ele era um grande playboy que dormia com as mulheres de todos os seus colaboradores. Os bem-informados, porém, afirmam que, pelo menos de meados da década de 1920 em diante, o verdadeiro Ataturk foi um bêbado impotente que apenas por vezes conseguia se divertir com rapazes muito novos – o rumor sobre suas seduções em série foi um mito oficial cuidadosamente propagado. O que é interessante nisso é que, embora esse rumor fosse oficialmente negado (uma pessoa podia ser severamente punida por falar demais sobre a promiscuidade sexual de Ataturk), era difundido de forma discreta pelas mesmas autoridades que puniam com rigor aqueles que maculavam a imagem oficial do líder espalhando histórias sobre suas aventuras eróticas, e desempenhou um papel crucial na sustentação de sua aura. Pode-se facilmente imaginar uma situação constrangedora na Turquia em 1930: numa reunião pública, um orador oficial kemalista ataca os que espalham rumores indecentes sobre a promiscuidade do líder; um desconhecido se levanta em meio ao público e manifesta apoio total ao orador, enfatizando o fato de todos saberem que os boatos sobre as proezas sexuais de Ataturk são absolutamente falsos. Embora só esteja confirmando o que afirmou o orador, ele nega dessa forma o reverso da ideologia oficial. Ou seja, quando o orador oficial estava atacando os boatos sobre Ataturk, todos sabiam que ele fazia isso unicamente *pro forma*, efetivamente confirmando sua verdade como algo sobre o qual não se deveria falar em público.[35]

De volta à Igreja católica. No verão de 2012, teve lugar na Eslovênia uma exibição quase clinicamente pura da obscenidade dessa instituição. Envolveu dois atores, o cardeal Franc Rode, conservador, o esloveno mais bem situado na *nomenklatura* da Igreja, e Alojz Uran, o arcebispo que primeiro foi deposto pelo Vaticano e depois recebeu a ordem de deixar imediatamente o país até que certas acusações contra ele fossem esclarecidas. Como Uran era muito popular entre os fiéis católicos, começaram a circular boatos sobre o que teria provocado essa punição extraordinariamente severa. Após mais ou menos uma semana de um silêncio constrangido, as autoridades da Igreja declararam cautelosamente que Uran era suspeito de ser pai de uma filha ilegítima – explicação que, por uma série de motivos, foi recebida com uma descrença generalizada. Primeiro, tendo em vista que rumores sobre a paternidade de Uran haviam circulado por décadas, por que a Igreja não tomara medidas antes, quando ele foi nomeado arcebispo da Eslovênia? Em segundo lugar, o próprio Uran proclamou publicamente que estava pronto a fazer um teste de DNA ou qualquer outro para provar que não tinha filhos. Por fim, mas não menos importante, sabe-se muito bem que havia anos travava-se uma luta na Igreja eslovena, entre conservadores (incluindo Rode) e moderados (incluindo Uran). Qualquer que seja a verdade, contudo, o público ficou chocado com o duplo padrão exibido pela *nomenklatura* católica: enquanto Uran recebeu ordem de deixar o país devido à simples *suspeita* de ter uma filha, a reação da Igreja foi infinitamente mais branda em relação aos numerosos casos de pedofilia entre os sacerdotes – esses casos nunca foram relatados à polícia, os padres responsáveis jamais foram punidos, apenas transferidos para outras partes do país, houve pressão sobre os pais das crianças vítimas de abusos para que mantivessem silêncio e assim por diante.[36]

O que piorou ainda mais as coisas foi o "realismo" patente, cínico, demonstrado pelo cardeal Rode: em uma de suas entrevistas radiofônicas, ele disse que, "estatisticamente, esse é um problema *irrelevante* – um ou no máximo dois entre cem padres tiveram uma espécie de aventura".[37] O que atraiu de imediato a atenção do público foi a expressão "uma espécie de aventura" usada como eufemismo para pedofilia: o crime brutal de estuprar crianças foi apresentado como uma exibição normal de "vivacidade" (outro termo usado por Rode) irresponsável, como minimizou ele em outra entrevista: "Num período de quarenta anos, pode-se esperar que alguns pecados aconteçam, não é mesmo?"[38] Essa é a obscenidade católica em sua forma mais pura: nenhuma solidariedade às vítimas (crianças), e o que encontramos debaixo da postura moralmente rígida é apenas uma solidariedade superficialmente oculta aos criminosos em nome do realismo cínico (assim é a vida, padres também podem ser aventureiros e vivazes...), de modo que, no final, as únicas verdadeiras vítimas pareciam ser a Igreja e os próprios criminosos expostos a uma injusta campanha midiática. As linhas são assim claramente traçadas: a pedofilia é nossa, nosso próprio segredo sujo, e como tal normalizada, o alicerce secreto de nossa normalidade, enquanto ter um filho é a verdadeira violação a ser impiedosamente rejeitada – ou, como afirmou G.K. Chesterton um século atrás em *Ortodoxia* (desconhecendo, é claro, as consequências plenas de suas palavras):

> O círculo externo do cristianismo é uma proteção rígida de abnegações éticas e sacerdotes profissionais; mas dentro dessa proteção desumana você encontrará a velha vida humana dançando como dançam as crianças e bebendo vinho como bebem os homens; pois o cristianismo é a única moldura da liberdade pagã.[39]

A conclusão perversa é aqui inevitável: você quer usufruir do sonho pagão de uma vida prazerosa sem pagar por ela o preço da tristeza melancólica? Escolha o cristianismo! Podemos perceber traços desse paradoxo na figura do padre (ou freira) católico como o portador absoluto da sabedoria sexual. Recordemos aquela que é a cena mais poderosa de *A noviça rebelde*: depois que Maria foge da família Trapp de volta ao mosteiro, incapaz de lidar com sua atração sexual pelo barão von Trapp, não consegue encontrar a paz, já que ainda o deseja. Ela é então chamada à presença da Madre Superiora, que a aconselha a voltar para família Trapp e tentar resolver sua situação com o barão. A mensagem é transmitida por uma estranha canção intitulada "Climb Every Mountain!", cujo surpreendente tema é: Faça! Assuma o risco e faça tudo que seu coração mandar! Não permita que considerações menores se coloquem em seu caminho! O poder incrível dessa cena reside na inesperada exibição do espetáculo do desejo, que a torna verdadeiramente *constrangedora*: a pessoa de quem se esperaria que pregasse a abstinência e a renúncia revela-se a agente da fidelidade de uma pessoa a seu desejo. Hoje em dia, com casos de pedofilia pipocando por toda parte na Igreja católica, pode-se facilmente imaginar uma nova versão dessa cena de *A noviça rebelde*: um jovem padre se aproxima do abade, queixando-se de ser ainda torturado pelo desejo que os garotos lhe provocam e pedindo uma nova punição.

Essa é a contradição imanente que se encontra no próprio cerne identitário da Igreja, o que faz dela a principal força anticristã em nossos dias.

Diz a lenda que, em 1804, quando o papa se aproximou dele para coroá-lo imperador, Napoleão tomou-lhe a coroa das mãos e a colocou ele próprio na cabeça. O papa retrucou: "Sei que seu objetivo é destruir a cristandade. Mas creia-me, *sire*, está destinado a fracassar – a Igreja vem tentando fazer isso há pelo menos 2 mil anos e ainda não conseguiu…" Com pessoas como o cardeal Rode da Eslovênia, podemos ver como a Igreja continua a fazê-lo, e não há motivo para nos regozijarmos com esse triste fato – o legado cristão é precioso demais e, atualmente, mais pertinente que nunca. Em seu *Notas para uma definição de cultura*, T.S. Eliot observou que há momentos em que a única escolha é entre a heresia e a descrença, em que a única maneira de manter viva uma religião é separar-se sectariamente de seu *corpus*. Isso é o que precisa ser feito agora.

Superego, ou a proibição proibida

Essa contradição inerente da ordem ideológico-jurídica não se limita a instituições eclesiásticas – um dos casos mais visíveis na atualidade é o da China. Como é que os teóricos comunistas oficiais reagem quando confrontados com a mais do que óbvia contradição: um Partido Comunista que ainda se legitima em termos marxistas, mas que renuncia à premissa básica do marxismo, a da organização autônoma dos trabalhadores como força revolucionária para derrubar o capitalismo? É difícil evitar a impressão de que todos os recursos da lendária polidez chinesa estão aqui mobilizados; é considerado indelicado fazer diretamente essas perguntas (ou insistir no tema). Esse recurso à polidez é necessário por ser a única forma de combinar o que não pode ser combinado: aplicar o marxismo como ideologia oficial e ao mesmo tempo proibir seus principais axiomas causaria o colapso de todo o edifício ideológico, tornando-o assim sem significado. Em resultado, embora certas coisas sejam claramente proibidas, essa proibição não pode ser anunciada em público, sendo ela mesma proibida. Não é proibido apenas levantar a questão da organização autônoma dos trabalhadores contra a exploração capitalista como princípio fundamental do marxismo; também é proibido afirmar em público que é proibido levantar essa questão.[40] Dessa maneira, violamos o que Kant chamou de "fórmula transcendental do direito público": "Todas as ações relativas aos direitos de outros homens cuja máxima não se conciliar com a publicidade são injustas." Uma lei secreta, desconhecida dos cidadãos, legitimaria o despotismo arbitrário daqueles que a exercem – compare-se com essa fórmula o título de uma recente reportagem sobre a China: "Até o que é secreto é um segredo na China."[41] Intelectuais inconvenientes que denunciam a opressão política, as catástrofes ecológicas e a pobreza rural pegam anos de prisão por traírem um Estado secreto. O problema é que muitos regulamentos e leis que compõem o regime do Estado secreto são também confidenciais, tornando difícil para os indivíduos saberem como e quando os estão violando – e o que as revelações de Snowden tornaram palpável é o grau em que as agências que monitoram planos secretos de terroristas funcionam à maneira chinesa.

Esse reforço autorreferencial da Lei proibicionista que se torna ela própria proibida transforma-a num Real traumático, e isso nos leva de volta ao superego – nome dado por Freud a uma Lei que funciona como real-impossível. Na cena do tribunal em *O mercador de Veneza*, Pórcia, disfarçada de Baltazar, ordena a Shylock que não vá embora depois de perder seu processo sobre a libra de carne: "Espere um pouco/ …/ Espere, judeu,/ A lei tem outra forma de controlá-lo."[42] Que Lei? A lei do superego obsceno, o reverso da misericórdia (um contrassenso jurídico) – você o queria (uma libra de carne), agora *tem* de aceitá-lo! Percebemos aqui uma referência irônica à afirmação de Paulo de que os cristãos não precisam da circuncisão externa, mas da circuncisão do coração – e é como se *O mercador de Veneza* concretizasse isso literalmente, forçando Shylock a aceitar sua libra de carne como uma circuncisão do coração.[43] A pressão do superego é aqui exercida com uma contorção adicional: você o queria, agora tem de aceitá-lo, não pode recusar.

Mas passemos a um exemplo contemporâneo dessa ambiguidade obscena do poder legal: o dilema das campanhas contra o fumo. Em agosto de 2012, noticiou-se que, a partir de dezembro daquele ano, as empresas de tabaco da Austrália não poderiam mais mostrar suas cores, desenhos e logotipos nos maços de cigarros. Para tornar o hábito de fumar o menos glamorouso possível, os maços teriam uma cor verde-oliva acinzentada e apresentariam advertências médicas e imagens de bocas deformadas pelo câncer, globos oculares tomados pela cegueira e crianças doentes.[44] O que estamos testemunhando é uma espécie de *Selbst-Aufhebung* da forma mercadoria: nenhum logotipo, nenhuma "estética da mercadoria" que possa nos seduzir a comprar o produto. Pelo contrário, o maço atrai a atenção, clara e abertamente, para o fato de o produto ser perigoso, fornecendo razões para não comprá-lo. A apresentação antimercadológica de uma mercadoria é em si mesma uma novidade – é também responsável pelo fascínio de produtos "culturais", como a pintura ou a música, que "não são estritamente mercadorias; só vale a pena comprá-los quando a simulação de não serem mercadorias puder ser mantida com sucesso".[45] Aqui, o antagonismo entre mercadoria e não mercadoria funciona como o exato oposto dos cigarros sem logotipo; a injunção do superego é: "Você deve estar preparado para pagar um preço exorbitante por essa mercadoria precisamente por ela ser muito mais que uma simples mercadoria!" No caso dos cigarros sem logotipo, obtemos o valor de uso básico privado de sua forma logotipada (de modo semelhante, podemos comprar açúcar, café e doces sem logotipo em lojas de descontos); no caso de uma pintura, o próprio logotipo "contradiz" o valor de uso, ou seja, como observou Marx, o preço parece determinar o valor.

Mas será que essa "contradição pragmática" direta nos afasta do fetichismo da mercadoria? Será que ela não nos fornece, em vez disso, outro exemplo da clivagem fetichista assinalada pela conhecida frase *je sais très bien, mais quand même...*? Mais ou menos uma década atrás foi produzido na Alemanha um cartaz dos cigarros Marlboro: sua figura padrão do caubói agora apontava o dedo para a afirmação obrigatória "Fumar é perigoso para a saúde!", com o acréscimo das palavras *"Jetzt erst rechts!"*, que podem ser traduzidas aproximadamente como "Agora a coisa está ficando séria!". O significado implícito é claro; agora que você sabe como fumar é perigoso, tem uma chance de provar que tem coragem para continuar fumando! Em outras palavras, a resposta esperada é: "Eu conheço muito bem os perigos de fumar, mas não sou um covarde, sou um homem de verdade e, como tal, estou pronto a assumir os riscos e permanecer fiel a meu compromisso de fumante!" É apenas desse modo que fumar se torna efetivamente uma forma de consumismo: "Estou preparado para consumir cigarros 'além do princípio do prazer', além das limitadas considerações utilitárias a respeito de saúde." E essa dimensão do gozo excessivo letal não estaria em funcionamento em toda publicidade ou apelo de consumo? Todas as considerações utilitárias (este alimento é saudável, foi produzido de forma orgânica, sob condições justas de comércio e assim por diante) não seriam apenas uma superfície enganosa contendo uma injunção mais profunda do superego: "Desfrute! Desfrute até o final, sem se preocupar com as consequências!"? O maço "negativo" australiano vai, portanto, nos revelar a injunção do superego que estava ali o tempo todo – ou seja: será que um fumante, ao comprar cigarros com uma embalagem "negativa", não vai ouvir por baixo dela a voz silenciosa, porém ainda mais presente e imperativa, do superego? Essa voz responderá sua pergunta: "Se todos esses perigos de fumar são verdadeiros – e os aceito como tal –, por que então continuo comprando cigarros?"

A mesma injunção do superego funciona de modo invertido em outro momento climático da campanha antifumo que mostra claramente seu contorno moralista: a atual onda de medidas proibitivas que têm como alvo os cigarros eletrônicos. Dois anos atrás, Michael Bloomberg, então prefeito de Nova York, assinou uma lei banindo o uso de cigarros eletrônicos em qualquer lugar em que o uso dos cigarros convencionais fosse proibido; seguiram-se as grandes empresas aéreas americanas; os donos de restaurantes também tendem a proibi-los, e assim por diante. Mas por quê, já que tudo que os cigarros eletrônicos emitem é vapor d'água inodoro? O argumento básico é que, quando se fuma um cigarro eletrônico num espaço público, demonstra-se um vício covarde, assim como pouca força de vontade (não se é forte o suficiente para resistir à tentação de fumar), e isso pode exercer má influência sobre outras pessoas ou pelo menos incomodá-las. Em suma, não se é punido por questões de saúde, pelos efeitos do que se está fazendo, mas simplesmente por exibir uma postura ou disposição, sem apresentar ameaça alguma a quem quer que seja – é como proibir o consumo público de tortas sem açúcar porque ao comê-las se demonstra estar viciado em comer tortas. A torção do superego reside aqui no fato de que sou culpado mesmo sendo inocente porque sou inocente de uma forma errada (admitindo meu desejo de fumar sob o disfarce de meu próprio esforço para não fumar).

Assim, mais uma vez, o que é o superego? *Ne čakaj na maj* (Não espere até maio) – um popular filme esloveno de 1957, um dos primeiros produzidos na Eslovênia após a Segunda Guerra Mundial a afirmar o direito da nova geração de se divertir e aproveitar a vida – é uma comédia romântica surpreendentemente refinada, quase tão boa quanto as obras-primas de Ernst Lubitsch. Conta a história de um casal de estudantes apaixonados: ela, Vesna, é filha de um severo professor de matemática do ensino médio, um viúvo que mora com a irmã solteira, uma velha senhora que nunca fez sexo; ele, Samo, é um piloto amador de aviões esportivos. Eis um resumo bastante simplificado do roteiro: quando os dois vão passar um curto período de férias esquiando com amigos, o pai de Vesna, preocupado com os perigos de um feriado longe da família, pede à irmã para acompanhá-los e ficar de olho na sobrinha. Designada para ser uma guardiã, a velha senhora, evidentemente, acaba sendo a pessoa que une os amantes. Após alguns mal-entendidos que provocam ciúme, o casal se vê sozinho, mas não vai além de alguns beijos – Vesna não quer se envolver numa relação sexual plena, pois deseja uma conexão para toda a vida, não apenas um caso passageiro. Depois de voltarem para casa e de Vesna contar ao pai que quer se casar, este proíbe terminantemente o casamento até que ela termine os estudos. Vesna então elabora um plano: deixa falsos indícios de que está grávida ("esquece" na cama um livro sobre gravidez e finge ter indisposições matinais) e então foge com Samo. Quando o pai e os barulhentos vizinhos recebem a notícia, explodem boatos sobre a promiscuidade da nova geração e a ausência de uma bússola moral entre os jovens. Aos poucos, porém, o pai e a tia se rendem e se preparam alegremente para o casamento e o bebê de Vesna e Samo, comprando uma caminha e roupas de criança. Então, quando estão todos reunidos em frente de casa, Vesna e Samo inesperadamente retornam, contando-lhes que não existe gravidez, uma vez que não aproveitaram a oportunidade para se envolver em prazeres sexuais ilícitos. A mesma vizinhança fofoqueira aproveita o ensejo e mais uma vez reage criticamente, com o principal moralista afirmando com ar de desdém: "Vejam vocês, o rapaz nem aproveitou a oportunidade! Eu sempre soube que ele não valia para nada!" Até o pai de Vesna fica desapontado e ataca a mãe de Samo: "Que tipo de filho você criou que não soube nem mesmo engravidar a minha filha? Ele não é digno dela!" Os amantes fogem; sozinhos no avião, bem alto sobre a cidade, Vesna sussurra alguma coisa que não conseguimos entender no ouvido de Samo, os dois amantes riem e se abraçam, e o filme termina assim... Pode-se imaginar o que ela sussurrou no ouvido dele – algo como "Agora você pode me comer!".

A estratégia de Vesna fingindo estar grávida é complexa: seu objetivo não é apenas fazer a família aceitar seu casamento confrontando-a com um (falso) *fait accompli*, mas tem a ver também (e na verdade antes de tudo) com a economia psíquica interna da relação do casal, como fazê-lo chegar ao ato completo. Ou seja, é evidente que Vesna não quer seguir o caminho da pura transgressão, violando a norma imposta pelo pai; não está pronta a assumir a plena responsabilidade pelo ato (sexual) em desafio ao grande Outro (nesse caso, a autoridade paterna). O que ela deseja não é apenas fazer sexo de maneira legítima, mas, de forma ainda mais perversa, ser forçada a fazê-lo pela própria autoridade cuja função é proibi-lo, e é por isso que faz o oposto daquilo que os jovens normalmente fazem: em vez de manter uma aparência de castidade e fazer sexo discretamente, longe das vistas do Outro, ela cria uma (falsa) aparência de sexo ilícito enquanto, na verdade, preserva a castidade. A premissa é que não somos hipócritas fingindo ser puros e castos, mas nos envolvendo secretamente em prazeres ilícitos; pelo contrário, somos hipócritas que fingem desfrutar de prazeres ilícitos enquanto secretamente preferimos a castidade. A falsa aparência de prazeres ilícitos gera expectativas obscenas que se frustram quando essa aparência se revela falsa – e nesse ponto ela pode finalmente fazer sexo sob a égide do grande Outro da autoridade paterna, obedecendo a sua injunção obscena. Essa estratégia desnuda a ambiguidade da autoridade paterna. Força a autoridade a exibir abertamente seu reverso obsceno. Ao mesmo tempo, demonstra como um ato sexual efetivo não é apenas uma questão de paixões íntimas, mas deve ser mediado pelo grande Outro representado por alguma autoridade simbólica.

A mudança de reação dos vizinhos fofoqueiros fornece um exemplo perfeito de como o superego funciona: ele exerce pressão para impor restrições sexuais, para impedir o contato sexual; mas, debaixo dessa aparência superficial, a verdadeira injunção é: "Façam, desfrutem! Quero que vocês façam exatamente aquilo que os estou proibindo de fazer!" Em outras palavras, você é culpado se violar a proibição, porém mais culpado ainda se obedecer a ela (o que explica o paradoxo do superego: quando mais você obedece as suas ordens, mais culpado é). Freud leva essa ambiguidade fundamental constitutiva da agência do *superego* – quando transgride o padrão moral, você é culpado; quando não aproveita a oportunidade de transgredi-lo, é mais culpado ainda – ao extremo: "Parece que o superego está dizendo: em todo caso você é culpado."[46]

Essa culpa constitutiva é responsável por outra inversão do senso comum, referente à *Strafbedürfnis*, a necessidade de ser punido, a estranha satisfação provocada por uma punição dolorosa: não é o crime que produz o sentimento de culpa e a punição; é a necessidade de ser punido que gera a culpa e produz intenções (e ocasionalmente ações) criminosas. De onde vem, então, essa necessidade de ser punido? Em vez de localizá-la diretamente em algum tipo de masoquismo primordial, que tenta encontrar o prazer na dor, Freud propõe um cenário mais complexo referente à própria matriz básica da socialização, do ingresso numa ordem jurídica. Não é apenas que, de uma forma pseudo-hegeliana, a ordem jurídica precise de transgressões ocasionais (crimes) para afirmar sua autoridade mediante a punição dos criminosos – todos nós, inclusive os que jamais cometeram crime algum, somos constituídos como sujeitos jurídicos ao sermos considerados criminosos potenciais. Freud elaborou esse cenário em sua conhecida análise de *Os irmãos Karamázov*, de Dostoiévski, em que um grupo de irmãos é suspeito de ter matado o pai, um *père jouisseur* obsceno:

> A questão de quem realmente cometeu o crime é indiferente. A psicologia preocupa-se apenas em saber quem emocionalmente o desejou e a quem ele satisfez quando cometido. E por esse motivo todos os irmãos, com exceção da figura contrastante de Aliócha, são igualmente culpados – o sensualista impulsivo, o cético cínico e o criminoso epiléptico. Em *Os irmãos Karamázov* há uma cena particularmente reveladora. Durante sua conversa com Dmitri, o monge Zossima reconhece que seu interlocutor está prestes a cometer suicídio e se ajoelha a seus pés. É impossível que isso signifique uma expressão de admiração; deve expressar que o santo homem está rejeitando a tentação de desprezar ou detestar o assassino e por esse motivo se humilha diante dele. A simpatia de Dostoiévski pelo criminoso é, de fato, ilimitada; vai muito além da piedade a que o infeliz tem direito, e nos faz lembrar o "temor sagrado" com que epiléticos e lunáticos eram encarados no passado. Um criminoso é para ele quase um Redentor que assumiu para si a culpa que de outra forma recairia sobre outros. Já não há necessidade de que alguém mate, uma vez que *ele* já matou; e há que lhe ser grato porque, não fosse ele, nós nos veríamos obrigados a matar.[47]

Na medida em que o crime primordial (o assassinato do obsceno *Ur-Vater*) é constitutivo do corpo social consolidado por uma Lei, a definição legal de um sujeito *inocente* é: *uma pessoa que não precisa mais matar porque uma outra – o "sagrado assassino" – já matou por ela*, percebendo o desejo do inocente. Somos assim incorporados a uma ordem legal por meio do crime e da culpa: o sujeito da Lei é, por definição, um potencial criminoso. Essa culpa comum que constitui a universalidade dos cidadãos nos traz de volta ao reforço reflexivo da proibição (legal). A Lei não apenas proíbe, mas é ela mesma proibida:

> Lei é proibição: isso não significa que ela proíbe, mas que é ela mesma proibida, um lugar proibido ... não se pode alcançar a lei, e, para ter com ela uma rela-

ção de respeito, não se deve ter uma relação com a lei, deve-se interromper a relação. Deve-se entrar numa relação apenas com os representantes da lei, seus exemplos, seus guardiães. Estes são ao mesmo tempo intrusos e mensageiros. Não se deve saber quem ou o que é a lei, e tampouco onde ela está.[48]

Por que não? Porque, se alguém viesse a saber, a Lei perderia sua legitimidade: seu alicerce num ato de violência ilegal se tornaria evidente. (É por isso que Kant proibia o questionamento da ordem legal.) O que deve continuar proibido é o reverso criminoso da Lei, a "violência mítica" (Benjamin) de sua instauração, a violência que sustenta continuamente o Estado de direito. Essa proibição (repressão) funciona transpondo pressão sobre o sujeito: este deve ser percebido como *a priori* (formalmente) culpado, de modo que a culpa (violência obscena) do grande Outro, da própria Lei, permaneça invisível. Entretanto, para funcionar, essa transposição deve assumir duas formas: primeiro, a do sujeito culpado que efetivamente cometeu o crime, e, depois, a dos espectadores inocentes que lucraram com ele, uma vez que a ação do criminoso os livrou da necessidade de matar: "Eu assumo o crime de modo que o grande Outro (a Lei) continue puro, imaculado."

A noção de sacrifício em geral associada à psicanálise lacaniana é a de um gesto que revela ao desfavorecido a impotência do grande Outro. Em sua forma mais elementar, o sujeito não oferece seu sacrifício em proveito pessoal, mas para preencher a lacuna do Outro, para sustentar sua aparência de onipotência ou, pelo menos, consistência. No filme *Beau Geste* (1939), Gary Cooper, que faz o papel do mais velho de três irmãos que vivem com uma tia benevolente, rouba um colar de diamantes extremamente caro que é o orgulho da família da tia, no que parece ser um gesto de crueldade excessiva e ingrata. Então, desaparece com ele, sabendo que sua reputação está arruinada, que será para sempre lembrado como o ingrato que roubou sua benfeitora. Ora, por que ele fez isso? No final do filme, descobrimos que foi para evitar a revelação constrangedora de que o colar era falso: sem que ninguém mais soubesse, a tia tinha vendido o colar algum tempo antes a um rico marajá para impedir que a família fosse à falência, substituindo-o por uma imitação barata. Pouco antes de cometer o "roubo", ele ficara sabendo que um tio distante, coproprietário do colar, queria vendê-lo para obter lucro financeiro; se o colar fosse vendido, sua falsidade seria indubitavelmente descoberta. Em consequência, a única forma de manter a honra da tia (e, assim, da família) foi encenar o seu roubo. É a camuflagem adequada do crime de roubar: ocultar o fato de que, em última instância, *não há nada a ser roubado* – dessa maneira, a falta constitutiva do Outro é anulada (ou seja, mantém-se a ilusão de que o que o Outro possuía foi dele roubado). Se, no amor, é dado o que não se possui, num crime de amor se rouba do Outro amado o que este não possui. É a isso que alude o *Beau Geste* do título do filme. E aí também reside o significado do sacrifício: a pessoa sacrifica a si mesma (sua honra e seu futuro) para manter a aparência da honra do Outro, para livrar o Outro amado da vergonha.

Depois, existe a culpa virtual dos espectadores inocentes, do coletivo que lucra com um (necessário) crime. O paradoxo freudiano "Quanto mais você é inocente, mais é culpado" vale para eles: quanto mais são inocentes do crime real, mais são culpados por se beneficiarem de seus frutos sem terem de pagar o preço por estes. Entra aqui a pressão do superego, tirando vantagem dessa culpa de uma forma muito específica: a pressão do superego não anula a individualidade do sujeito, seu efeito não é imergi-lo numa multidão em que sua individualidade seja dissolvida; pelo contrário, a pressão do superego *individualiza* o sujeito, ou, citando a maravilhosa inversão feita por Balibar da clássica fórmula de Althusser, *o superego interpela os sujeitos como indivíduos*. O superego me aborda como um indivíduo único, confrontando-me com minha culpa e responsabilidade: "Não fuja para generalidades, não recorra a circunstâncias objetivas, olhe para o fundo de seu coração e se pergunte onde falhou com respeito a seus deveres!" É por isso que a pressão do superego gera ansiedade: aos olhos do superego, estou sozinho, não há um grande Outro atrás do qual possa me esconder, e sou "culpado da acusação" porque a própria posição de acusado me torna formalmente culpado – se alego inocência, isso só sinaliza minha culpa adicional por negar a culpa.

Uma série de situações que caracterizam a sociedade atual exemplifica perfeitamente esse tipo de individualização do superego: ecologia, correção política e pobreza. O discurso ecológico predominante que nos aborda como culpados *a priori*, em dívida com a mãe natureza, sob a pressão constante da agência ecológica do superego, dirige-se a nós como indivíduos: o que você fez hoje para quitar seu débito com a natureza? Colocou todos os jornais no depósito de reciclagem adequado? E todas aquelas garrafas de cerveja ou latas de Coca-Cola? Usou seu carro quando poderia ter usado a bicicleta ou o transporte público? Usa o ar-condicionado em vez de apenas abrir a janela?[49] São facilmente discerníveis os riscos ideológicos dessa individualização: fico perdido em minha própria autoavaliação em vez de levantar questões globais muito mais pertinentes sobre nossa civilização industrial como um todo.

O mesmo vale para a infindável autoavaliação politicamente correta: será que olhei para a comissária de bordo de maneira demasiadamente intrusiva e sexualmente ofensiva? Será que usei palavras com uma possível conotação sexista quando me dirigi a ela? O prazer, até mesmo excitação, gerado por esse autoexame é evidente – basta lembrar como o remorso resultante da autocrítica se mistura com a satisfação quando você descobre que sua piada inocente não foi, no final das contas, tão inocente assim, que ela tinha uma conotação racista. Quanto à caridade, lembre-se de como somos bombardeados o tempo todo por mensagens destinadas a nos fazer sentir culpados por nosso modo de vida confortável enquanto crianças passam fome na Somália ou morrem sem necessidade em função de doenças facilmente curáveis – mensagens que ao mesmo tempo oferecem uma saída fácil ("Você *pode* fazer a diferença! Basta doar dez dólares mensais para fazer um órfão negro feliz!"). Uma vez mais, a base ideológica é aqui facilmente discernível. A noção de Lazzarato do "homem endividado" fornece a estrutura geral dessa subjetividade de que a pressão do superego por estar em dívida é constitutiva – parafraseando Descartes, estou endividado, logo existo como sujeito integrado à ordem social.

E será que isso não se aplica até mesmo ao medo patológico de alguns esquerdistas liberais do Ocidente de poderem ser considerados culpados de islamofobia? Qualquer crítica ao islã é denunciada como expressão da islamofobia ocidental, Salman Rushdie é denunciado por provocar desnecessariamente os muçulmanos e ser (ao menos em parte) responsável pela *fatwa* que o condenou à morte, e assim por diante. O resultado dessas posturas é o que seria de esperar em casos assim: quanto mais os esquerdistas liberais do Ocidente vivenciam sua culpa, mais são acusados por fundamentalistas islâmicos de serem hipócritas que tentam ocultar seu ódio ao islã. Mais uma vez, essa constelação reproduz perfeitamente o paradoxo do superego: quanto mais você obedece às demandas que o Outro lhe faz, mais culpado é. É como se, quanto maior sua tolerância ao islã, mais forte fosse a pressão sobre você. O que isso implica é que os fundamentalistas terroristas, quer sejam cristãos ou muçulmanos, não são realmente fundamentalistas no sentido autêntico do termo – o que lhes falta é uma característica fácil de discernir nos fundamentalistas autênticos, dos budistas tibetanos aos *amish* norte-americanos: a ausência de ressentimento e inveja, a profunda indiferença em relação ao modo de vida dos não crentes. Se os chamados fundamentalistas atuais realmente acreditassem haver encontrado seu caminho em direção à Verdade, por que se sentiriam ameaçados pelos não crentes, por que deveriam invejá-los? Quando um budista encontra um hedonista ocidental, dificilmente o condena. Só observa com benevolência que a busca do hedonista por felicidade é autodestrutiva. Em contraste com os verdadeiros fundamentalistas, os pseudofundamentalistas terroristas são profundamente incomodados, intrigados e fascinados pela vida pecaminosa dos não crentes. Pode-se perceber que, ao lutarem contra o pecaminoso outro, estão lutando contra sua própria tentação. A intensidade apaixonada da turba fundamentalista é testemunho da falta de uma verdadeira convicção; no fundo de si mesmos, os fundamentalistas terroristas carecem dessa convicção – suas explosões de violência são a prova disso. Qual seria o grau de fragilidade da crença de um muçulmano se ele se sentisse ameaçado por, digamos, uma estúpida caricatura publicada num jornal dinamarquês de baixa circulação? O terror fundamentalista islâmico *não* se baseia na convicção de superioridade dos terroristas e em seu desejo de preservar sua identidade cultural-religiosa da agressão da civilização consumista global. O problema dos fundamentalistas não é que os consideremos inferiores a nós, mas, em vez disso, que *eles próprios* se consideram secretamente inferiores. É por isso que nossas garantias paternalistas politicamente corretas de que não nos sentimos superiores a eles só os deixam mais furiosos e alimentam seu ressentimento. O problema não é a diferença cultural (o esforço de preservarem sua identidade), mas o oposto: o fato de que os fundamentalistas já são como nós, de que, secretamente, já internalizaram nossos padrões e se avaliam de acordo com eles. De maneira paradoxal, o que falta aos fundamentalistas é precisamente uma dose daquela convicção verdadeiramente "racista" de sua própria superioridade.

O mecanismo de formação de multidões descrito em detalhes por Freud deve ser concebido precisamente como uma reação a essa pressão individualizante do superego: a atividade da multidão é uma espécie de "retorno do reprimido", de violência mítica, e a dissolução da individualidade dos participantes também dissolve a ansiedade e a culpa que os afligem como indivíduos isolados. Nesse sentido, pode-se dizer que a atividade da turba gira em torno do paradoxo do superego freudiano: quando nos envolvemos na violência da turba (como nos pogroms), *quanto mais somos culpados, mais somos inocentes* – quanto mais brutal for a nossa violência, mais conseguiremos escapar ao círculo vicioso do superego.

E, poderíamos acrescentar, quanto mais somos capturados pela obscena espiritualidade capitalista-cristã, mais agimos como animais egoístas. Vladimir Soloviov, o ortodoxo russo crítico do comunismo, expressou a tensão da sociedade ateísta, presa entre o materialismo darwinista e sua ética da elevada compaixão, com o seguinte *non sequitur*: "O homem evoluiu a partir do macaco – portanto, é nosso dever amarmos uns aos outros."[50] Mas haverá realmente um hiato entre as duas proposições? Será que uma ética sobrevivencialista impiedosa que condena os fracos à morte é realmente o resultado imanente do materialismo darwinista? E se o suposto *non sequitur* do socialismo ateu girar apenas em torno do *non sequitur* ideológico de nossas sociedades capitalistas cristãs? A ideologia capitalista cristã efetivamente nos diz: "O homem é uma criatura de Deus dotada de uma alma imortal – portanto, devemos mergulhar na busca utilitária humano-animal do prazer."

3. Prognose: *Un faux-filet, peut-être?*

Nietzsche afirmou, a propósito de *Hamlet*: "O que uma pessoa deve ter sofrido para precisar ser um palhaço de modo tão intenso? – Será que *Hamlet* foi compreendido? Não é a dúvida que o enraivece, mas a *certeza*."[1] Há duas proposições distintas combinadas nessa passagem. Primeiro, a versão de Nietzsche do antigo saber do desespero à espreita por trás da máscara de um palhaço – Hamlet deve sofrer tremendamente caso se sinta compelido a fazer o papel de um palhaço louco; em segundo lugar, o que o faz sofrer, o que enraivece, não é a dúvida, mas a certeza sobre quem matou seu pai; e sua dúvida, sua busca pela prova maior da culpa de Cláudio, é uma fuga de sua certeza. Outro modo de fugir dessa certeza insuportável pode ser contentar-se com o que parecem ser piadas de mau gosto. Um analista cultural bósnio ficou surpreso ao descobrir que dezenas de piadas sobre o massacre na Sérvia circulam entre pessoas cujos parentes morreram em Srebrenica. Eis um exemplo (que se refere a comprar carne na antiga Iugoslávia – o açougueiro geralmente perguntava: "Com ou sem osso?", já que era frequente usar os ossos para fazer sopa de carne): "Quero comprar um terreno para construir uma casa perto de Srebrenica – você sabe quanto custa?" "Os preços variam, dependendo do tipo de terra que você quer – com ou sem osso." Longe de expressar um mau gosto desrespeitoso, essas piadas são a única forma de lidar com uma realidade insuportavelmente traumática; elas expõem de modo bastante adequado nossa perplexidade impotente, repudiando toda patética compaixão pelas vítimas como blasfêmias de verdadeiro mau gosto.

Lembremos a adaptação feita por Paul Robeson de sua lendária "Ol' Man River", um modelo de intervenção crítico-ideológica simples e eficiente. Na versão original do musical hollywoodiano *Show Boat* (1936), o rio (o Mississippi) é apresentado como a encarnação do enigmático e indiferente Destino, um velho sábio que "deve saber alguma coisa, mas não diz nada", e continua fluindo, retendo sua silente sabedoria. Na versão nova,[2] o rio não é mais portador de uma anônima e imensurável sabedoria coletiva, mas sim de uma estupidez *coletiva*, de uma tolerância passiva ao sofrimento inexplicável, e a resposta da vítima deve ser uma gargalhada soberana. Eis os versos finais da canção original:

> ... you gets a little drunk, an' you land in jail.
> But I gets weary, and sick of tryin',
> I'm tired of livin', and scared of dyin'.
> But ol' man river, he just keeps rollin' along.*

E eis a versão modificada:

> ... you show a little grit, an' you lands in jail.
> But I keeps laughin', instead of cryin',
> I must keep fightin', until I'm dyin'.
> And ol' man river, he'll just keep rollin' along.**

Uma estratégia radical para escapar a essa realidade insuportável é a da "desrealização". Em sua análise das grandes batalhas de trincheiras da Primeira Guerra Mundial, como as de Ypres e do Somme, em que centenas de milhares morreram para avançar alguns metros, Paul Fussell assinalou como a natureza infernal do que estava ocorrendo fez os participantes vivenciarem a situação como algo teatral: para eles, era impossível acreditar

---

* Em tradução livre: "... você fica um pouco bêbado e vai parar na cadeia./ Mas eu fico exausto e cansado de tentar,/ Estou cansado de viver e com medo de morrer,/ Mas o velho rio continua a descer." (N.T.)

** Em tradução livre: "... você mostra alguma coragem e vai parar na cadeia,/ Mas eu fico rindo em vez de chorar,/ Preciso continuar lutando até morrer/ E o velho rio só vai continuar a descer." (N.T.)

que estavam participando daquele esforço mortífero em pessoa, como "eles próprios". A coisa toda era absurda, perversa, cruel e grotesca demais para ser percebida como parte de suas "vidas reais". Em outras palavras, a experiência da guerra como performance teatral possibilitava aos participantes escapar da realidade do que estava acontecendo. Permitia-lhes seguir suas ordens e realizar seus deveres militares sem terem de abandonar sua convicção interior de que o mundo real ainda era um lugar racional e não um hospício.[3]

É um lugar-comum a afirmação de que a Grande Guerra funcionou como um imenso choque, um encontro do Real que assinalou o fim de uma civilização inteira. Embora todos a esperassem, as pessoas não ficaram menos surpresas quando a guerra realmente explodiu, e (fato ainda mais enigmático) a própria surpresa foi rapidamente renormalizada, como se a guerra tivesse se tornado um novo modo de vida. Como se atingiu essa renormalização? Não surpreende que tenha sido por meio do uso maciço de antigos mitos e narrativas ideológicos, que fizeram a guerra parecer parte do fluxo normal das coisas: a terra de ninguém entre as trincheiras, cheia de minas, buracos e desolação, torna-se uma nova versão da Terra Devastada do mito do Graal.[4] Essa mobilização de antigos mitos e lendas é a maior prova da novidade traumática que foi a Grande Guerra: precisamente porque algo de que nunca se ouvira falar havia acontecido, todos os mitos antigos deveriam ser postos em operação para dar conta da novidade. Evidentemente, esses mitos tendem a ser relatos de fantasias paranoicas em vez de narrativas simbólicas adequadas. Parafraseando Lacan, o que é paranoico demais para ser integrado ao Simbólico retorna no Real como alucinação ou construto paranoico. Não admira que a Grande Guerra tenha gerado uma explosão de paranoia interpretativa – seu problema era o mesmo do stalinismo: como explicar os constrangedores fracassos do que se imaginava ser o melhor dos sistemas. A resposta stalinista foi enxergar complôs e traidores contrarrevolucionários por toda parte, muito semelhante à resposta dada pelo *S.O.S.* de Reginald Grant, publicado no curso da Primeira Guerra Mundial, uma insuperável coletânea de mentiras, lendas e mitos, todos levados extremamente a sério. O problema de Grant era simples: ele não acreditava que os alemães fossem astutos o suficiente para localizar os alvos de sua artilharia através das linhas adversárias analisando o som e a luz do fogo inimigo, de modo que imaginou que o interior da Bélgica por trás das linhas britânicas devia estar cheio de fazendeiros traiçoeiros indicando as posições dos canhões ingleses para os alemães. Ele acreditava que isso era feito de várias maneiras: 1) moinhos começando de repente a girar na direção contrária ao vento;[5] 2) relógios das torres das igrejas locais mostrando a hora errada; 3) donas de casa pendurando a roupa para secar em frente a suas residências, as cores das roupas (duas camisas brancas, depois uma preta...) enviando uma mensagem em código.

O problema é como distinguir essa (falsa) paranoia ideológica da postura paranoica básica que é um ingrediente irredutível de toda crítica da ideologia. Numa praia de um país mediterrâneo, mostraram-me um pescador solitário consertando uma rede; enquanto meus anfitriões desejavam apresentar o trabalho tradicional baseado na experiência e no conhecimento artesanal ancestral, minha reação imediata a essa apresentação foi paranoica: e se o espetáculo que eu via fosse uma autenticidade forjada, algo destinado a impressionar turistas, como preparar comida fresca em lojas de departamentos ou exemplos semelhantes de falsa transparência no processo de produção? E se eu tivesse me aproximado da rede, visto uma pequena etiqueta com os dizeres "*made in China*" e observado que o pescador "autêntico" estava apenas fazendo de conta? Ou, melhor ainda, reimaginando a cena como um detalhe de um filme de Hitchcock: e se o pescador fosse um agente estrangeiro e estivesse costurando a rede de alguma forma codificada de maneira que outro agente a decodificasse como uma mensagem secreta (terrorista)?

A lenda absurda mais brilhante da Grande Guerra foi o persistente rumor de que gangues de desertores meio loucos viviam em algum lugar da terra de ninguém entre as trincheiras das linhas de frente, numa área devastada e desolada de terra seca e deserta, cheia de corpos em decomposição, crateras produzidas por bombas, trincheiras, cavernas e túneis abandonados. Essas gangues eram supostamente constituídas por membros de todos os exércitos e nações participantes – alemães, franceses, britânicos, australianos, poloneses, croatas, belgas, italianos –, e todos eles viviam em paz e amizade, evitando serem detectados e ajudando uns aos outros. Vestidos com andrajos, com longas barbas, nunca permitiam que os vissem – de tempos em tempos, ouviam-se seus gritos e canções insanos. Só saíam de seu submundo durante a noite, depois de uma batalha, a fim de saquear os corpos e obter água e comida. A beleza dessa lenda é que ela descreve claramente um tipo de comunidade alternativa dizendo "Não!" à loucura dos campos de batalha: um grupo em que membros das nações em conflito viviam pacificamente, seu único inimigo sendo a própria guerra. Embora possam parecer a imagem da guerra em sua loucura extrema – renegados levando uma vida selvagem –, são ao mesmo tempo sua autonegação, uma ilha de paz entre as linhas de frente e o surgimento de uma fraternidade universal que ignora essas linhas. Precisamente por ignorarem as fronteiras oficiais entre Nós e Eles, representam a verdadeira divisão, a única que importa, ou seja, a negação de todo o espaço do conflito imperialista. Constituem o terceiro elemento que subverte a oposição entre Nós e Eles, nosso inimigo – em suma, são os verdadeiros leninistas nessa situação, repetindo a recusa de Lênin a ser atraído pelo fervor patriótico.

E essa é nossa tarefa, hoje mais do que nunca: distinguir a verdadeira divisão na *mêlée* de lutas secundárias. Eis dois casos extremos dessa falsa divisão.

A luta ideológica no Peru à época da rebelião do Sendero Luminoso (1980-92) mostrou perfeitamente o dilema político daquele país. De um lado, "a identidade coletiva do Sendero Luminoso era educativa":[6] mesmo sua violência mais brutal "tinha o propósito de educar o povo sobre a revolução e o Estado sobre seu desastre iminente".[7] Essa educação era extremamente autoritária, exercida pelos que acreditavam possuir a verdade e se proclamavam no direito de ter o poder absoluto. Por outro lado, a contraestratégia do governo foi ainda mais maligna: uma estratégia de pura desmobilização e desmoralização política. A imprensa, controlada e/ou manipulada pelo Estado, promoveu ativamente o que os analistas chamam de "síndrome do mundo iníquo". O governo desencadeou uma explosão da *prensa chica*, tabloides especializados em fofocas sobre celebridades e histórias de crimes, além de *talk shows* concentrados em "casos reais" de vício em drogas, violência familiar, adultério e assim por diante. O objetivo dessa estratégia era "imobilizar socialmente o povo utilizando o medo e atomizar a esfera pública"[8] – a mensagem era que o mundo constituía um lugar perigoso em que tudo que se podia fazer era cuidar de si mesmo, uma vez que não havia esperança de solidariedade, apenas inveja dos ricos e famosos, além de prazer por seus problemas. Raramente na história moderna o espaço ideológico de um país foi tão claramente dividido entre o educacionismo "totalitário", que mergulha os indivíduos num coletivo político que exige o autossacrifício total, e o egoísmo atomizado, que impede a solidariedade engajada, enquanto o liberalismo tradicional era reduzido a uma depreciada atração secundária. Embora essa divisão seja pura e radical, nela não há lugar para a política emancipatória autêntica.

Outra luta falsa diz respeito à atual condição do sionismo e do antissemitismo. Para alguns esquerdistas pró-islamitas, o sionismo é hoje o caso exemplar do racismo neocolonial, motivo pelo qual a luta dos palestinos contra Israel é o paradigma de todas as outras lutas contra o racismo e o imperialismo. De uma forma estritamente invertida, para alguns sionistas o antissemitismo (que para eles se oculta em toda crítica ao sionismo) é o caso exemplar do racismo atual, de modo que, em ambos os exemplos, o sionismo (ou o antissemitismo) é a forma particular de racismo que representa todas as outras. O verdadeiro teste do antirracismo hoje em dia é lutar contra o antissemitismo (ou o sionismo), ou seja, se alguém não endossa plenamente essa luta em particular, é acusado pelos outros de fazer secretamente o jogo dos racistas (e, um passo adiante na mesma direção, qualquer observação crítica sobre o islã é considerada equivalente à "islamofobia"). Embora se tenha escrito o suficiente sobre a natureza profundamente problemática de se igualar qualquer crítica a Israel ao antissemitismo, também se deveria problematizar a elevação do sionismo ao grau de racismo imperialista por excelência. Críticos de Israel frequentemente afirmam que deveríamos ver o sionismo dessa maneira, e a opressão sionista aos palestinos como o caso paradigmático da opressão imperialista atual. Quando se pergunta por que Israel deve ocupar essa posição excepcional quando há certamente muitos casos de opressão mais brutal pelo mundo, a resposta padrão é que essa proeminência é resultado da presente luta por hegemonia que ninguém consegue controlar – os judeus foram escolhidos para ser um caso exemplar, e temos de seguir essa lógica. É isso que eu acho profundamente problemático. Quando um grupo étnico específico é "escolhido" como símbolo (ou personificação) de uma atitude universal negativa, nunca se trata de uma operação neutra, mas de uma escolha dentro de um espaço bem definido da tradição ideológica. Os judeus já foram escolhidos duas vezes em sua história, primeiro pelo próprio Deus (na visão religiosa deles), depois como alvo do antissemitismo, como personificação da corrupção moral, de modo que qualquer outra "escolha" deve ser lida contra o pano de fundo das anteriores.[9] Se o Estado judeu, fazendo coisas indubitavelmente problemáticas do ponto de vista ético e político, é "escolhido" como símbolo do que há de errado no mundo, então o excedente de energia libidinal que nos permite transformá-lo em símbolo universal só pode vir do passado (antissemita). E o que há de errado nessa "escolha" é, mais uma vez, a negação da luta de classes.

Alessandro Russo mostrou[10] como a esquerda radical da década de 1960 era definida pela indecisão entre o metaclassismo (adotando uma posição acima da divisão de classes: falando sobre a multidão, o povo, a unidade de todas as forças progressistas, com a exclusão apenas dos traidores)[11] e o hiperclassismo (concentrando-se numa parte da classe trabalhadora como o agente revolucionário privilegiado: o "cognitariado", o "precariado", os imigrantes ilegais). Atualmente parece possível discernir a mesma indecisão na obra de Antonio Negri: multidão versus Império *e* trabalhadores versus capital. Mas será que o primeiro par tem alguma coisa a ver com o capital? Às vezes Negri identifica implicitamente os dois pares, falando sobre governo (capitalista) versus multidão (proletária), às vezes distingue no funcionamento "desterritorializante" do capitalismo mais dinâmico de hoje (chegando às especulações financeiras) a dimensão da multidão, concluindo que nas formas mais avançadas do capitalismo estamos "quase lá", quase no comunismo – só precisamos livrar-nos da forma capitalista.

O problema à espreita por baixo dessa indecisão é um problema fundamental: o de definir o que de fato nos divide atualmente, uma vez que não é mais o tradicional conflito de classes (a divisão entre multidão e governo não é suficientemente forte para desempenhar esse papel). E se ainda for a luta de classes, porém, com a expansão do escopo do proletariado, encontrar o que procuramos não tem mais como foco a classe trabalhadora tradicional, mas inclui todos aqueles que são atualmente explorados, os trabalhadores, os desempregados e os não empregáveis, o "precariado", o "cognitariado", os imigrantes, os moradores de favelas, os "Estados vilões" excluídos do espaço "civilizado".[12] (Deveríamos ter em mente aqui que já é discernível em Marx uma sutil diferença subterrânea entre a classe trabalhadora e o proletariado: a "classe trabalhadora" é, em última instância, uma categoria empírica que designa uma parte da sociedade [trabalhadores assalariados], enquanto o proletariado é uma categoria formal que designa a "parte da não parte" do corpo social, o ponto de sua torção sintomática ou, como dizia Marx, a irrazão dentro da razão – a estrutura racional de uma sociedade.) É por isso que, como propôs recentemente Alain Badiou,[13] de uma forma ao mesmo tempo irônica e séria, hoje em dia deveríamos procurar a "contradição principal" *dentro* do próprio povo (classes), não entre o povo e seus inimigos, ou entre o povo e o Estado: o fato primordial é um racha/antagonismo no próprio cerne daquilo que chamamos de povo.

Mortes no Nilo

Como então romper as falsas divisões para atingir a verdadeira (verdadeira no sentido preciso, lacaniano)? Tomemos o caso do Egito. Quando, no verão de 2013, o exército egípcio decidiu acabar com o impasse e remover do espaço público os manifestantes islamitas, matando centenas ou talvez milhares deles, a primeira coisa a fazer seria apenas imaginar a turbulência que isso teria causado se o mesmo banho de sangue tivesse ocorrido num país como o Irã. Entretanto, é mais urgente recuar um passo e focalizar a terceira parte ausente no atual conflito: onde estão os agentes dos protestos da praça Tahrir de dois anos antes? Seu papel agora não seria semelhante àquele desempenhado pela Irmandade Muçulmana durante a Primavera Árabe de 2011 – o de observadores surpresos, impassíveis? Em junho de 2013, o exército egípcio, inicialmente apoiado pelos manifestantes que dois anos antes haviam derrubado o regime de Mubarak, depôs o presidente e o governo democraticamente eleitos. Os manifestantes que haviam deposto Mubarak e exigido democracia apoiaram passivamente um golpe de Estado militar que aboliu a democracia. O que está acontecendo?

A interpretação predominante, afinada com a ideologia hegemônica, foi proposta por, entre outros, Fukuyama: o movimento de protesto que derrubou Mubarak foi predominantemente a revolta da classe média instruída, com trabalhadores e agricultores pobres reduzidos ao papel de observadores (favoráveis). Mas, uma vez abertas as portas da democracia, a Irmandade Muçulmana, cuja base social é a maioria pobre, venceu as eleições democráticas e formou um governo dominado por fundamentalistas islâmicos, de modo que, compreensivelmente, o núcleo original dos manifestantes seculares se voltou contra eles e correu a apoiar até mesmo um golpe militar como forma de bloqueá-los. Entretanto essa visão simplificada ignora uma característica-chave do movimento de protesto: a explosão de organizações heterogêneas (de estudantes, mulheres trabalhadoras etc.) sob o disfarce das quais a sociedade civil começou a articular seus interesses fora do escopo do Estado e das instituições religiosas. A ampla rede de novas formas sociais, muito mais que a derrubada de Mubarak, é o principal ganho da Primavera Árabe. É um processo em andamento, independente de grandes mudanças sociais como o golpe do exército contra o governo da Irmandade Muçulmana; é mais profundo que a divisão entre religiosos e liberais.

O antagonismo entre o exército e a Irmandade Muçulmana não é, portanto, o principal antagonismo da sociedade egípcia. Longe de ser um neutro e benevolente mediador e guardião da estabilidade social, o exército representa e encarna um certo programa político e social – falando de modo genérico, a integração ao mercado global, uma postura política pró-Ocidente e o capitalismo autoritário. Como tal, a intervenção do exército se faz necessária na medida em que a maioria não está preparada para aceitar "democraticamente" o capitalismo. Em contraste com a visão secular do exército, a Irmandade Muçulmana tenta impor um governo baseado no fundamentalismo religioso. As duas visões ideológicas excluem aquilo que os manifestantes realmente defendiam: a emancipação social e política universal.

Os atuais eventos no Egito fornecem mais um exemplo da dinâmica básica das revoltas sociais, que consiste em dois passos principais tradicionalmente designados por pares como "1789/1793" (no caso da Revolução Francesa) ou "fevereiro/outubro" (no caso da Revolução Russa). O primeiro passo, que Badiou recentemente denominou o "renascimento da história", culmina num levante plenamente popular contra uma odiada figura no poder (Mubarak, no caso do Egito, ou o xá, no caso do Irã três décadas atrás). Pessoas de todos os estratos sociais afirmam-se como um agente coletivo contra o sistema de poder, o qual perde rapidamente a legitimidade, e no mundo inteiro podemos seguir pelas telas de TV aqueles momentos mágicos de unidade extática em que milhares de pessoas se reúnem em praças públicas por dias seguidos e garantem que não irão a parte alguma até que o tirano seja derrubado. Esses momentos simbolizam uma unidade imaginária naquilo que ela pode ter de mais sublime: todas as diferenças, todos os conflitos de interesses são esquecidos quando a sociedade inteira parece unida em oposição ao odiado tirano. No final da década de 1980, algo semelhante aconteceu nos regimes comunistas em desintegração, em que todos os grupos se uniram em sua rejeição ao Partido Comunista, embora por motivos diferentes e, em última instância, até incompatíveis: as pessoas religiosas o odiavam por seu ateísmo; os liberais seculares, por seu dogmatismo ideológico; os trabalhadores comuns, por obrigá-los a viver na pobreza; os potenciais capitalistas, por ele inibir a propriedade privada; os intelectuais, pela falta de liberdade pessoal; os nacionalistas, por ele haver traído suas raízes étnicas em favor do internacionalismo proletário; os cosmopolitas, pelo fechamento de fronteiras e a falta de contato intelectual com outros países; os jovens, pelo fato de ele rejeitar a cultura pop ocidental; os artistas, pelas limitações impostas a sua expressão criativa, e assim por diante. Entretanto, uma vez desintegrado o antigo regime, essa unidade imaginária é logo rompida, e novos (ou melhor, velhos, mas reprimidos) conflitos reaparecem com toda a força: fundamentalistas religiosos e nacionalistas versus modernizadores seculares, um grupo étnico contra outro, anticomunistas fanáticos contra os suspeitos de simpatia pelo antigo regime. Essa série de antagonismos tende a se cristalizar num grande antagonismo político, quase sempre segundo o eixo tradicionalistas religiosos versus capitalistas seculares, pró-ocidentais, multiculturais e liberal-democratas, embora o conteúdo desse antagonismo predominante possa variar (na Turquia, os islamitas são mais favoráveis à inclusão do país no capitalismo global do que os kemalistas, de orientação nacionalista secular; ex-comunistas podem se aliar a "progressistas" seculares – como na Hungria ou na Polônia – ou a nacionalistas religiosos – como na Rússia). Tentemos esclarecer esse aspecto fundamental mediante um paralelo talvez inesperado com a ideia paulina de passar da Lei para o amor. Em ambos os casos (na Lei e no amor), estamos lidando com uma divisão, com um "sujeito dividido"; a modalidade da divisão, contudo, é totalmente diferente. O sujeito da Lei é "descentrado", no sentido de estar preso no círculo vicioso autodestrutivo do pecado e da Lei, no qual um polo engendra seu oposto. Paulo forneceu uma descrição insuperável dessa associação em Romanos 7:

> Sabemos que a Lei é espiritual; mas eu sou carnal, vendido como escravo ao pecado. Realmente não consigo entender o que faço; pois não pratico o que quero, mas faço o que detesto. Ora, se faço o que não quero, eu reconheço que a Lei é boa. Na realidade, não sou mais eu que pratico a ação, mas o pecado que habita em mim. Eu sei que o bem não mora em mim, isto é, na minha carne. Pois o querer o bem está ao meu alcance, não porém o praticá-lo. Com efeito, não faço o bem que eu quero, mas pratico o mal que não quero. Ora, se eu faço o que não quero, já não sou eu que estou agindo, e sim o pecado que habita em mim. Verifico pois esta lei: quando eu quero fazer o bem, é o mal que se me apresenta. Eu me comprazo na lei de Deus segundo o homem interior; mas percebo outra lei em meus membros, que

peleja contra a lei da minha razão e que me acorrenta à lei do pecado que existe em meus membros. Infeliz de mim!*

Assim, não é que eu esteja apenas dividido entre os dois opostos, Lei e pecado; o problema é que não consigo sequer distingui-los claramente: quero seguir a lei e acabo no pecado. Esse círculo vicioso não é superado, mas rompido. Pode-se rompê-lo com a experiência do amor, mais precisamente com a experiência da brecha radical que separa a Lei do amor. Reside aí a diferença entre a dupla Lei/pecado e a dupla Lei/amor. A brecha que separa Lei e pecado não é uma diferença real: sua verdade é sua implicação ou confusão mútua. A Lei gera o pecado e dele se alimenta. É apenas em relação à dupla Lei/amor que vemos uma diferença real: esses dois momentos são radicalmente distintos, não são "mediados", um deles não é a forma do seu oposto. É errado, portanto, perguntar: "Então estamos condenados para sempre à divisão entre Lei e amor? E que dizer da síntese entre Lei e amor?" A divisão entre Lei e pecado é radicalmente diferente da divisão entre Lei e amor: em vez de um círculo vicioso de reforço mútuo, ficamos com uma distinção de dois domínios diferentes que simplesmente não existem no mesmo nível. É por isso que, uma vez que nos tornamos plenamente conscientes da dimensão do amor em sua diferença radical em relação à Lei, o amor de certa forma já venceu, já que essa diferença só é visível do ponto de vista do amor.

O motivo desta excursão teológica deveria estar claro agora: a luta infindável entre a permissividade liberal e a intolerância fundamentalista funciona de uma forma homóloga à divisão entre Lei e pecado – em ambos os casos, os dois polos implicam e reforçam um ao outro: seu antagonismo é constitutivo de nossa difícil condição. Além disso, a distinção entre Lei e amor é homóloga à distinção entre a totalidade do atual universo capitalista global (cujo antagonismo imanente é aquele entre a democracia liberal e o fundamentalismo) e a ideia emancipatória radical (comunista) de sair dele.

* Conforme a Bíblia de Jerusalém, trad. Calisto Vendrame, São Paulo, Paulus, 2002. (N.T.)

A diferença entre o liberalismo e a esquerda radical é que, embora se refiram aos mesmos três elementos (o centro liberal, a direita populista e a esquerda radical), eles os localizam numa tipologia diferente: para o centro liberal, a esquerda e a direita radicais são duas formas do mesmo excesso "totalitário", enquanto para a esquerda a única alternativa verdadeira é entre ela própria e o liberalismo convencional, com a direita populista "radical" sendo apenas um *sintoma* da inabilidade do liberalismo em lidar com a ameaça esquerdista. Quando ouvimos hoje políticos ou ideólogos oferecendo-nos uma escolha entre a liberdade liberal e a opressão fundamentalista, e fazendo triunfantemente a pergunta (puramente retórica) "Vocês querem que as mulheres sejam excluídas da vida pública e privadas de seus direitos básicos? Que todos que zombam da religião sejam punidos com a morte?", quem é que poderia gostar *disso*? O problema é que esse universalismo liberal simplista perdeu a inocência muito tempo atrás. É por isso que, para um verdadeiro esquerdista, o conflito entre a permissividade liberal e o fundamentalismo é um *falso* conflito – um círculo vicioso em que os dois polos geram e pressupõem um ao outro. Deveríamos dar um passo atrás, ao modo hegeliano, e questionar o próprio grau em que o fundamentalismo aparece em todo o seu horror. O que Max Horkheimer afirmou sobre fascismo e capitalismo lá na década de 1930 (aqueles que não querem falar criticamente do capitalismo também deveriam se manter calados no que diz respeito ao fascismo) pode ser aplicado ao fundamentalismo atual: aqueles que não querem falar (criticamente) da democracia liberal e seus nobres princípios também deveriam ficar calados sobre o fundamentalismo religioso.

Como devemos entender essa transformação de uma pressão emancipatória num populismo fundamentalista? Reagindo à conhecida caracterização do marxismo como "o islã do século XX", que seculariza o fanatismo abstrato do islã, Jean-Pierre Taguieff afirmou que ele está se tornando "o marxismo do século XXI", prolongando, após o declínio do comunismo, seu anticapitalismo violento.[14] Mas será que as recentes vicissitudes do fundamentalismo islâmico não confirmam a antiga ideia de Walter Benjamin de que "cada ascensão do fascismo é testemunha do fracasso de uma revolução"?[15] A ascensão do fascismo não apenas significa o fracasso da esquerda, mas também é prova de que havia um potencial revolucionário, uma insatisfação, que a esquerda não foi capaz de mobilizar. E será que o mesmo não é válido para o chamado "islamofascismo" atual? A ascensão do islamismo radical não seria o correlativo exato do desaparecimento da esquerda secular nos países muçulmanos? Quando se mostra o Afeganistão como a nação fundamentalista islâmica mais radical, quem ainda se lembra de que, quarenta anos atrás, o país tinha uma forte tradição secular e um poderoso partido comunista que assumiu o poder independentemente da União Soviética?

Mesmo no caso de movimentos claramente fundamentalistas, deve-se ter cuidado para não deixar escapar o componente social. O Talibã é regularmente apresentado como um grupo islâmico fundamentalista que impõe seu domínio pelo terror – quando, porém, na primavera de 2009, o grupo conquistou o vale do Swat, no Paquistão, o *New York Times* relatou que ele havia engendrado "uma revolta de classe que explora as profundas fissuras entre um pequeno grupo de proprietários abastados e seus arrendatários sem terras". O viés ideológico do artigo do *New York Times* é discernível no modo como o jornal descreve a capacidade do Talibã de "explorar as divisões de classe", como se a "verdadeira" agenda do grupo fosse outra – o fundamentalismo religioso – e ele estivesse apenas "tirando vantagem" da condição dos pobres agricultores sem terras. A isso poderíamos acrescentar simplesmente duas coisas. Primeiro, essa distinção entre a "verdadeira" agenda e a manipulação instrumental é imposta externamente ao Talibã – como se os pobres agricultores sem terras não vivenciassem sua condição em termos "fundamentalistas religiosos"! Segundo, se, "tirando vantagem" da condição dos agricultores, o Talibã "faz soar o alarme sobre os riscos ao Paquistão, que permanece amplamente feudal", o que impede os liberal-democratas paquistaneses, assim como os norte-americanos, de modo similar, "tirar vantagem" dessa condição e tentar ajudar os agricultores sem terras? A triste implicação do fato de essa questão óbvia não ser levantada na reportagem do *New York Times* é que as forças feudais do Paquistão são "aliados naturais" da democracia liberal.[16]

Essa é a lição verdadeiramente ameaçadora da revolta egípcia: se as forças liberais moderadas continuarem ignorando a esquerda radical, vão gerar uma onda fundamentalista insuperável. Para que o legado liberal básico possa sobreviver, os liberais precisam da ajuda fraterna da esquerda radical. Embora (quase) todos tenham apoiado entusiasticamente essas explosões democráticas, há uma luta surda por sua apropriação. Os círculos oficiais e a maior parte da mídia ocidental comemoram-nas como se fossem o mesmo que as revoluções de veludo "pró-democráticas" que ocorreram no Leste Europeu: o desejo de adotar uma democracia liberal de tipo ocidental, o desejo de se tornar como o Ocidente. É por isso que surge a inquietação quando se vê que há algo mais funcionando nesses protestos: uma demanda por justiça social. Essa luta por reapropriação não é somente uma questão de interpretação, mas tem consequências práticas cruciais. Não deveríamos ficar tão fascinados com os sublimes momentos de unidade nacional. A questão-chave é: o que acontece no dia seguinte? Como é que essa explosão emancipatória será traduzida numa nova ordem social? Como já assinalamos, nas últimas décadas temos testemunhado uma série de explosões populares emancipatórias que foram reapropriadas pela ordem capitalista global, seja em sua forma liberal (da África do Sul às Filipinas) ou fundamentalista (Irã). Não deveríamos esquecer que nenhum dos países árabes em que houve levantes populares é formalmente democrático: eram todos mais ou menos autoritários, de modo que a demanda por justiça social e econômica se integrou espontaneamente à demanda por democracia, como se a pobreza fosse o resultado da ambição e da corrupção das pessoas no poder e bastasse livrar-se delas. O que acontece se obtemos democracia, mas a pobreza permanece – o que fazer *nesse caso*?

Isso nos traz de volta à pergunta básica: a eufórica unidade do povo na praça Tahrir foi apenas uma ilusão imaginária a ser implacavelmente desfeita na sequência dos fatos? Será que os eventos no Egito não confirmam a afirmação de Hegel de que, quando um movimento político vence, o preço da vitória é a sua divisão em facções antagônicas? A unidade anti-Mubarak teria sido uma ficção que ocultou o antagonismo real subjacente entre modernizadores seculares pró-ocidentais (membros da crescente classe média) e fundamentalistas islâmicos com apoio principalmente nas classes baixas? Em outras palavras, estaremos assistindo a uma luta de classes com um diferencial?

É verdade que existe uma certa unidade imaginária no primeiro clímax da revolta, quando todos os grupos estão unidos na rejeição ao tirano. Há mais nessa unidade, contudo, do que uma ilusão ideológica imaginária – toda revolta radical contém, por definição, uma dimensão comunista, um sonho de solidariedade e justiça igualitária que ultrapassa a esfera estrita da política para alcançar a economia, a vida privada e a cultura, permeando a totalidade do edifício social. Está em funcionamento aqui exatamente um movimento dialético de opostos. Na revolta inicial, temos a ampla unidade do povo, e aqui a unidade já coincide com a divisão (entre o povo e os que ainda trabalham para o tirano). Só quando o tirano é derrubado é que começa o verdadeiro trabalho, o da transformação social radical. Nesse período, todos são formalmente favoráveis à revolução, mas os esforços dos que desejam a "revolução sem revolução" (Robespierre) se voltam para convencer as pessoas de que a revolução acabou, de que, uma vez que o tirano caiu, a vida pode voltar ao normal (é isso que o exército representa hoje no Egito). Nesse momento, quando todos são a favor da revolução, é preciso insistir na divisão rígida entre os que realmente querem uma revolução e os que desejam uma "revolução sem revolução". Voltemos a Martin Luther King: nos termos de Badiou, King seguiu o "axioma da igualdade" muito além do tema da segregação racial, e a disposição de realizar esse trabalho o torna um verdadeiro combatente pela emancipação. É isso que Badiou quer dizer quando afirma que uma Ideia verdadeira é algo que separa, que nos permite traçar uma linha divisória: numa Ideia verdadeira, universalidade e divisão constituem dois lados de uma mesma moeda.

O comunismo é essa Ideia que divide. Nos países autoritários de direita, todos os que lutam (não importa se pacificamente) por democracia, liberdade, justiça e outros objetivos liberais eram (e em alguns casos ainda são) denunciados como comunistas ou crédulos ignorantes manipulados por estes, que constituem o maior inimigo do Estado. A reação liberal básica a essas acusações é a negação: "Não, somos apenas militantes sinceros da liberdade e da democracia, e como vocês (os que estão no poder) são realmente contra a liberdade e a democracia, mas não estão prontos a admitir isso em público, ridiculamente nos acusam de comunistas." Mas e se os direitistas que denunciam aqueles que lutam por liberdade de serem comunistas disfarçados estiverem certos, em última instância? E se, numa situação de intensa luta emancipatória, quando os oportunistas ficarem com medo da explosão da ira popular e tenderem a firmar um compromisso com a direita no poder, os comunistas forem os únicos a defender a liberdade e a justiça contra o poder autoritário? Assim, depois de rejeitar tais acusações ("Comunista, eu? Você está maluco? Somos apenas liberais consequentes!"), chega o momento em que a única reação consequente é aceitar as acusações: "SIM, e daí, nós *somos* comunistas, você nos empurrou nessa direção!" Além disso, quando os comunistas precisam recorrer a uma linguagem evasiva em condições nas quais a autodesignação direta como "comunista" é impossível (censurada), não se deve temer nem rejeitar essas variações ("verdadeira democracia", "justiça" etc. em vez de "comunismo") como uma manipulação perigosa a obscurecer a verdadeira linha da luta: elas são úteis porque podem expandir o campo de nossa luta e permitir que nela adaptemos/priorizemos as lutas por justiça, liberdade e igualdade.

É por isso que toda revolução deve ser repetida. Só depois que a entusiástica unidade inicial se desintegra é que se pode formular a verdadeira universalidade, uma universalidade não mais sustentada por ilusões imaginárias. Só depois de se dissolver a unidade inicial das pessoas é que o verdadeiro trabalho começa, o trabalho árduo de assumir todas as implicações da luta por uma sociedade justa e igualitária. Não basta simplesmente livrar-se do tirano; a sociedade que o deu à luz tem de ser profundamente transformada. Só os que estão preparados para se envolver nesse trabalho árduo permanecem fiéis ao cerne radical da apaixonante unidade inicial. Esse árduo trabalho de fidelidade é o processo de dividir, de traçar a linha que separa a Ideia de comunismo das ilusões imaginárias sobre solidariedade e unidade que permanecem dentro dos limites ideológicos da ordem existente. Esse esclarecimento paciente é o trabalho revolucionário propriamente dito. Enquanto, para seus oponentes, essa atividade é uma tentativa de "manipular" as pessoas, de seduzir manifestantes bem-intencionados para transformá-los em violentos e perigosos radicais, imputando-lhe o que nunca realmente desejaram, para o verdadeiro revolucionário nada mais é que o entusiástico evento original: quer realmente justiça e solidariedade? Eis o que precisa fazer. Não admira que sejam tão raros os momentos genuinamente revolucionários: nenhuma teleologia os garante; dependem de haver um agente político capaz de aproveitar uma (contingente, imprevisível) abertura.

De volta ao Egito, o paralelo que devemos estabelecer é entre a revolta egípcia e a fracassada Revolução Verde que ocorreu no Irã em 2011. A cor verde adotada pelos partidários do candidato presidencial Mousavi, ilegalmente derrotado, os gritos de *"Allahu akbar!"* que ressoaram pelos telhados de Teerã na escuridão da noite, indicavam claramente que eles viam sua atividade como a repetição da revolução de Khomeini, em 1979, como um retorno às raízes, a derrota da corrupção que depois alcançou a revolução. Essa volta às raízes não foi apenas programática. Referia-se mais ainda à forma de atividade das massas: a enfática unidade do povo, toda a sua ampla solidariedade, a auto-organização criativa, a improvisação de modos de articular o protesto, a mistura singular de espontaneidade e disciplina, como a ameaçadora marcha de milhares de pessoas em completo silêncio. Estávamos lidando com um genuíno levante popular dos decepcionados entusiastas da revolução de Khomeini: o nome de Mousavi representava a verdadeira ressurreição do sonho popular que sustentou a revolução. O que isso significa é que a revolução de Khomeini não pode ser reduzida a uma tomada do poder pela linha dura islamita – foi muito mais. O próprio fato de essa explosão precisar ser reprimida demonstra que a revolução de Khomeini foi um evento político autêntico, uma *abertura* momentânea que liberou forças de transformação social desconhecidas, um momento em que tudo pareceu possível. O que se seguiu foi um gradual *fechamento*, mediante a tomada do controle político pelo establishment islâmico.

Como costumávamos dizer quase meio século atrás, não é preciso ser meteorologista para saber para que lado sopra o vento no Egito: para o lado do Irã. Mesmo que o exército vença e estabilize a situação, essa vitória em si só pode gerar uma erupção semelhante à revolução de Khomeini que tomará conta do Egito dentro de alguns anos – mas será que ela também será apropriada pelos fundamentalistas muçulmanos? O que nos pode salvar dessa possibilidade é apenas a unidade da luta por liberdade e democracia com a luta por justiça social e econômica. Essa unidade, e somente ela, é o objetivo universal.

Demandas... e mais

Em seus primeiros textos, Marx descreveu a situação da Alemanha como uma em que a solução de problemas particulares só era possível por meio de uma solução universal: a revolução radical global. Aí reside a fórmula mais sucinta da diferença entre um período reformista e um período revolucionário: num período reformista, a revolução global permanece como um sonho que, na melhor das hipóteses, sustenta nossas tentativas de implementar mudanças locais (e na pior delas nos impede de realizar mudanças reais), enquanto uma situação revolucionária assoma quando fica claro que só uma mudança radical global pode resolver problemas particulares. Nesse sentido puramente formal, 1990 foi um ano revolucionário: tornou-se claro que as reformas parciais dos Estados comunistas não fariam o serviço, que era necessária uma ruptura radical global para resolver até problemas parciais como o suprimento adequado de alimentos.

Assim, onde estamos hoje no que se refere a essa diferença? O dilema básico é simples e brutal: será que os protestos que têm ocorrido nos últimos anos estão sinalizando uma crise global que se aproxima de modo gradual, mas inexorável, ou seriam apenas obstáculos menores que podem ser contidos, se não resolvidos, mediante intervenções precisas, meramente problemas locais num processo de reajustamento global a uma nova era progressista?

O mais surpreendente e perigoso no que diz respeito aos protestos é que não estão explodindo apenas, ou mesmo fundamentalmente, nos pontos fracos do sistema, mas em lugares até recentemente percebidos como histórias de sucesso. Um problema no inferno parece compreensível – sabemos por que as pessoas estão protestando na Grécia ou na Espanha; mas por que há um problema no Paraíso, em países prósperos ou pelo menos em rápido desenvolvimento, como a Turquia, o Brasil ou mesmo a Suécia (onde vimos recentemente violentos protestos de imigrantes que vivem nos subúrbios)? Em retrospecto, podemos perceber agora que o primeiro "problema no Paraíso" foi a revolução de Khomeini no Irã, um país que estava oficialmente prosperando, caminhando a passos largos rumo à modernização pró-ocidental, e que constituía o aliado mais confiável do Ocidente na região. Talvez haja alguma coisa errada com nossa ideia de Paraíso.

Antes da atual onda de protestos, a Turquia era quente – uma economia liberal florescente combinada com um islamismo moderado e de face humana, conveniente à Europa, num bem-vindo contraste com a Grécia, mais "europeia", presa num velho impasse ideológico e fadada à autodestruição econômica. Havia, é verdade, alguns sinais de perigo aqui e ali (a persistente negação do holocausto armênio, a prisão e o indiciamento de centenas de jornalistas, a condição indefinida dos curdos, os apelos por uma Grande Turquia que ressuscitaria a tradição do Império Otomano, a imposição ocasional de leis religiosas), mas tudo isso era descartado como pequenas manchas que não conseguiam macular o quadro geral. Era um país em que a última coisa que se poderia esperar eram protestos em ampla escala – eles simplesmente não deveriam ter aparecido.

Então aconteceu o inesperado – explodiram os protestos na praça Taksim. Todo mundo sabe que a planejada transformação de um parque fronteiriço à praça Taksim, no centro de Istambul, num shopping center não foi o "verdadeiro motivo" dos protestos, que uma insatisfação muito mais profunda estava ganhando força por baixo da superfície. O mesmo vale para os protestos que irromperam no Brasil em meados de junho de 2013: o que os desencadeou foi um pequeno aumento no preço do transporte público, mas eles prosseguiram após a medida ser revogada. Novamente, os protestos eclodiram num país que – pelo menos segundo a mídia – atravessava um boom econômico, vivenciando uma grande esperança no futuro. Para aumentar o mistério, temos o fato de que os protestos foram imediatamente apoiados pela presidente Dilma Rousseff, que afirmou estar "encantada" com eles – então quais são os verdadeiros alvos dos manifestantes insatisfeitos com a corrupção e a desintegração dos serviços públicos?

Em suma, de quente a Turquia subitamente passou a fria. Então, qual o verdadeiro motivo dos protestos? É fundamental não limitá-los à ideia de uma sociedade civil secular lutando contra um governo autoritário islâmico apoiado pela maioria silenciosa muçulmana. O que complica esse quadro é o sentido anticapitalista dessas manifestações (a privatização do espaço público) – o principal eixo dos protestos na Turquia foi o vínculo entre o islamismo autoritário e a privatização do espaço público pelo livre mercado. Esse vínculo é que torna o caso da Turquia tão interessante e de amplo alcance: os manifestantes perceberam intuitivamente que a liberdade de mercado e o fundamentalismo religioso não são mutuamente excludentes, que podem trabalhar de mãos dadas – um sinal claro de que a união "eterna" entre democracia e capitalismo está se aproximando do divórcio.

O paradoxo é que, precisamente por carecer de legitimidade democrática, um regime autoritário pode por vezes ser mais responsável em relação a seus súditos do que um regime democraticamente eleito: como lhe falta legitimidade democrática, ele precisa legitimar-se fornecendo serviços a seus cidadãos, com o seguinte raciocínio subjacente: "É verdade, não fomos democraticamente eleitos, mas, sendo assim, e uma vez que não precisamos fazer o jogo de buscar a popularidade barata, podemos nos concentrar nas verdadeiras necessidades dos cidadãos." Um governo democraticamente eleito, pelo contrário, pode exercer de maneira plena o seu poder em prol dos interesses privados restritos de seus membros; sua legitimidade já lhes foi outorgada pelas eleições, de modo que eles não precisam de mais legitimação e podem se sentir seguros fazendo o que quiserem – podem dizer aos queixosos: "Vocês nos elegeram, agora é tarde demais."

Deve-se aqui evitar o essencialismo: não há um único objetivo "real" a motivar os manifestantes, alguma coisa a que se possa reduzir esse sentimento geral de insatisfação. Não podemos dizer que os protestos sejam realmente contra o capitalismo global, contra o fundamentalismo religioso, pelas liberdades civis e pela democracia. Uma característica comum à maioria dos manifestantes é um sentimento fluido de insatisfação e descontentamento que sustenta e unifica demandas particulares. Aqui, mais uma vez, o lema de Hegel "Os segredos dos antigos egípcios também eram segredos para os próprios egípcios" é totalmente válido para os egípcios de hoje: a luta pela interpretação dos protestos não é apenas uma luta "epistemológica", a luta de jornalistas e teóricos a respeito do verdadeiro conteúdo dos próprios protestos: seria apenas uma luta contra um governo municipal corrupto? Uma luta contra um governo islâmico autoritário? Uma luta contra a privatização do espaço público? O resultado está em aberto; será o resultado do processo político em curso.

O mesmo vale para a dimensão espacial dos protestos. Já em 2011, quando manifestações irrompiam por toda a Europa e Oriente Médio, muitos observadores insistiam em que não se devia tratá-los como momentos de um mesmo movimento global, que cada um deles era uma reação a uma situação específica: no Egito, os manifestantes exigiam liberdade e democracia, algo de que as sociedades em que se iniciou o movimento Occupy Wall Street já dispunham; mesmo em países muçulmanos, a Primavera Árabe no Egito foi fundamentalmente diferente da Revolução Verde no Irã, porque aquela se voltava contra um regime autoritário corrupto pró-ocidental, enquanto esta tinha como alvo o autoritarismo islâmico. É fácil perceber como essa particularização dos protestos ajuda os defensores da ordem global existente: não há uma ameaça à ordem global em si, apenas problemas locais específicos.

Neste ponto, contudo, deveríamos ressuscitar a velha e boa noção marxista de *totalidade*, neste caso a totalidade do capitalismo global. O capitalismo global é um processo complexo que afeta diferentes países de diferentes maneiras, e o que unifica os protestos em sua multiplicidade é o fato de serem todos reações a diferentes facetas da globalização capitalista. Hoje em dia, a tendência geral do capitalismo global é na direção de uma expansão maior do domínio do mercado em combinação com o progressivo fechamento do espaço público, a redução dos serviços públicos (saúde, educação, cultura) e o incremento do autoritarismo. É nesse contexto que os gregos estão protestando contra o domínio do capital financeiro internacional e seu próprio Estado ineficiente e corrupto, cada vez menos capaz de prover os serviços sociais básicos; que os turcos estão protestando contra a comercialização do espaço público e o autoritarismo religioso; que os egípcios protestaram contra um regime autoritário e corrupto apoiado por potências ocidentais; que os iranianos protestaram contra um fundamentalismo religioso corrupto e ineficiente; e assim por diante. O que une esses protestos é o fato de não se poder reduzir nenhum deles a uma única questão: todos enfrentam uma combinação específica de (pelo menos) dois fatores, um deles mais ou menos radical do ponto de vista econômico (da luta contra a corrupção e a ineficiência ao anticapitalismo declarado), o outro de caráter político-ideológico (de demandas por democracia a demandas pela derrubada da democracia multipartidária padrão). E o mesmo não seria válido também para o movimento Occupy Wall Street? Por baixo da profusão de explicações (frequentemente confusas), o movimento tinha duas avaliações básicas: 1) a insatisfação com o capitalismo *como um sistema* – o problema é o sistema capitalista em si, não sua corrupção particular –; 2) a consciência de que a forma institucionalizada de democracia multipartidária não é suficiente para enfrentar os excessos capitalistas, ou seja, a democracia precisa ser reinventada.

O capitalismo global tende a reduzir os comuns [as classes baixas] a *res nullius*, expressão que no direito romano designa qualquer coisa que possa ser possuída, até mesmo um escravo (em oposição a um cidadão), mas que ainda não é objeto dos direitos de nenhum sujeito específico – coisas consideradas propriedades sem dono, "livres para serem possuídas". A paradoxal expressão "propriedade sem dono" indica a operação ideológica subjacente à noção de *res nullius*: é como se as coisas que ainda não são possuídas o fossem potencialmente, como se a condição de propriedade já estivesse inscrita no seu próprio ser (como numa ideologia patriarcal em que uma mulher não casada constitui uma espécie de "propriedade sem dono" esperando ser "possuída" por um marido). No direito internacional, a *res nullius* é chamada de *terra nullius*: um Estado pode afirmar o controle de um território não reivindicado e obter esse controle se um de seus cidadãos (frequentemente numa expedição militar e/ou exploratória) nele se instalar. Como seria de esperar, essa noção justificava a colonização: já no século XVI, a Igreja declarou grande parte da América e da África como *terra nullius*, afirmando que, embora povos indígenas vivessem nessas terras recém-descobertas, era direito das nações cristãs civilizadas ocupá-las e fazer bom uso delas.

Isso, evidentemente, não significa que, uma vez que a verdadeira causa subjacente dos protestos é o capitalismo global, a única solução seja derrubá-lo. A própria alternativa de lidar pragmaticamente com problemas particulares ("pessoas estão morrendo agora em Ruanda, então se esqueçam da luta anti-imperialista, vamos evitar o massacre") e esperar pacientemente por uma transformação radical é falsa por ignorar o fato de que o capitalismo global é necessariamente inconsistente: a liberdade de mercado caminha de mãos dadas com o apoio dos Estados Unidos a seus agricultores, a pregação da democracia caminha de mãos dadas com o apoio à Arábia Saudita. Essa inconsistência, essa necessidade de quebrar as próprias regras, abre espaço para intervenções políticas genuínas: uma vez que a inconsistência é necessária, que o sistema capitalista global precisa violar suas próprias regras (livre concorrência, democracia), insistir na consistência, ou seja, nos princípios do próprio sistema, em pontos estrategicamente selecionados nos quais o sistema não pode deixar de seguir seus princípios, leva a desafiar o sistema como um todo. Em outras palavras, a arte da política reside em insistir numa demanda particular que, embora profundamente realista, perturbe o próprio cerne da ideologia hegemônica e implique uma mudança muito mais radical, porque talvez definitivamente viável e legítima, mas de fato impossível. A proposta de Obama de um sistema de saúde universal foi algo desse tipo: embora fosse uma proposta modesta e realista, obviamente perturbou o cerne da ideologia americana. Na Turquia atual, uma simples demanda por tolerância multicultural (endossada como princípio autoevidente na maior parte da Europa ocidental) tem um potencial explosivo. Na Grécia, um razoável apelo por um aparelho de Estado mais eficiente e livre de corrupção, se apresentado seriamente, implica a reconstrução total do Estado. É por isso que não há valor analítico em culpar o neoliberalismo por nossas misérias particulares: a ordem mundial hoje é uma totalidade concreta dentro da qual situações específicas exigem ações específicas. Uma medida (digamos, a defesa dos direitos humanos) geralmente considerada banal pode provocar consequências explosivas num contexto específico.

O lema de grande parte da esquerda radical de hoje poderia ser: "Temos de estar de fora. Esta é uma ideia pós-moderna. A ideia é que posso subtrair-me ao jogo do poder."[17] Essa postura é típica do pensamento político de esquerda na França, que se concentra no Estado e seu aparato: a luta emancipatória radical é uma luta que deve ser travada fora do Estado, em última instância contra ele. (É aqui que se deveria também aplicar a lição de Hegel sobre *absoluter Gegenstoss*: é essa própria resistência ao Estado que o constitui como ponto de referência.) O que se tende a esquecer aqui é a perspectiva marxista, hoje mais válida do que nunca, de que o antagonismo básico que define a sociedade atual não é a resistência ao Estado, mas a "luta de classes" *no interior da sociedade*, fora do Estado. Em suma, a posição marxista não é diretamente contra o Estado, e sim mais preocupada com a forma de mudar a *sociedade* de maneira que ela não precise mais do Estado.[18]

Assim, ainda que a luta emancipatória tenha início como uma oposição aos aparelhos do Estado, ela precisa mudar de alvo. Alain Badiou opõe uma nova dialética "afirmativa" àquilo que ele considera a lógica dialética clássica da negatividade, que engendra, a partir de seu próprio movimento, uma nova positividade. Para ele, o ponto de partida de um processo emancipatório não deveria ser a negatividade, a resistência, a disposição de destruir, mas uma nova visão afirmativa revelada em um Evento – nós nos opomos à ordem existente a partir de nossa fidelidade a esse evento, levando adiante suas consequências. Sem esse momento afirmativo, o processo emancipatório acaba necessariamente impondo uma nova ordem positiva que constitui uma imitação da antiga, por vezes radicalizando seus piores aspectos. Mas a essa noção "afirmativa" da dialética deveria se opor a noção hegeliana do *processo* dialético que se inicia com uma ideia afirmativa para a qual ele se empenha, mas no curso do qual *a própria ideia passa por uma profunda transformação* (não apenas uma acomodação tática, mas uma redefinição essencial), pois a própria ideia é revelada no processo, (sobre)determinada por sua concretização.[19] Digamos que temos uma revolta motivada pelo desejo de justiça: uma vez que as pessoas estejam realmente envolvidas, tomam consciência de que para trazer a verdadeira justiça é necessário muito mais do que as limitadas exigências com que começaram (por exemplo, abolir algumas leis). Sem dúvida, o problema é saber precisamente o que significa esse "muito mais". A ideia liberal-pragmática é que se pode resolver os problemas aos poucos, um por um. John Caputo recentemente escreveu:

> Eu ficaria plenamente feliz se os políticos de extrema esquerda nos Estados Unidos fossem capazes de reformar o sistema fornecendo um sistema de saúde universal, redistribuindo efetivamente a riqueza de maneira mais equitativa com a revisão dos critérios do imposto de renda, restringindo de maneira eficaz o financiamento de campanhas, garantindo os direitos de todos os eleitores, tratando os trabalhadores imigrantes com humanidade e implementando uma política externa multilateral que pudesse integrar o governo norte-americano à comunidade internacional etc., ou seja, intervir no capitalismo mediante reformas sérias e de longo alcance ... Se, depois de fazerem tudo isso, Badiou e Žižek se queixassem de que um Monstro chamado Capital ainda nos persegue, eu estaria inclinado a cumprimentar esse Monstro com um bocejo.[20]

Mark Manolopoulos maliciosamente batizou essa defesa do capitalismo de "Caputolismo".[21] O problema aqui não é a conclusão de Caputo: se é possível alcançar tudo isso dentro do capitalismo, por que não permanecer nele? O problema é a premissa subjacente de que é *possível* atingir tudo isso dentro das coordenadas do capitalismo global de hoje. E se as disfunções particulares do capitalismo enumeradas por Caputo não forem apenas distúrbios acidentais, mas estruturalmente necessários? E se o sonho de Caputo for um sonho de universalidade (a ordem capitalista universal) sem os seus sintomas, sem os pontos críticos em que se articula a "verdade reprimida"?

Os protestos e revoltas atuais são sustentados pela superposição de diferentes níveis, e isso explica sua força: lutam por uma democracia "normal", parlamentar, contra regimes autoritários; contra o racismo e o sexismo, em especial contra o ódio dirigido a imigrantes e refugiados; pelo Estado de bem-estar social e contra o neoliberalismo; contra a corrupção na política e na economia (as empresas que poluem o meio ambiente, por exemplo); e por novas formas de democracia que ultrapassem os rituais multipartidários. Questionam o sistema capitalista global em si e tentam manter viva a ideia de uma sociedade não capitalista. Duas armadilhas devem ser aqui evitadas: o falso radicalismo ("O que realmente importa é a abolição do capitalismo liberal-parlamentar, todas as outras lutas são secundárias"), assim como o falso gradualismo ("Agora estamos lutando contra a ditadura militar e pela democracia básica, esqueçam seus sonhos socialistas, isso vem depois – talvez").

A situação é assim propriamente *sobredeterminada*, e aqui se deveriam mobilizar desavergonhadamente as velhas distinções maoistas entre contradições (ou melhor, antagonismos) principais e secundárias, entre o antagonismo que é principal na análise final e aquele que predomina agora. Por exemplo, há situações concretas em que insistir no antagonismo principal significa perder a oportunidade de dar um golpe decisivo em favor da luta atual. Apenas uma política que leve plenamente em conta toda a complexidade da sobredeterminação merece o nome de *estratégia* política. Quando precisamos travar uma luta específica, a questão-chave é: como o nosso engajamento ou desengajamento vai afetar outras lutas? A regra geral é que, quando começa uma revolta contra um regime opressivo, semidemocrático, como foi o caso no Oriente Médio em 2011, é fácil mobilizar grandes multidões com slogans que só podem ser caracterizados como feitos para agradar as massas – pela democracia, contra a corrupção e assim por diante. Mas depois vão se apresentando gradualmente escolhas mais difíceis, quando nossa revolta consegue atingir seu objetivo direto e começamos a perceber que aquilo que realmente nos incomodava (falta de liberdade, humilhação, corrupção social, ausência de perspectivas de uma vida decente) prossegue sob um novo disfarce. No Egito, os manifestantes se livraram do regime opressivo de Mubarak, mas a corrupção não desapareceu, e a perspectiva de uma vida decente ficou ainda mais distante. Após a derrubada de um regime autoritário, os últimos vestígios da atenção patriarcal para com os pobres podem desaparecer, de modo que a liberdade recém-obtida é de fato reduzida à liberdade de escolher a forma preferida de sua própria miséria – a maioria das pessoas não apenas continua pobre, mas, pior ainda, é informada de que, uma vez que agora estão livres, são responsáveis por sua pobreza. Nessa condição, temos de admitir que havia uma falha no próprio objetivo, que ele não era suficientemente específico – digamos, que a democracia política padrão também pode servir como a própria forma da falta de liberdade: a liberdade política pode facilmente fornecer a estrutura jurídica para a escravidão econômica, com os desprivilegiados vendendo-se "livremente" à servidão. Somos assim levados a exigir mais do que democracia política: precisamos de uma democratização da vida social e econômica. Em suma, temos de admitir que aquilo que percebemos de início como fracasso em concretizar um nobre princípio de liberdade democrática é uma falha inerente a esse princípio em si. Aprender como a distorção de uma noção, sua concretização incompleta, se baseia na distorção imanente a essa noção é um grande passo em matéria de educação política.

A ideologia dominante mobiliza todo o seu arsenal para nos impedir de alcançar essa compreensão radical. Nossos governantes nos dizem que a liberdade democrática acarreta sua própria responsabilidade, que ela tem um preço, que ainda não estamos maduros se esperamos demais da democracia. Dessa maneira, eles nos culpam por nossa condição: numa sociedade livre, assim nos dizem, somos todos capitalistas investindo em nossas vidas, decidindo dedicar mais à educação do que à diversão se quisermos ter sucesso. Num nível mais diretamente político, os Estados Unidos elaboraram uma estratégia detalhada de política externa sobre como aplicar o controle de danos recanalizando uma revolta popular para dentro de limites parlamentares-capitalistas aceitáveis, como foi feito com sucesso na África do Sul pós-apartheid, nas Filipinas após a queda de Marcos, na Indonésia após a queda de Suharto e assim por diante. É exatamente nessa conjuntura que a política emancipatória enfrenta seu maior desafio: como fazer as coisas avançarem depois de alcançado o primeiro e entusiástico estágio, como dar o passo seguinte sem sucumbir à catástrofe da tentação "totalitária" – em suma, como ir além de Mandela sem se tornar um Mugabe.

Nas duas últimas décadas de sua vida, Nelson Mandela foi celebrado como um modelo de como libertar um país do jugo colonial sem sucumbir à tentação de assumir um poder ditatorial e uma postura anticapitalista. Em suma, Mandela não era Mugabe, e a África do Sul continuou sendo uma democracia multipartidária com imprensa livre e uma economia vibrante bem integrada ao mercado global e imune a experimentos socialistas impulsivos. Quando sua morte foi anunciada, em 5 de dezembro de 2013, seu prestígio de homem sábio e virtuoso parecia confirmado para a eternidade: há filmes hollywoodianos sobre ele – quem fez seu papel foi Morgan Freeman, cujos papéis anteriores incluíram o de Deus e o de pelo menos um presidente norte-americano –, e astros do rock, líderes religiosos, desportistas e políticos, de Bill Clinton a Fidel Castro, estão todos unidos em sua beatificação.

Mas seria essa a história toda? Dois fatores fundamentais foram ocultos por seu retrato como celebridade. Na África do Sul, a vida miserável da maioria continua a mesma da época do apartheid, e a conquista de direitos políticos e civis foi contrabalançada pelo aumento da insegurança, da violência e do crime. A principal mudança é que a antiga classe dominante branca ganhou a companhia de uma nova elite negra. Em segundo lugar, as pessoas se lembram de que o velho Congresso Nacional Africano havia prometido não apenas o fim do apartheid, mas também justiça social, até mesmo uma espécie de socialismo. Esse passado muito mais radical do CNA está sendo gradualmente apagado da memória. Não admira que o ódio esteja crescendo entre a população negra pobre.

A África do Sul é apenas uma versão da história recorrente da esquerda contemporânea. Um líder ou partido é eleito com entusiasmo universal, prometendo um "novo mundo" – mas então, mais cedo ou mais tarde, depara-se com o dilema-chave: ter a ousadia de enfrentar os mecanismos capitalistas ou preferir fazer o jogo? Se alguém perturba esses mecanismos, é rapidamente "punido" por agitações do mercado, caos econômico e todo o resto. É por isso que é simples demais criticar Mandela por abandonar a perspectiva socialista após o fim do apartheid: ele teria mesmo uma escolha? Caminhar em direção ao socialismo era uma opção real? É fácil ridicularizar Ayn Rand, mas há um grão de verdade no famoso "hino ao dinheiro" de seu *A revolta de Atlas*: "Até e a menos que descubra que o dinheiro é a raiz de tudo que é bom, você estará pedindo sua própria destruição. Quando o dinheiro deixa de se tornar um meio pelo qual os homens lidam uns com os outros, eles se tornam instrumentos de outros homens. Sangue, chicote e revólveres – ou dólares. Faça sua escolha – não existe outra."[22] Marx não teria dito algo semelhante quando observou que as relações entre as pessoas assumem o disfarce de relações entre coisas?[23] Na economia de mercado, as relações entre pessoas podem parecer relações de liberdade e igualdade mutuamente reconhecidas: a dominação não é mais diretamente exercida e visível como tal. O que é problemático é a premissa subjacente de Rand: que a única escolha é entre relações diretas e indiretas de dominação e exploração, com todas as alternativas descartadas como utópicas. Deve-se ter em mente, contudo, o momento de verdade na afirmação de Rand, que sob outros aspectos pode ser considerada ridiculamente ideológica: a grande lição do socialismo de Estado é que a abolição direta da propriedade privada e das trocas reguladas pelo mercado sem formas concretas de regulação social do processo de produção necessariamente ressuscita relações de servidão e dominação. Se apenas abolimos o mercado (incluindo a exploração do mercado) sem substituí-lo por uma forma adequada de organização comunista da produção e das trocas, a dominação retorna de forma violenta, e com ela a exploração direta.

Essa dimensão oculta de fato emergiu em meio às cerimônias do funeral de Mandela. Nossas vidas cotidianas são principalmente uma mistura de rotina enfadonha com surpresas ruins – entretanto, de tempos em tempos acontece uma coisa inesperada que cai como um raio e faz a vida valer a pena. Algo dessa ordem ocorreu na cerimônia do funeral de Mandela, em 10 de dezembro de 2013, no grande estádio FNB em Joanesburgo, onde dezenas de milhares de pessoas ouviam líderes mundiais fazendo declarações. E então... aconteceu (ou melhor, já estava acontecendo havia algum tempo antes que o percebêssemos). De pé ao lado de dignitários de todo o mundo, incluindo Barack Obama, estava um homem negro em trajes formais, um intérprete para os surdos, que foi visto por milhões de espectadores de televisão de toda parte traduzindo o serviço fúnebre de Nelson Mandela na linguagem de sinais. Quem conhece essa linguagem foi percebendo que uma coisa estranha estava acontecendo: o homem era uma fraude, estava fazendo seus próprios sinais, agitando as mãos, sem que houvesse nenhum significado naquilo.

Um dia depois, uma investigação oficial revelou que o homem, Thamsanqa Jantjie, 34 anos, era um intérprete qualificado contratado pelo Congresso Nacional Africano. Numa entrevista ao *Star* de Joanesburgo, Jantjie atribuiu seu comportamento a um súbito ataque de esquizofrenia. Ele disse ao jornal que um episódio esquizofrênico fora responsável por sua gesticulação sem sentido durante toda a cerimônia – não conseguia concentrar-se e começou a ouvir vozes e ter alucinações. "Não havia nada que eu pudesse fazer. Eu estava só numa situação muito perigosa", disse ele. "Tentei me controlar para não mostrar ao mundo o que estava acontecendo. Estou muito triste. Foi essa a situação que passei." Apesar disso, Jantjie insistiu desafiadoramente em dizer que estava feliz com seu desempenho: "Totalmente! Totalmente! O que eu tenho feito, acho que tenho sido um campeão da linguagem de sinais." O dia seguinte trouxe uma nova e surpreendente guinada: a mídia mostrou que Jantjie havia sido preso pelo menos cinco vezes desde meados da década de 1990, mas supostamente escapara à prisão por incapacidade mental de enfrentar um julgamento. Fora acusado de estupro, roubo, invasão de domicílio e danos a propriedade; seu mais recente choque com a lei ocorrera em 2003, quando enfrentou acusações de assassinato, tentativa de assassinato e sequestro.

As reações a esse estranho episódio foram do riso (gradualmente reprimido como vulgar) à indignação. Houve, é claro, preocupações de segurança: como foi possível que, apesar das estritas medidas adotadas, uma pessoa dessas pudesse estar tão perto de líderes mundiais? O que se escondia por trás dessas preocupações era o sentimento de que a aparição de Jantjie fora uma espécie de milagre, como se ele tivesse surgido do nada ou de uma outra dimensão da realidade. Esse sentimento pareceu confirmar-se mais ainda pelas declarações, suspeitamente repetitivas, de organizações de surdos e mudos garantindo que os sinais de Jantjie não tinham significado, que não correspondiam a nenhuma linguagem de sinais existente, como que para eliminar a suspeita de que talvez *houvesse* alguma mensagem oculta transmitida por seus gestos. E se ele estivesse fazendo sinais para alienígenas numa linguagem desconhecida? E se – já que na maior parte do tempo ele permaneceu imóvel e só "traduziu" oradores com falas muito curtas, que pareciam estranhamente semelhantes entre si – estivesse fazendo repetidamente uma declaração precisa na linguagem de sinais: "O orador só está reiterando o blá-blá-blá usual, não é preciso traduzir os detalhes!" A própria performance de Jantjie pareceu apontar nessa direção: não havia vivacidade em seus gestos, nenhum indício de que estivesse envolvido numa possível piada – ele fazia os movimentos com uma calma sem expressão, quase robótica.

A performance de Jantjie não foi inexpressiva – precisamente por não transmitir nenhum significado em particular, ela expôs de maneira direta seu significado como tal, a simulação do significado. Aqueles de nós que ouvem bem e não compreendem a linguagem de sinais presumiram que os gestos de Jantjie tinham significado, embora não fôssemos capazes de entendê-los. E isso nos leva ao cerne da questão: será que os tradutores da linguagem de sinais para surdos se destinam realmente aos que não conseguem ouvir a palavra falada? Será que na verdade não servem a nós – fazendo-nos sentir bem ao vê-los ao lado do orador, o que nos proporciona a satisfação politicamente correta de estarmos fazendo a coisa certa, cuidando dos desvalidos? Lembro-me agora, nas primeiras eleições "livres" realizadas na Eslovênia, em 1990, de que um dos partidos de esquerda produziu uma propaganda de TV em que o político que transmitia a mensagem era acompanhado por uma intérprete (uma jovem delicada) que a traduzia para a linguagem de sinais. Todos sabíamos que os verdadeiros destinatários da tradução não eram os surdos, mas aqueles que podiam ouvir: a verdadeira mensagem era que o partido defendia os deficientes. Era como os grandes espetáculos de caridade que não têm realmente a ver com crianças com câncer ou vítimas de uma inundação, mas cujo objetivo é fazer saber a nós, o público, que estamos fazendo uma coisa boa e mostrando solidariedade.

Agora podemos ver por que a gesticulação de Jantjie teve um efeito tão extraordinário quando se tornou claro que ela não tinha sentido: o que ele nos fez confrontar foi a verdade da tradução da linguagem de sinais – não importa se há surdos assistindo: o tradutor está ali para fazer com que nós que não compreendemos essa linguagem nos sintamos bem. E isso também não seria válido para o funeral de Mandela? Todas as lágrimas de crocodilo das autoridades foram um exercício de autocongratulação, e Jantjie as traduziu no que elas realmente eram: frivolidades. O que os líderes mundiais celebraram foi o exitoso adiamento da verdadeira crise que vai explodir quando os negros sul-africanos que continuam destituídos se tornarem um agente político coletivo. Essas massas de negros pobres foram o Primeiro Ausente para quem Jantjie estava sinalizando, e sua mensagem era que as autoridades realmente não dão a mínima. Por meio de sua falsa tradução, Jantjie tornou palpável a falsidade de toda aquela cerimônia.

Se quisermos permanecer fiéis ao legado de Mandela, devemos esquecer as lágrimas de crocodilo comemorativas e nos concentrar nas promessas irrealizadas que sua liderança ensejou. Podemos presumir com segurança que, por conta de sua indubitável grandeza moral e política, ele tivesse toda a consciência de que seu próprio triunfo político e sua elevação à categoria de herói universal mascaravam uma derrota amarga. Sua glória universal é também um sinal de que ele realmente não perturbou a ordem global de poder.

O problema aqui, mais uma vez, é saber precisamente o que significa esse "muito mais" (mudar mais a sociedade do que torná-la apenas uma democracia liberal). Todo mundo conhece o gracejo de Winston Churchill sobre a democracia, com frequência citado: "A democracia é o pior regime possível, salvo todos os outros." O que Churchill realmente disse (na Câmara dos Comuns em 11 de novembro de 1947) foi ligeiramente menos paradoxal e espirituoso: "Muitas formas de governo têm sido experimentadas e o serão neste mundo de pecado e miséria. Ninguém imagina que a democracia seja perfeita ou onisciente. Com efeito, tem-se dito que a democracia é a pior forma de governo, salvo todas as outras que têm sido experimentadas de tempos em tempos."[24] A lógica subjacente se expressa de forma mais clara quando aplicamos ao preceito de Churchill a "fórmula da sexuação" de Lacan e o reformulamos da seguinte maneira: "A democracia é o pior de todos os sistemas; entretanto, comparado a ele, qualquer outro sistema é pior." Se tomarmos todos os sistemas possíveis e os avaliarmos como um todo em termos de valor, a democracia será o pior e ficará no final; se, contudo, compararmos a democracia com todos os outros sistemas, um por um, ela será melhor que qualquer um deles.[25] Algo semelhante não é válido (ou parece ser) para o capitalismo? Se o analisarmos de forma abstrata, tentando situá-lo na hierarquia de todos os sistemas possíveis, ele vai parecer o pior – caótico, injusto, destrutivo. Entretanto, se o compararmos de forma concreta, pragmática, a qualquer alternativa que seja, ele será melhor que qualquer outro.

Esse desequilíbrio "ilógico" entre o universal e o particular é uma indicação direta da eficiência da ideologia. Uma pesquisa de opinião feita nos Estados Unidos no final de junho de 2012, pouco antes da decisão da Suprema Corte sobre a reforma da saúde de Obama, mostrou que "a grande maioria aprova a maior parte do que está na lei": "A maioria dos norte-americanos se opõe à reforma da saúde proposta pelo presidente Barack Obama ainda que apoie decididamente a maior parte de suas cláusulas, como uma pesquisa Reuters/Ipsos mostrou no domingo, dias antes de a Suprema Corte decidir se a lei deveria valer. Os resultados da pesquisa indicam que os republicanos estão convencendo os eleitores a rejeitar a reforma de Obama mesmo que gostem da maior parte de seu conteúdo, como permitir que os filhos permaneçam protegidos pelo seguro de seus pais até a idade de 26 anos."[26] Encontramos aqui a ideologia em seu estado mais puro: a maioria quer comer o bolo (ideológico) e ao mesmo tempo ficar com ele. Querem os lucros reais da reforma da saúde ao mesmo tempo que rejeitam sua forma ideológica (que percebem como uma ameaça à "liberdade de escolha") – rejeitam a água, mas aceitam o H_2O, ou melhor, rejeitam a fruta (o conceito desta), mas querem maçãs, ameixas e morangos.

O fascínio do sofrimento

Uma forma de resolver (ou pelo menos neutralizar) essas confusões é fazer uma referência direta ao sofrimento humano: é certo que podemos intervir para aliviá-lo? Entretanto, tudo que há de falso na ideia e na prática das intervenções humanitárias veio a nu diante do exemplo da Síria. Há um ditador perverso que está usando gases venenosos contra seu próprio povo – mas quem se opõe a esse regime? Parece que o que restava da resistência secular-democrática agora afundou no caos de grupos fundamentalistas islâmicos apoiados pela Turquia e pela Arábia Saudita, com forte presença velada da Al-Qaeda. (Lembremos que, um ano atrás, um clérigo saudita de alto escalão incitou as meninas muçulmanas a irem para a Síria e apoiarem os rebeldes oferecendo-se como objeto de estupro coletivo, uma vez que os rebeldes precisavam satisfazer-se sexualmente!)

Quanto a Assad, sua Síria pelo menos fingia ser um Estado secular, de modo que não admira que cristãos e outras minorias tendam agora a ficar do lado dele contra os rebeldes sunitas. Em suma, estamos lidando com um conflito obscuro, vagamente semelhante à revolta dos líbios contra Kadafi – não há apostas políticas claras nem sinais de uma ampla coalizão emancipatório-democrática, apenas uma complexa rede de alianças étnicas e religiosas sobredeterminada pela influência de superpotências (Estados Unidos e Europa ocidental de um lado, Rússia e China do outro). Em tais condições, qualquer intervenção militar direta representa uma loucura política com riscos incalculáveis. E se os radicais islâmicos tomarem o poder após a queda de Assad? Os Estados Unidos repetirão o erro que cometeram no Afeganistão de armar os futuros quadros da Al-Qaeda e do Talibã?

Numa situação confusa como essa, a intervenção militar só pode ser justificada pelo oportunismo de curto prazo, autodestrutivo. A indignação moral que poderia fornecer um pretexto racional para a compulsão de intervir ("Não podemos permitir o uso de gases venenosos contra civis!") é falsa e obviamente nem mesmo se leva a sério. (Como sabemos agora, os Estados Unidos mais que toleraram o uso de gases venenosos contra o exército iraniano por Saddam Hussein, fornecendo-lhe imagens de satélite do inimigo para ajudá-lo – onde estavam então as preocupações morais?) Confrontados com uma ética estranha que justifica ficar do lado de um grupo fundamentalista criminoso contra outro, não podemos senão concordar coma reação de Ron Paul à defesa, por John McCain, de uma ampla intervenção: "Com políticos como esses, quem precisa de terroristas?"[27]

A luta na Síria é, em última instância, uma luta falsa, um conflito em relação ao qual deveríamos nos manter indiferentes. A única coisa que se deve ter em mente é que essa pseudoluta prospera em função do Terceiro Ausente, uma forte oposição radical-emancipatória cujos elementos eram claramente perceptíveis no Egito. Nada de realmente especial está acontecendo na Síria, exceto pelo fato de a China estar mais próxima de se tornar uma nova superpotência mundial enquanto seus concorrentes enfraquecem ativamente uns aos outros.

Uma vez mais, porém, que dizer do aspecto humanitário, do sofrimento de milhões? Muitas vezes, é impossível não ficarmos chocados com o excesso de indiferença em relação ao sofrimento, mesmo e sobretudo quando esse sofrimento é amplamente divulgado pela mídia e condenado, como se a própria indignação causada pelo sofrimento nos transformasse em espectadores imobilizados, fascinados. Relembremos, no início da década de 1990, o cerco de Sarajevo, que durou três anos, com a população passando fome, exposta permanentemente a bombardeios e à ação de atiradores de elite. O grande dilema aqui é: embora a mídia apresentasse muitas fotografias e reportagens, por que as forças da ONU, da OTAN ou dos Estados Unidos não conseguiram realizar a pequena ação de *romper o cerco de Sarajevo*, impor a abertura de um corredor por onde pessoas e suprimentos pudessem passar livremente? Não teria custado nada: com um pouquinho de pressão séria sobre as forças sérvias, o prolongado espetáculo de uma Sarajevo cercada, exposta a doses diárias de terror, teria terminado. (Num caso semelhante, Radovan Karadžić mencionou certa vez numa entrevista como tinha ficado surpreso pelo fato de as forças da OTAN não terem dividido o território sérvio na Bósnia em duas partes: a única passagem entre as áreas leste e oeste era uma trilha estreita que poderia ter sido facilmente ocupada por uma pequena unidade de paraquedistas da OTAN, e a parte oeste do território sérvio na Bósnia teria sido sufocada e derrotada. Também se deve observar o que Karadžić disse no início da guerra da pós-Iugoslávia: o que os sérvios da Bósnia desejam é metade do território com menos de 10% de habitantes não sérvios – e foi exatamente o que obtiveram em Dayton!) Só existe uma resposta para esse enigma, aquela proposta por Rony Brauman, que, em nome da Cruz Vermelha, coordenou a ajuda a Sarajevo: a própria apresentação da crise de Sarajevo como "humanitária", a própria recategorização do conflito político-militar em termos humanitários, era sustentada por uma escolha eminentemente *política* (basicamente, ficando do lado dos sérvios nesse conflito):

> A comemoração da "intervenção humanitária" na Iugoslávia assumiu o papel de um discurso político, desqualificando antecipadamente todo o debate conflituoso ... Ao que parece não foi possível, para François Mitterrand, expressar essa análise da guerra na Iugoslávia. Com uma reação estritamente humanitária, ele descobriu uma fonte inesperada de comunicação ou, mais precisamente, de cosméticos, o que é mais ou menos a mesma coisa ... Mitterrand permaneceu favorável à manutenção da Iugoslávia dentro de suas fronteiras e foi persuadido de que só um governo sérvio poderoso estaria na posição de garantir certa estabilidade nessa região explosiva. Essa posição logo se tornou inaceitável aos olhos do povo francês. Toda essa movimentação e o discurso humanitário permitiram-lhe, no final, reafirmar o compromisso inelutável da França com os Direitos do Homem e encenar uma oposição ao fascismo da Grande Sérvia, esforçando-se ao máximo para lhe dar rédeas livres.[28]

Esse tipo de solidariedade pelas vítimas, que politicamente implica o apoio àqueles que as tornaram vítimas, está longe de ser uma exceção: o próprio fascínio que nos desperta sua condição nos imobiliza, transformando-nos em observadores impassíveis e assim reduzindo nossa capacidade de interferir politicamente. Uma vez mais, como quebrar o feitiço desse fascínio mórbido?

Raiva e depressão na aldeia global

Um século atrás, G.K. Chesterton fez alguns comentários úteis sobre os movimentos em favor de uma mudança social radical:

> Indaguemos a nós mesmos, em primeiro lugar, o que realmente desejamos, não aquilo que as recentes decisões jurídicas nos fizeram desejar, ou que as recentes filosofias lógicas provaram que devemos desejar, nem tampouco o que as recentes profecias sociais predisseram que poderemos desejar algum dia … Se é para haver socialismo, que ele seja social; ou seja, tão diferente quanto possível de todos os grandes departamentos comerciais de hoje. O verdadeiro alfaiate artesanal não corta o seu casaco de acordo com o tecido que tem; pede mais tecido. O verdadeiro estadista prático não se ajusta às condições existentes, mas as denuncia como inadequadas.[29]

Essa consequência lógica (talvez idealizada demais e, portanto, falsa) é o que está conspicuamente ausente da raiva que explode hoje por toda a Europa – essa raiva, diz Franco Bifo Berardi,

> é impotente e inconsequente, já que a consciência e a ação coordenada parecem estar além do alcance da sociedade atual. Vejam a crise europeia. Nunca em nossas vidas tivemos uma situação tão cheia de oportunidades revolucionárias. Nunca em nossas vidas fomos tão impotentes. Nunca intelectuais e militantes estiveram tão silenciosos, tão incapazes de encontrar uma forma de apresentar uma nova direção possível.[30]

Berardi situa a origem dessa impotência na velocidade explosiva do funcionamento do grande Outro (a substância simbólica de nossas vidas) e na lentidão da reatividade humana (em função da cultura, da corporalidade, das doenças e assim por diante): "o regime liberal de longa duração solapou as bases culturais da civilização social, que era o cerne progressista da modernidade. E isso é irreversível. Temos de confrontá-lo."[31] Surtos de raiva impotente são o testemunho dos efeitos devastadores de uma ideologia capitalista global que combina o individualismo hedonista com o trabalho frenético, competitivo, fechando assim o espaço à ação coletiva coordenada. Lembremos a grande onda de protestos que irrompeu por toda a Europa em 2011, da Grécia à Espanha e de Londres a Paris. Mesmo que dificilmente houvesse algum projeto político consistente a mobilizar os manifestantes, esses protestos funcionaram como parte de um processo educacional em ampla escala: a miséria e a insatisfação dos manifestantes foram transformadas num grande ato de mobilização coletiva – centenas de milhares de pessoas reuniram-se em praças públicas, proclamando que não aguentavam mais, que as coisas não poderiam continuar como estavam. Entretanto, embora esses protestos constituam os indivíduos que deles participam como sujeitos políticos universais, permanecem no nível da universalidade puramente formal. O que essas manifestações representam é um gesto puramente negativo de rejeição raivosa e uma demanda igualmente abstrata por justiça, faltando-lhes a capacidade de traduzir essa demanda num projeto político concreto. Em suma, esses protestos ainda não foram atos políticos adequados, mas sim demandas abstratas endereçadas a um Outro do qual se espera a ação. Que pode ser feito numa situação como essa, em que manifestações e mesmo eleições democráticas são inúteis? Apenas o recuo, a passividade e o abandono das ilusões podem abrir um novo caminho: "Somente comunidades autossuficientes que abandonam o campo da competição social podem abrir o caminho para uma nova esperança."[32]

Não se pode deixar de perceber a cruel ironia desse contraste entre Berardi e Hardt/Negri. Os últimos celebram o "capitalismo cognitivo" como responsável por abrir um caminho em direção à "democracia absoluta", uma vez que o objeto – a "substância"–, do trabalho imaterial é cada vez mais constituído de relações sociais: "O que a multidão produz não são apenas bens ou serviços; ela também produz, o que é mais importante, a cooperação, a comunicação, formas de vida e relações sociais."[33] Em suma, a produção imaterial é diretamente biopolítica, a produção da vida social. Marx enfatizou que a produção material também é sempre a (re)produção das relações sociais dentro das quais ela ocorre; com o capitalismo atual, contudo, a produção de relações sociais é a finalidade/objetivo imediato da produção: "Essas novas formas de trabalho ... apresentam novas possibilidades para o autogerenciamento econômico, uma vez que os mecanismos de cooperação necessários para a produção estão contidos no próprio trabalho."[34] A aposta de Hardt e Negri é que essa produção imaterial diretamente socializada não apenas torna os proprietários progressivamente supérfluos (quem precisa deles quando a produção é diretamente social, tanto na forma quanto no conteúdo?); os produtores também dominam a regulação do espaço social, já que as relações sociais (a política) *são* a substância de seu trabalho: a produção econômica torna-se produção política, a produção da própria sociedade. Isso abre caminho à "democracia absoluta", permitindo aos produtores regular diretamente suas relações sociais, superando a representação democrática. A ilusão que aqui opera foi sucintamente formulada por Althusser quando observou que Marx jamais conseguiu abandonar a "ideia mítica do comunismo como *um modo de produção sem relações de produção*; no comunismo, o livre desenvolvimento dos indivíduos assume o lugar das relações sociais no modo de produção".[35] Será que essa ideia do comunismo como "modo de produção sem relações de produção" não é também o que motiva Negri e Hardt? Quando as relações sociais (inclusive as relações de produção) são diretamente resultantes da produção social, não são mais propriamente relações sociais (ou seja, um arcabouço estrutural, dado de antemão, dentro do qual tem lugar a produção social), mas se tornam diretamente planejadas e produzidas e, como tal, transparentes por completo. Essa posição encontra sua expressão mais clara no movimento aceleracionista, baseado na premissa de que a única resposta política radical ao capitalismo não é o protesto, a agitação ou a crítica, não é resistir em nome de antigas formas de vida comunal ameaçadas pelo agressivo poder capitalista, não é esperar sua dissolução devido a suas próprias contradições, mas acelerar suas tendências desagregadoras, alienantes, decodificadoras, abstrativas.[36]

A conclusão de Berardi é exatamente oposta: longe de trazer uma potencial transparência à vida social, o atual "capitalismo cognitivo" a torna mais impenetrável do que nunca, solapando as próprias condições subjetivas de qualquer forma de solidariedade coletiva do "cognitariado".[37] O que é sintomático aqui é a forma como o mesmo aparato conceitual leva a duas conclusões radicalmente opostas. Berardi nos previne contra o que chama de "evangelho da desterritorialização hiperdinâmica" deleuziano – para ele, se não formos capazes de abandonar a compulsão do sistema, a brecha entre a dinâmica frenética por ele imposta e nossas limitações corporais e cognitivas mais cedo ou mais tarde poderá nos levar à depressão. Berardi faz essa afirmação a propósito de Félix Guattari, seu amigo que pregava o evangelho teórico da desterritorialização hiperdinâmica ao mesmo o tempo que pessoalmente sofria com longos períodos de depressão:

> Na verdade, o problema da depressão e da exaustão nunca é elaborado de maneira explícita por Guattari. Vejo aqui um problema crucial da teoria do desejo: a negação da questão dos limites na esfera orgânica ... A noção do "corpo sem órgãos" sugere a ideia de que o organismo não é algo que se possa definir, mas um processo de exceder, ultrapassar uma fronteira, "devir outro". Esse é um ponto crucial, mas também perigoso ... Que corpo, que mente está passando por uma transformação e se tornando alguma coisa? Que invariante subjaz ao processo de vir a ser outro? Caso se queira responder essa pergunta, é preciso reconhecer a morte, a finitude e a depressão.[38]

Depressão, finitude e exaustão não constituem categorias empírico-psicológicas, mas indicações de uma limitação ontológica básica. Quando Berardi fala de depressão, refere-se propriamente à interpelação, ou seja, uma reação do animal humano à Causa que nos importuna, especificamente à interpelação do capitalismo tardio, mas *também* à mobilização emancipatória. A crítica da representação política como uma alienação apassivadora (em vez de permitir que outros falem por elas, as pessoas deveriam se organizar diretamente em associações) atinge aqui o seu limite. A ideia de uma sociedade organizadora em sua totalidade como rede de associações é uma utopia que ofusca uma tripla impossibilidade:[39]

- há numerosos casos em que representar (falar por) outros é uma necessidade; é cinismo dizer que as vítimas de violência em larga escala, de Auschwitz a Ruanda (e os doentes mentais, as crianças etc., para não mencionar os animais expostos ao sofrimento), deveriam se organizar e falar por si mesmas;
- quando efetivamente conseguimos a mobilização maciça de centenas de milhares de pessoas que se auto-organizam horizontalmente (praça Tahrir, parque Gezi...), não podemos esquecer que elas continuam sendo uma minoria e que a maioria silenciosa fica de fora, não representada (foi assim que, no Egito, a maioria silenciosa derrotou a multidão da praça Tahrir e elegeu a Irmandade Muçulmana);
- o engajamento político permanente é por tempo limitado: depois de algumas semanas ou, raramente, meses, a maioria se desassocia e o problema é preservar os resultados do levante quando as coisas voltam ao normal.

Seria isso simplesmente uma rendição resignada à estrutura de poder hegemônica? Não. Não há nada de inerentemente "conservador" em ficar cansado das demandas esquerdistas usuais por mobilização permanente e participação ativa, demandas que seguem a lógica do superego – quanto mais obedecemos a elas, mais somos culpados. A batalha tem de ser ganha *aqui*, no domínio da passividade dos cidadãos, quando as coisas voltam ao normal na manhã seguinte às extasiantes revoltas; é (relativamente) fácil montar um extasiante espetáculo de unidade sublime, mas como é que as pessoas comuns vão perceber a diferença em suas vidas cotidianas? Não admira que os conservadores gostem de ver explosões sublimes de tempos em tempos – elas lembram às pessoas que nada pode realmente mudar, que as coisas voltam ao normal no dia seguinte.

E tem mais: a própria natureza está em desordem hoje em dia, não por sobrecarregar nossas capacidades cognitivas, mas basicamente por não sermos capazes de dominar os efeitos de nossas intervenções em seu curso – quem sabe quais serão as principais consequências de nossa engenharia biogenética ou do aquecimento global? A surpresa vem de nós mesmos e diz respeito à opacidade do modo como nos encaixamos nesse quadro. É contra esse pano de fundo que se deveria entender a tese de Jacques Lacan: "*Il y a un grand désordre dans le réel*" (Há uma grande desordem no real).[40] É assim que Miller caracteriza a forma como a realidade nos aparece se vivenciamos o impacto total de dois agentes fundamentais: a ciência e o capitalismo modernos. A natureza como o real em que tudo, das estrelas ao sol, sempre volta a seu lugar apropriado, como o domínio de ciclos amplos e confiáveis e das leis estáveis que os regulam, está sendo substituída por um real profundamente contingente, um real fora da Lei, um real que está permanentemente revolucionando suas próprias regras, um real que resiste a qualquer inclusão num Mundo (universo de significado) totalizado, motivo pelo qual Badiou caracteriza o capitalismo como a primeira civilização sem mundo.

Como deveríamos reagir a essa constelação? Deveríamos assumir uma abordagem defensiva e buscar um novo limite, um retorno a (ou melhor, a invenção de) um novo equilíbrio? Isso é o que a bioética se empenha em fazer com respeito à biotecnologia e o motivo pelo qual as duas formam um par: a biotecnologia busca novas possibilidades de intervenção científica (genética, manipulações, clonagem) e a bioética impõe limites morais àquilo que a biotecnologia nos habilita a fazer. Como tal, a bioética não é imanente à prática científica; ela intervém nessa prática a partir de fora, impondo-lhe uma moral externa. Mas a bioética não é precisamente a traição da ética imanente ao empreendimento científico, a ética do "não transija em seu desejo científico, mas siga inexoravelmente o caminho deste"? O lema dos manifestantes de Porto Alegre, "Um outro mundo é possível", propõe um novo limite, e, neste ponto, até a ecologia se oferece como provedor deste ("Não podemos avançar mais em nossa exploração da natureza, ela não vai tolerar, vai entrar em colapso"). Ou deveríamos seguir o passo oposto mencionado antes (de Deleuze e Negri, entre outros), obedecendo à lei capitalista de apropriação da mais-valia, de modo que a tarefa não seja limitar, mas forçá-la a ultrapassar seus limites? Em outras palavras, deveríamos correr o risco de parafrasear o conhecido lema de Mao Tsé-Tung: há uma desordem no real, de modo que a situação é excelente? Talvez o caminho a seguir seja esse, embora não exatamente no sentido proposto por Deleuze e Negri ao celebrarem a desterritorialização? Miller afirma que o Real puro, sem lei, resiste à apreensão simbólica, de modo que deveríamos estar sempre conscientes de que nossas tentativas de conceituá-lo são meras fachadas, elucubrações defensivas – mas e se ainda existir uma *ordem* subjacente que gera essa desordem, uma matriz que lhe fornece as coordenadas? É isso que também explica a repetitiva similaridade da dinâmica capitalista: quanto mais as coisas mudam, mais continuam as mesmas. E também é por isso que o reverso da estonteante dinâmica capitalista é uma ordem de dominação hierárquica claramente reconhecível.

Mamihlapinatapei

Deveríamos acompanhar T.J. Clark[41] em sua rejeição à noção escatológica do Futuro que o marxismo herdou da tradição cristã, e cuja versão mais concisa foi apresentada nos conhecidos versos de Hölderlin: "Mas onde está o perigo também cresce o poder de salvar." Talvez resida aí a lição das assustadoras experiências da esquerda no século XX, cuja ação nos compele a retornar de Marx a Hegel, ou seja, da escatologia revolucionária marxista à trágica visão de Hegel de uma história que permanece sempre radicalmente aberta, já que o processo histórico sempre redireciona nossa atividade numa direção inesperada. Talvez a esquerda devesse aprender plenamente a aceitar a "alienação" básica do processo histórico: não podemos controlar as consequências de nossos próprios atos – não porque sejamos apenas marionetes nas mãos de um Mestre ou Destino secreto que maneja os cordões, mas precisamente pelo motivo oposto: não existe um grande Outro, um agente da responsabilidade plena que possa levar em conta as consequências de nossas próprias ações. Essa aceitação da "alienação" não envolve de modo algum um distanciamento cínico; implica uma posição totalmente engajada e consciente dos riscos envolvidos – não existe uma Necessidade histórica mais elevada cujos instrumentos sejamos nós e que garanta o resultado final de nossas intervenções. Desse ponto de vista, nosso desespero diante do dilema atual aparece sob uma nova luz: temos de renunciar ao próprio esquema escatológico que determina o nosso desespero. Jamais haverá uma esquerda que transforme magicamente revoltas e protestos confusos num grande e consistente Projeto de Salvação; tudo que temos é nossa atividade, aberta a todos os riscos de uma história contingente. Franco Berardi afirmou isso apaixonadamente com respeito aos atuais eventos na Grécia: "Rejeito toda consideração dos atuais eventos. De certo modo, rejeito conscientemente a possibilidade de que o mundo de hoje possa ser melhorado, já que é preciso não ter mais nenhuma esperança para podermos enxergar novas possibilidades."[42]

Significa isto que devemos simplesmente abandonar o tema (e a experiência) de "viver no fim dos tempos", de nos aproximar do apocalíptico ponto sem retorno em que "as coisas não podem continuar mais assim"? Que devemos substituí-lo pela feliz visão "pós-metafísica", de caráter liberal-progressista, de modestas intervenções pragmáticas, arriscadas mas cautelosas? Não, a coisa a fazer é separar a experiência apocalíptica da escatologia: agora que nos aproximamos de uma espécie de ponto zero – ecológica, econômica e socialmente – as coisas vão mudar, e a mudança será mais radical se não fizermos coisa alguma, mas não existe à nossa frente uma curva escatológica que aponte para o ato de Salvação global. Em política, um Evento autêntico não é aquele que os marxistas tradicionais estão esperando (o grande Despertar do Sujeito revolucionário), mas algo que ocorre como um episódio colateral imprevisto. Lembremos que, apenas alguns meses antes do levante revolucionário de 1917 na Rússia, Lênin fez um discurso para membros da juventude socialista suíça no qual afirmou que a geração deles poderia ser a primeira a testemunhar, dentro de algumas décadas, uma revolução socialista.

Permitam-me assim concluir retornando aos protestos em dois países vizinhos, Grécia e Turquia. À primeira vista, podem parecer inteiramente diferentes: a Grécia envolvida numa ruinosa política de austeridade, enquanto a Turquia atravessa um boom econômico e emerge como nova superpotência regional. Mas e se cada Turquia gerasse e contivesse sua própria Grécia, suas próprias ilhas de miséria? Em uma de suas "Elegias de Hollywood", Brecht escreveu sobre essa aldeia, como ele a chama:

> A aldeia de Hollywood foi planejada segundo a noção
> Que as pessoas desse lugar fazem do céu. Nesse lugar
> Chegaram à conclusão de que Deus,
> Necessitando de um inferno e de um céu, não precisou
> Planejar dois estabelecimentos, mas
> Apenas um: o céu. Este
> Funciona, para os pobres e desafortunados,
> Como inferno.[43]

Será que o mesmo é válido para a aldeia global de hoje, exemplarmente para aldeias como o Qatar ou Dubai, com glamour para os ricos e semiescravidão para os trabalhadores imigrantes? Não admira, então, que um olhar mais de perto revele a similaridade oculta entre a Turquia e a Grécia: privatização, fechamento dos espaços públicos, pulverização dos serviços sociais, emergência de uma política autoritária (compare-se a ameaça de fechar a TV pública na Grécia com os sinais de censura na Turquia). Nesse nível elementar, os manifestantes dos dois países estão envolvidos na mesma luta. O verdadeiro evento teria sido, assim, coordenar as duas lutas, rejeitar tentações "patrióticas", recusar preocupar-se com as preocupações dos outros (com a Grécia e a Turquia como inimigos históricos) e organizar manifestações comuns de solidariedade.

Talvez o próprio futuro dos protestos dependa da capacidade de organizar essa solidariedade global. A língua fueguina falada em algumas partes do Chile tem a maravilhosa palavra *mamihlapinatapei*: um olhar trocado entre duas pessoas – digamos, em nosso caso, um manifestante grego e um manifestante turco –, ambas interessadas em estabelecer contato, mas nenhuma delas disposta a tomar a iniciativa. Mas alguém precisa correr o risco e fazê-lo. E os eventos atuais na Ucrânia também poderiam ser interpretados a essa luz.

Lênin na Ucrânia

Nas reportagens de TV sobre os grandes protestos em Kiev contra o governo Yanukovich, vimos repetidas vezes manifestantes enraivecidos derrubando estátuas de Lênin. Esses ataques furiosos são compreensíveis, já que essas estátuas funcionavam como símbolos da opressão soviética, e a Rússia de Putin é vista como o prosseguimento da política soviética de submeter os países vizinhos à dominação russa. Também se deve ter em mente o momento histórico preciso em que as estátuas de Lênin começaram a proliferar pela União Soviética: antes de 1956, as de Stálin eram muito mais numerosas, e só naquele ano, depois de Stálin ter sido denunciado no XX Congresso do Partido Comunista, é que elas foram substituídas *en masse* pelas de Lênin. Este foi literalmente um substituto de Stálin, como ficou claro graças a algo estranho que aconteceu em 1962 na primeira página do *Pravda*, o jornal oficial soviético:

> Lênin apareceu na manchete principal do *Pravda* em 1945 (pode-se sugerir, especulativamente, que apareceu ali para reafirmar a autoridade de Stálin sobre o Partido – à luz da força potencialmente perturbadora dos soldados retornados, que tinham visto tanto a morte quanto a Europa burguesa, e à luz dos mitos correntes de que Lênin havia advertido sobre Stálin em seu leito de morte). Em 1961 – quando, no XXII Congresso do Partido Comunista, Stálin foi publicamente denunciado – duas imagens de Lênin subitamente aparecem na primeira página, como se o estranho Lênin duplicado estivesse ocultando o saudoso "outro líder" que na verdade nunca estivera ali![44]

Por que, então, dois perfis idênticos de Lênin publicados lado a lado? Nessa estranha repetição, Stálin estava de certo modo, em sua ausência, mais presente do que nunca, uma vez que sua fantasmagórica presença era a resposta a uma pergunta óbvia: "Por que mostrar dois Lênins em vez de um?"

De qualquer forma, foi profundamente irônico ver os ucranianos derrubando estátuas de Lênin como símbolo de sua disposição de romper com o domínio soviético e afirmar sua soberania nacional: a era de ouro da identidade nacional ucraniana não foi a da Rússia czarista (em que a autoafirmação da Ucrânia como nação foi restringida), mas a primeira década da União Soviética, quando foi estabelecida sua identidade nacional plena. Eis o texto da Wikipédia sobre a Ucrânia na década de 1920:

> A guerra civil que acabou levando o governo soviético ao poder devastou a Ucrânia. Deixou cerca de 1,5 milhão de mortos e centenas de milhares desabrigados. Além disso, a Ucrânia soviética teve de enfrentar a fome de 1921. Vendo uma Ucrânia exaurida, o governo soviético permaneceu muito flexível durante a década de 1920. Assim, sob a égide da política de ucranização aplicada pela liderança nacional comunista de Mikola Skripnik, os líderes soviéticos estimularam um renascimento nacional nas artes e na literatura. A cultura e a língua ucranianas tiveram uma revitalização, e a ucranização tornou-se a forma local de implementação da política geral soviética de "*korenização*" (literalmente, *indigenização*). Os bolcheviques também estavam engajados na introdução da assistência médica, da educação e da seguridade social universais, assim como do direito ao trabalho e à moradia. Os direitos das mulheres se ampliaram muito por meio de novas leis destinadas a eliminar desigualdades seculares. A maioria dessas políticas foi drasticamente revertida no início da década de 1930, quando Josef Stálin gradualmente consolidou seu poder para se tornar o verdadeiro líder do Partido Comunista.

Essa "indigenização" seguiu os princípios formulados por Lênin em termos bastante explícitos:

> O proletariado não pode deixar de lutar contra a retenção forçada das nações oprimidas dentro das fronteiras de determinado Estado, e é exatamente isso que significa a luta pelo direito à autodeterminação. O proletariado

> deve exigir o direito de secessão política das colônias e das nações que "sua própria" nação oprime. A menos que o faça, o internacionalismo proletário continuará sendo uma expressão carente de sentido; a confiança mútua e a solidariedade de classe entre os trabalhadores das nações opressoras e oprimidas serão impossíveis.[45]

Lênin permaneceu fiel a essa posição até o fim: logo depois da Revolução de Outubro, ele se envolveu numa polêmica com Rosa Luxemburgo, que defendia que as pequenas nações só obteriam a soberania plena se as forças progressistas predominassem no novo Estado, enquanto Lênin sustentava o direito incondicional à secessão, mesmo que os "vilões" estivessem no poder no novo Estado. Em sua última luta contra o projeto de Sálin de uma União Soviética centralizada, Lênin defendeu uma vez mais o direito incondicional de pequenas nações se separarem (no caso, era a Geórgia que estava em jogo), insistindo na soberania plena das entidades nacionais que compunham o Estado soviético. Não admira que, em 17 de setembro de 1922, numa carta aos membros do Politburo, Stálin acusasse Lênin abertamente de defender o "nacional-liberalismo". A direção em que sopravam os ventos de Stálin era clara a partir da forma como ele propôs aplicar a decisão de simplesmente proclamar o governo da Rússia Soviética como o governo das cinco outras repúblicas (Ucrânia, Bielorrússia, Azerbaijão, Armênia e Geórgia):

> Se a presente decisão for confirmada pelo Comitê Central do PCR, não será tornada pública, mas comunicada aos Comitês Centrais das Repúblicas para circular entre os órgãos soviéticos, os Comitês Centrais Executivos ou o Congresso dos Sovietes das ditas Repúblicas antes da convocação do Congresso dos Sovietes de Toda a Rússia, em que será proclamada como sendo o desejo dessas Repúblicas.[46]

A interação da autoridade suprema (o Comitê Central) com sua base foi abolida de modo que essa autoridade pudesse impor sua vontade, e, para piorar a situação, essa relação virou de cabeça para baixo: o Comitê

Central decidia o que a base iria pedir que a autoridade maior executasse, como se fosse um desejo próprio. Lembremos o exemplo mais conspícuo desse tipo de encenação, ocorrido em 1939, quando os três Estados bálticos livremente pediram para se juntar à União Soviética, que aceitou o pedido. O que Stálin fez no início da década de 1930 foi simplesmente um retorno à política pré-revolucionária (por exemplo, como parte dessa guinada, a colonização da Sibéria e da Ásia islâmica pela Rússia não foi mais condenada como expansão imperialista, mas celebrada como a introdução de uma modernização contínua que sacudiu a inércia dessas sociedades tradicionais). E a política externa de Putin é uma clara continuação dessa linha czarista-stalinista. De acordo com ele, após a Revolução Russa de 1917 foi a vez de os bolcheviques prejudicarem os interesses russos:

> Os bolcheviques, por uma série de razões – que Deus os julgue –, acrescentaram amplas áreas do histórico sul da Rússia à República da Ucrânia. Isso foi feito sem que se considerasse a formação étnica da população, e hoje em dia essas áreas constituem o sudeste da Ucrânia.[47]

Não admira que agora vejamos novamente retratos de Stálin durante paradas militares e comemorações públicas, enquanto Lênin foi apagado. Numa grande pesquisa de opinião feita alguns anos atrás, Stálin foi considerado o terceiro russo mais importante de todos os tempos, enquanto Lênin sequer apareceu. Stálin não é celebrado como um comunista, mas como um restaurador da grandeza da Rússia após o impatriótico "desvio" de Lênin. Putin recentemente referiu-se aos condados do sudeste da Ucrânia como *Novorussiya* (Nova Rússia), ressuscitando um termo que não era usado desde 1917. A tendência leninista, embora reprimida, continuou a existir na oposição comunista subterrânea a Stálin. Os críticos comunistas do stalinismo certamente estavam cheios de ilusões, mas, como assinalou Christopher Hitchens, muito antes de Soljenitsin, "as perguntas cruciais referentes ao gulag estavam sendo feitas por oposicionistas de esquerda, de Boris Souvarine e Victor Serge a C.L.R. James, em tempo real e com grande perigo. Esses hereges corajosos e prescientes foram de certa forma excluídos da história (eles esperavam coisas muito piores do que isso, e frequentemente as receberam)".[48] Esse movimento crítico de grande escala era inerente ao movimento comunista, em evidente contraste com o fascismo. Como diz Hitchens: "ninguém pode ser forçado a gastar muita energia imaginando se o fascismo poderia se tornar algo melhor, dadas circunstâncias mais propícias. E não havia dissidentes no Partido Nazista arriscando a vida ao afirmar que o Führer havia traído a verdadeira essência do Nacional-Socialismo."[49] Precisamente por causa dessa tensão imanente no próprio cerne do movimento comunista, o lugar mais perigoso para se estar à época dos terríveis expurgos da década de 1930 na União Soviética era o topo da *nomenklatura*: em poucos anos, 80% dos membros do Comitê Central e do comando do Exército Vermelho foram mortos.[50] Além disso, não se deve subestimar o potencial totalitário, assim como a brutalidade explícita, das forças brancas, contrarrevolucionárias, durante a Guerra Civil. Se estas tivessem vencido, diz Hitchens (repetindo uma afirmação feita por Trótski),

> a palavra comum para designar o fascismo seria russa, não italiana. *Os Protocolos dos Sábios de Sião* foram trazidos para o Ocidente por imigrantes russos brancos ... O major-general William Graves, que comandou a Força Expedicionária Americana durante a invasão da Sibéria em 1918 (um evento profundamente maquiado em todos os livros didáticos norte-americanos), escreveu em suas memórias sobre o antissemitismo letal e onipresente que dominava a direita russa e acrescentou: "Duvido que a história venha a mostrar algum país do mundo nos últimos cinquenta anos em que o assassinato pudesse ser cometido com tanta segurança, e com menos perigo de punição, do que na Sibéria sob o domínio de Kolchak.[51]

Não admira que Kolchak tenha sido recentemente celebrado como um ilustre patriota e soldado russo num filme épico-biográfico, *Almirante* (2008), dirigido por Andrei Kravchuk. E como que ecoando esse passado sombrio, toda a direita neofascista europeia (na Hungria, na França, na Itália e na Sérvia) está apoiando firmemente a Rússia na atual crise ucraniana, que desmente a apresentação oficial russa do referendo na Crimeia como uma escolha entre a democracia russa e o fascismo ucraniano. Os atuais eventos na Ucrânia – os enormes protestos que derrubaram Yanukovich e seu governo – devem, assim, ser entendidos como uma defesa contra esse legado sombrio ressuscitado por Putin: foram desencadeados pela decisão do governo ucraniano de dar prioridade às boas relações com a Rússia em detrimento da integração da Ucrânia à União Europeia. Previsivelmente, muitos anti-imperialistas de esquerda reagiram à notícia com a tradicional condescendência para com os pobres ucranianos: como estão iludidos, ainda idealizando a Europa, não são capazes de perceber que ela se encontra em declínio e que integrar-se à União Europeia só transformaria a Ucrânia numa colônia econômica da Europa ocidental que mais cedo ou mais tarde seria forçada a assumir a posição da Grécia. O que esses esquerdistas ignoram é que os ucranianos estão longe de ser cegos à realidade da União Europeia e têm plena consciência de seus problemas e disparidades – sua mensagem foi simplesmente que sua situação é muito pior. Os problemas da Europa ainda são problemas dos ricos – basta lembrar que, a despeito da terrível condição da Grécia, refugiados africanos ainda chegam em massa àquele país, provocando a ira dos que se proclamam patriotas.

Deveríamos então simplesmente apoiar o lado ucraniano do conflito? Existe até uma razão "leninista" para isso. Nos últimos textos de Lênin, muito depois de ele haver renunciado à utopia de *O Estado e a Revolução*, podemos discernir os contornos de um projeto modesto, "realista", do que o governo bolchevique deveria fazer. O subdesenvolvimento econômico e o atraso cultural das massas russas significavam que não havia um meio de a Rússia "passar diretamente ao socialismo"; tudo que o poder soviético podia fazer era combinar as políticas moderadas do "capitalismo de Estado" com uma intensa educação cultural das massas camponesas inertes – *não* uma lavagem cerebral de "propaganda comunista", apenas a imposição paciente, gradual, de padrões desenvolvidos, civilizados. Fatos e números revelam, afirma Lênin, "o amplo volume de trabalho preliminar urgente que ainda temos de fazer para alcançar o padrão de um país civilizado comum da Europa ocidental ... Devemos ter em mente a ignorância semiasiática de que ainda não nos livramos".[52] Não poderíamos encarar a referência dos manifestantes ucranianos à "Europa" como um sinal de que seu objetivo também é "alcançar o padrão de um país civilizado comum da Europa ocidental"?

Mas é aqui que as coisas rapidamente se complicam: qual é, exatamente, o motivo que os manifestantes ucranianos apresentam para sua posição? Ele não pode ser reduzido a uma única ideia: inclui elementos fascistas e nacionalistas, e também a ideia daquilo que Étienne Balibar chama de *égaliberté*, liberdade na igualdade, a singular contribuição da Europa ao imaginário político global, mesmo que hoje em dia seja cada vez mais traída pelas próprias instituições e pelo próprio povo europeus. Entre esses dois polos, há também uma confiança ingênua no capitalismo liberal-democrático europeu. O que a Europa deveria enxergar nos protestos da Ucrânia são seus melhores e piores aspectos. Mas, para ver isso claramente, a Europa precisa olhar para fora de si mesma, olhar para a Ucrânia.

A direita nacionalista ucraniana é um exemplo do que está acontecendo hoje dos Bálcãs à Escandinávia, dos Estados Unidos a Israel, da África Central à Índia: uma nova Idade das Trevas está se aproximando, com paixões étnicas e religiosas explodindo, enquanto retrocedem os valores do Iluminismo. Essas paixões espreitavam o tempo todo nas sombras, mas o que é novo agora é a forma totalmente despudorada com que se apresentam. Em meados de 2013, dois protestos públicos foram anunciados na Croácia, país que atravessa uma grave crise econômica, com elevadas taxas de desemprego e um profundo sentimento de desespero entre a população: sindicatos tentaram organizar uma marcha em apoio aos direitos dos trabalhadores, enquanto nacionalistas de direita iniciavam um movimento de protesto contra o uso de letras cirílicas em prédios públicos de cidades com uma minoria sérvia. Os sindicatos levaram algumas centenas de pessoas a uma grande praça em Zagreb, enquanto os nacionalistas conseguiram mobilizar centenas de milhares, o que tornou a acontecer em protestos contra o casamento gay. É fundamental constatar essa regressão ética como o reverso do desenvolvimento explosivo do capitalismo global – são dois lados da mesma moeda.

A expressão alemã *rückgängig machen* ("desmanche retroativo", fazer parecer que alguma coisa não aconteceu) é perfeitamente adequada a esse processo. Imaginem uma sociedade que tenha integrado totalmente a essa substância ética os grandes axiomas modernos de liberdade, igualdade, direitos democráticos, o dever da sociedade de prover educação e cuidados básicos de saúde a todos os seus membros, tornando o racismo e o sexismo simplesmente inaceitáveis e ridículos. Não haveria necessidade de argumentar contra o racismo, já que qualquer um que o defendesse abertamente seria percebido de imediato como um excêntrico esquisito que não deveria ser levado a sério. Mas então, passo a passo, embora a sociedade continuasse defendendo esses axiomas da boca para fora, eles seriam de fato privados de sua substância. Eis um exemplo recente: no verão de 2012, Viktor Orbán, primeiro-ministro da Hungria, de direita, disse que era preciso moldar um novo sistema econômico na Europa central:

> e esperemos que Deus nos ajude e não tenhamos de inventar um novo tipo de sistema político que precise ser introduzido em lugar da democracia, para fins de sobrevivência econômica ... Cooperação é uma questão de força, não de intenção. Talvez haja países em que as coisas não funcionem dessa maneira, por exemplo, os países escandinavos, mas um povo semiasiático desorganizado como o nosso só pode se unir pela força.[53]

A ironia dessas linhas não deixou de ser captada por alguns velhos dissidentes húngaros: quando o exército soviético se dirigiu a Budapeste para esmagar o levante anticomunista de 1956, a mensagem repetidamente enviada ao Ocidente pelos líderes húngaros sitiados foi: "Estamos aqui defendendo a Europa." (Contra os comunistas asiáticos, é claro.) Agora que o comunismo desmoronou, o governo cristão conservador apresenta seu principal inimigo como sendo a democracia liberal consumista que a Europa ocidental hoje defende, e clama por uma nova ordem, mais orgânica e comunitária, para substituir a "turbulenta" democracia liberal das duas últimas décadas. Orbán já expressou sua simpatia pelo "capitalismo com valores asiáticos", de modo que, se continuar a pressão europeia sobre ele, podemos facilmente imaginá-lo enviando uma mensagem ao Oriente: "Estamos aqui defendendo a Ásia!"

O atual populismo anti-imigração substituiu a barbárie explícita por uma barbárie com face humana. É uma regressão do amor ao próximo dos cristãos à prática pagã de privilegiar nossa tribo (gregos, romanos) em relação ao Outro bárbaro. Mesmo que seja apresentado como uma defesa dos valores cristãos, é em si mesmo a maior ameaça ao legado do cristianismo. Um século atrás, G.K. Chesterton mostrou claramente o dilema fundamental em que se encontram os críticos da religião: "Homens que começam a lutar contra a Igreja em nome da liberdade e da humanidade acabam jogando fora a liberdade e a humanidade se sua luta é apenas contra a Igreja … Os secularistas não aniquilaram as coisas divinas; mas aniquilaram coisas seculares, se é que isso lhes serve de conforto."[54] Será que o mesmo não vale para os defensores da religião? Quantos fanáticos dessa natureza não começaram atacando ferozmente a cultura secular contemporânea e acabaram dando as costas a qualquer experiência religiosa significativa? De modo similar, muitos guerreiros liberais são tão ávidos em lutar contra o fundamentalismo antidemocrático que acabam jogando fora a própria liberdade e a democracia se sua luta se dirige apenas contra o terror. Se os "terroristas" se dispõem a destruir este mundo por amor a um outro, nossos guerreiros contra o terror se dispõem e destruir seu próprio mundo por ódio ao outro islâmico. Alguns deles amam tanto a dignidade humana que se dispõem a legalizar a tortura – a derradeira degradação dessa dignidade – para defendê-la. E será que o mesmo não se aplica à recente ascensão dos defensores da Europa contra a ameaça representada pelos imigrantes? No afã de proteger a herança judaico-cristã, os protetores se dispõem eles mesmos a renegar o próprio cerne do legado cristão. Eles, que defendem a Europa dos imigrantes, e não a multidão de imigrantes supostamente esperando para invadi-la, são a verdadeira ameaça a esse continente.

Um dos sinais dessa regressão é a demanda da nova direita europeia por uma visão mais "equilibrada" dos dois "extremismos", o de direita e o de esquerda: repetidamente nos dizem que se deveria tratar a extrema esquerda (o comunismo) de modo semelhante à forma como a Europa tratou a extrema direita (os fascistas e nazistas derrotados) após a Segunda Guerra Mundial. Mas esse novo "equilíbrio" é altamente desequilibrado: a equação de fascismo e comunismo privilegia secretamente o primeiro, como se pode ver por uma série de argumentos, como a ideia de que o fascismo copiou o comunismo, que o precedera: antes de se tornar fascista, Mussolini foi socialista, e mesmo Hitler era um nacional-socialista; campos de concentração e genocídios existiram na União Soviética uma década antes de os nazistas usarem os mesmos meios; a aniquilação dos judeus teve um claro precedente na aniquilação da classe inimiga, e assim por diante. A base desse argumento é que o fascismo moderado foi uma resposta legítima à ameaça comunista (afirmação feita muito tempo atrás por Ernst Nolte em sua defesa do envolvimento de Heidegger com o nazismo em 1933). Na Eslovênia, a direita defende a reabilitação da Guarda Nacional anticomunista que enfrentou a resistência durante a Segunda Guerra Mundial: seus membros fizeram a difícil escolha de colaborar com os nazistas para evitar o Mal maior, absoluto, do comunismo. Mas o mesmo poderia ser dito dos nazistas (ou dos fascistas, pelo menos): fizeram o que fizeram para evitar o Mal absoluto do comunismo.[55]

O que podemos fazer numa situação dessas? Os liberais convencionais nos dizem que, quando os valores democráticos básicos são ameaçados por fundamentalistas étnicos ou religiosos, deveríamos todos nos unir pela agenda liberal-democrática da tolerância cultural, preservar o que for possível e deixar de lado os sonhos de uma transformação social mais radical. Há, contudo, um problema fatal nesse apelo à solidariedade: ele ignora como a permissividade liberal e o fundamentalismo estão presos no mesmo círculo vicioso, como dois polos que geram e pressupõem um ao outro.

Assim, qual é o destino do sonho europeu capitalista e liberal-democrático na Ucrânia? Não se pode dizer com certeza o que espera esse país caso ele se integre à União Europeia. Lembremos a piada de Rabinovitch citada no Capítulo 1 – pode-se facilmente imaginar uma conversa semelhante envolvendo um ucraniano crítico e um administrador financeiro a serviço da União Europeia. O ucraniano se queixa: "Há duas razões para estarmos em pânico aqui na Ucrânia. Primeiro, temos medo de que a UE simplesmente nos abandone e deixe nossa economia naufragar." O administrador da UE o interrompe: "Mas podem confiar em nós, não vamos abandoná-los, vamos mantê-los sob um controle estrito e lhes dizer o que fazer!" "Bem", responde o ucraniano com toda a calma, "essa é a segunda razão."

Assim, a questão não é se a Ucrânia está à altura da Europa ou é suficientemente boa para ingressar na UE, mas se a Europa de hoje está à altura das mais profundas aspirações dos ucranianos. Se a Ucrânia terminar como uma mistura de fundamentalismo étnico e capitalismo liberal, com oligarcas controlando nas sombras, ela será tão europeia quanto a Rússia (ou a Hungria) é hoje. (E, a propósito, seria fundamental contar toda a história do conflito entre diferentes grupos de oligarcas – os "pró-russos" e os "pró-ocidentais" – que constitui o pano de fundo dos atuais eventos na Ucrânia.) Comentaristas políticos têm afirmado que a União Europeia não está fazendo o suficiente para apoiar a Ucrânia em seu conflito com a Rússia, que sua resposta à ocupação e à anexação da Crimeia pelos russos foi hesitante. Mas há uma outra coisa que a UE não pôde ou não se dispôs a fazer: oferecer à Ucrânia uma estratégia viável para resolver esse dilema. Para fazê-lo, a Europa deveria primeiro se transformar e renovar seu compromisso com o cerne emancipatório de sua herança.

Falando abertamente, se a Nova Ordem Mundial emergente é nosso destino inegociável, então a Europa está perdida, de modo que a única solução para ela é assumir o risco e quebrar o feitiço. Só numa Europa assim renovada é que a Ucrânia poderia encontrar seu lugar. Não são os ucranianos que devem aprender com a Europa; a própria Europa tem de aprender a incorporar o sonho que motivou os manifestantes de Maidan. Hoje, mais do que nunca, a fidelidade ao cerne emancipatório da herança europeia se faz necessária. A lição que os liberais assustados deveriam aprender é esta: hoje em dia, só uma esquerda mais radicalizada pode preservar o que vale a pena ser preservado da herança liberal.

Como, então, devemos proceder? Não precisamos ir muito além da Croácia. Em fevereiro de 2014, cidades ardiam na Federação Bósnia. Tudo começou em Tuzla, cidade de maioria muçulmana; os protestos então se espalharam para Sarajevo, Zenica, Mostar (com grande presença de população croata) e Banja Luka (capital da parte sérvia da Bósnia). Milhares de manifestantes enfurecidos ocuparam, destruíram e incendiaram prédios do governo, incluindo o da Presidência da Federação Bósnia. Esses eventos deram imediatamente origem a teorias conspiratórias (segundo um dos cenários, o governo sérvio havia organizado os protestos a fim de derrubar a liderança bósnia), mas devemos seguramente ignorá-los, uma vez que está claro que, independentemente do que possa se esconder "por trás", o desespero dos manifestantes é autêntico. Aqui, mais uma vez, somos tentados a parafrasear a famosa afirmação de Mao: a Bósnia está um caos, a situação é excelente! Por quê? As demandas dos manifestantes foram as mais simples possíveis: queremos empregos, a oportunidade de ter uma vida decente e o fim da corrupção. Mas eles mobilizaram pessoas *na Bósnia*, país que, nas últimas décadas, veio a simbolizar uma limpeza étnica feroz que levou à morte centenas de milhares de pessoas. Numa das fotos dos protestos, vemos os manifestantes agitando lado a lado três bandeiras – a bósnia, a sérvia e a croata –, expressando seu desejo de ignorar diferenças étnicas. Em suma, estamos lidando com uma rebelião contra elites nacionalistas. O povo da Bósnia finalmente entendeu qual é seu verdadeiro inimigo: não outros grupos étnicos, mas suas próprias elites nacionalistas que fingem protegê-lo dos outros. É como se o velho e repetitivo lema de Tito de "irmandade e unidade" das nações iugoslavas agora se tornasse relevante.

Um dos alvos dos manifestantes era a administração da União Europeia que supervisiona o Estado bósnio, garantindo a paz entre as três nações e fornecendo importante ajuda financeira, que possibilita o funcionamento do Estado. Isso pode ser uma surpresa, já que os objetivos dos manifestantes são nominalmente os mesmos da administração da UE: prosperidade, fim das tensões étnicas e da corrupção. Entretanto, enquanto a administração da UE simula agir para superar o ódio étnico e promover a tolerância multicultural, a forma como efetivamente governa a Bósnia estabelece divisões: a UE trata as elites nacionalistas como parceiros privilegiados, conciliando-se com elas.

O que o levante na Bósnia confirma é que não se pode realmente superar as paixões étnicas com a imposição da agenda liberal. O que uniu os manifestantes foi um projeto radical de justiça. O passo seguinte, mais complicado, seria organizar os protestos como um novo movimento social que ignorasse as divisões étnicas e promover novas manifestações – é possível imaginar bósnios e sérvios, juntos, protestando em Sarajevo? Mesmo que os protestos percam gradualmente sua força, continuarão sendo vistos como uma breve centelha de esperança, algo como soldados inimigos confraternizando entre as trincheiras na Primeira Guerra Mundial. Eventos emancipatórios autênticos sempre envolvem ignorar identidades particulares como irrelevantes. E o mesmo vale para a recente visita de duas integrantes do grupo Pussy Riot a Nova York; num grande show de gala, elas foram apresentadas por Madonna na presença de Bob Geldof, Richard Gere e outras celebridades – a turma de sempre dos direitos humanos. O que elas deveriam fazer ali era apenas uma coisa: expressar solidariedade a Edward Snowden, afirmar que ele e o Pussy Riot são parte de um mesmo movimento global. Sem esses gestos, juntando grupos que parecem incompatíveis (muçulmanos, sérvios e croatas na Bósnia; secularistas e muçulmanos anticapitalistas na Turquia, e assim por diante), os movimentos de protesto serão sempre manipulados por uma superpotência em sua luta contra a outra.

E o mesmo vale para a Ucrânia. Sim, os manifestantes de Maidan foram heróis, mas a verdadeira luta começa agora, a luta por aquilo que a nova Ucrânia será, e essa luta vai ser muito mais dura do que a luta contra a intervenção de Putin. Um novo heroísmo, muito mais arriscado, se fará necessário.[56] O modelo para isso são os russos que corajosamente se opõem ao nacionalismo de seu país e o denunciam como um instrumento dos que estão no poder. O que se faz necessário aqui é a *rejeição dos próprios termos do conflito* e a *solidariedade* de ucranianos e russos. Deve-se começar pela organização de eventos de confraternização por sobre as divisões impostas, estabelecendo redes organizacionais compartilhadas entre o cerne emancipatório autêntico dos agentes políticos ucranianos e a oposição russa ao regime de Putin. Isso pode parecer utópico, mas só atos "loucos" como esse podem levar à emancipação. De outra forma, teremos apenas um conflito de paixões nacionalistas manipulado por oligarcas. Esses jogos políticos na disputa por esferas de influência não têm interesse algum para a política emancipatória autêntica.

4. Epignose: *J'ai hâte de vous servir!*

O TÍTULO DO ROMANCE de Julien Gracq, *O litoral das Sirtes*, se refere à região do extremo sul de Orsenna, um equivalente ficcional da Itália, onde existem carros, mas não eletricidade, um país governado pela antiga e decadente cidade de mesmo nome que parece ser – mas não é exatamente – Veneza. Quase todos os personagens do romance têm nomes italianos. Nos últimos trezentos anos, Orsenna tem vivido uma situação de guerra latente com o Farguestão, país desértico e bárbaro do outro lado do mar, ao sul. Com suas duas principais cidades situadas na região costeira e suas intermináveis dunas de areia, o Farguestão se assemelha muito à Líbia, embora alguns lugares mudem de posição: o monte Etna é deslocado para a Líbia e se torna o Tängri; as ruínas de Sabrata trocam a Líbia pela Itália e se tornam Sagra; Sirte vai para a Itália e se transforma em Sirtes. Aldo, o narrador e protagonista do romance, pertence a uma das famílias governantes de Orsenna. Enviado como observador à dilapidada base naval de Sirtes, pertencente a Orsenna, Aldo se rende ao fascínio do Farguestão; atravessa a fronteira proibida que atravessa o mar Morto, navegando até a cidade de Rhages, na costa inimiga. Lá, seu navio é recebido com três tiros de canhão. Tendo com esse ato irreparável reacendido a guerra que vai destruir Orsenna, Aldo realiza o gesto suicida pelo qual todo o povo secretamente ansiava: ao retornar de Sirtes a Orsenna, ele descobre que a elite governante está usando o pretexto de uma guerra com o Farguestão para estimular o patriotismo nacionalista. Danielo, um dos senhores de Orsenna, explica como as ações de Aldo se mostraram úteis:

> Quando se governa, nada é pior do que *perder o controle*. Quando a Coisa veio a mim, foi uma estranha descoberta perceber que essa era a única forma de manter o controle sobre Orsenna. Tudo aquilo que mais uma vez se concentrava em Sirtes, tudo que conduziu ao renascimento do seu ... episódio fez os velhos instrumentos girarem com fantasmagórica facilidade, tudo que deixou de lhe preocupar chocou-se com uma muralha de inércia e indiferença. A Coisa tirou vantagem de todas as possibilidades – os gestos de acelerá-la e os gestos de lhe reduzir a velocidade –, como um homem deslizando pelo declive de um telhado. Uma vez feita a pergunta – como posso lhe apresentar isso? –, tudo foi mobilizado de acordo.[1]

(Observem como a primeira sentença – "Quando se governa, nada é pior do que *perder o controle*" – parece a advertência de Mao ao poder revolucionário: "Acima de tudo, mantenham o poder [do Estado], jamais permitam que o poder [do Estado] escape às suas mãos.") Entretanto, além da óbvia observação de que Gracq descreve o retrocesso de Orsenna em direção ao fascismo (evocando uma ameaça externa para criar um estado de emergência, e assim por diante), deveríamos discernir aqui um dilema existencial mais profundo: o que é mais desejável, uma vida serena, inerte, de pequenas satisfações, de forma alguma uma vida real, ou correr um risco que pode muito bem levar a uma catástrofe? Essa escolha é o cerne daquilo que Badiou pretende atingir com sua fórmula *mieux vaut un désastre qu'un désêtre*: antes um desastre (o resultado catastrófico de um evento) do que uma sobrevivência desimportante num universo hedonista-utilitário – ou, em termos políticos brutais, antes o pior do stalinismo do que o melhor do Estado de bem-estar social liberal-capitalista. Por quê?

Uma vez que, hoje em dia, o capitalismo define e estrutura a totalidade da civilização humana, todo território "comunista" foi e é – uma vez mais, a despeito de seus horrores e fracassos – uma espécie de "território libertado", como disse Fredric Jameson a propósito de Cuba. O que estamos tratando aqui é da velha noção estrutural da brecha entre o Espaço e o conteúdo positivo que o preenche. Embora, no que dizia respeito a seu conteúdo positivo, os regimes comunistas constituíssem um doloroso fracasso, fonte de terror e miséria, ao mesmo tempo eles abriram certo espaço, o espaço das expectativas utópicas, que entre outras coisas nos permitiu mensurar o fracasso do próprio "socialismo de fato existente". (O que os dissidentes anticomunistas via de regra tendem a subestimar é que o próprio espaço a partir do qual eles mesmos criticavam e denunciavam o terror e a miséria cotidianos foi aberto e sustentado pela ascensão do comunismo, por sua tentativa de escapar à lógica do capital.) É assim que devemos entender o *mieux vaut un désastre qu'un désêtre* de Badiou, uma ideia tão chocante para as sensibilidades liberais; antes o pior terror stalinista do que a democracia capitalista mais liberal. Evidentemente, quando se compara o conteúdo positivo de ambos, a democracia capitalista orientada para o Estado de bem-estar social é incomparavelmente melhor, mas o que redime o "totalitarismo" stalinista é o aspecto formal, o *espaço* que ele abre. Pode-se imaginar um ponto utópico em que esse nível subterrâneo do Outro Espaço utópico se una ao espaço positivo da vida social "normal"? A questão-chave do ponto de vista político é: haveria ainda em nossa era "pós-moderna" espaço para tais comunidades? Estariam estas limitadas às periferias subdesenvolvidas (favelas, guetos) ou será que o espaço para elas está surgindo no próprio núcleo da paisagem "pós-industrial"? Pode-se fazer a aposta cega de que a dinâmica do capitalismo "pós-moderno", com a ascensão de novas e excêntricas comunidades de *geeks*, está oferecendo aqui uma nova chance? Que, talvez pela primeira vez na história, a lógica das comunidades alternativas possa ser implantada no último estágio da tecnologia?

Mas talvez não seja suficiente dizer isto. Primeiro, o exemplo de Gracq não seria equivocado? O não ser hedonista-decadente da sociedade de Orsenna tem uma falsa aparência devido a um viés de classe que obscurece os antagonismos sociais subjacentes – um obscurecimento levado adiante pelo pseudoevento da guerra com o Farguestão.[2] Assim, há três termos e não dois: o evento (que pode terminar em desastre), o pseudoevento (o fascismo ou, nesse caso, a guerra) e a biopolítica hedonista-utilitária do não ser que regula a vida animal-humana.[3] A dificuldade hoje é como distinguir o primeiro do segundo, já que frequentemente compartilham muitas características. Em suma, mesmo que concordemos com a fórmula *mieux vaut un désastre qu'un désêtre*, que dizer de *mieux vaut un pseudo-évenement qu'un désêtre*? Um "evento" fascista também seria melhor que uma sobrevivência capitalista sem importância?

De volta à Economia do Presente

Em princípio, a resposta pode parecer simples. Toda situação histórica contém sua própria e singular perspectiva utópica, uma visão imanente do que está errado com ela, uma representação ideal de como, com algumas mudanças, ela pode melhorar muito. Quando surge o desejo de mudança social radical, é lógico, portanto, que os primeiros esforços sejam para concretizar essa visão utópica imanente – e esse esforço é o que caracteriza toda luta emancipatória autêntica. Aqui, porém, começam os problemas: por que, até agora, todas as tentativas de fazer isso, de concretizar o potencial utópico imanente a uma situação histórica, têm terminado em catástrofe?

É nesse nível que deveríamos também discernir um erro de Marx. Ele percebeu o modo como o capitalismo desencadeou a dinâmica impressionante da produtividade automotivadora – pode-se testemunhá-lo em suas fascinadas descrições de como, no capitalismo, "tudo que é sólido desmancha no ar", de como o capitalismo é o maior reformador de toda a história da humanidade. Ele também percebeu claramente que essa dinâmica capitalista é propelida por seu próprio obstáculo ou antagonismo interno; que o derradeiro limite do capitalismo (de sua produtividade autopropulsora) é o próprio capital – o desenvolvimento e a transformação incessantes das condições materiais do próprio capitalismo, a dança louca de sua espiral de produtividade incondicional. O capital não está, em última instância, envolvido em coisa alguma a não ser numa fuga desesperada na tentativa de escapar a sua própria e inerente contradição debilitante. O erro fundamental de Marx foi concluir a partir dessas ideias que fosse possível uma nova e mais elevada ordem social (o comunismo), a qual não apenas manteria, mas elevaria a um grau maior e, com efeito, liberaria totalmente o potencial da espiral de produtividade autoacumuladora que, no capitalismo – em função de seu obstáculo (contradição) inerente –, é repetidamente reduzido por crises econômicas socialmente destrutivas.

Em suma, o que Marx negligenciou, usando a terminologia-padrão de Derrida, foi que esse obstáculo/antagonismo inerente como a "condição de impossibilidade" do pleno emprego das forças produtivas é simultaneamente sua "condição de possibilidade": se abolimos o obstáculo, a contradição inerente do capitalismo, não obtemos o impulso plenamente liberado da produtividade finalmente livre de seu impedimento, perdemos precisamente essa produtividade que parecia ser gerada e ao mesmo tempo limitada pelo capitalismo. Se afastamos o obstáculo, o próprio potencial por ele limitado se dissipa (aí reside a crítica de Lacan a Marx, que se concentra na superposição ambígua de mais-valia e mais-gozar). Assim, os críticos do comunismo estavam de certa forma corretos ao afirmar que o comunismo marxista é uma fantasia impossível. O que não perceberam é que o comunismo marxista, essa noção de uma sociedade de produtividade pura, liberada, fora da moldura do capital, era uma fantasia inerente ao próprio capitalismo, a inerente transgressão capitalista em sua forma mais pura, uma fantasia estritamente ideológica de manter a pressão sobre a produtividade gerada pelo capitalismo, livrando-se ao mesmo tempo dos "obstáculos" e antagonismos que eram – como demonstra a triste experiência do "capitalismo de fato existente" – o único arcabouço possível para a existência material efetiva de uma sociedade caracterizada por uma produtividade permanentemente autoacumuladora. É por isso que uma revolução deve ser repetida: só a experiência catastrófica pode tornar consciente o agente revolucionário das limitações fatais da primeira tentativa. Marx (sobretudo nos textos que escreveu na juventude) fornece a fórmula básica da ilusão em que essa limitação fatal se baseia, numa série de teses do tipo "em vez de": sua linha de raciocínio (por vezes explícita) começa com "em vez de" (o que representa o estado supostamente "normal" das coisas), prosseguindo para descrever a inversão alienada desse estado "normal". Eis uma longa passagem de seus *Manuscritos econômico-filosóficos*, de 1844:

> A tal ponto aparece a realização do trabalho como desrealização do trabalhador que este é desrealizado até chegar a morrer de fome.
>
> A apropriação do objeto aparece em tal medida como alienação que, quanto mais objetos produz o trabalhador, tanto menos consegue possuir e tanto mais submetido fica à dominação de seu produto, quer dizer, do capital.
>
> Todas essas consequências estão implícitas na afirmação de que o trabalhador se relaciona com o *produto do trabalho* como um objeto *estranho*. Pois a partir dessa premissa fica claro que, quanto mais o trabalhador se entrega, mais poderoso se torna o estranho mundo dos objetos que ele cria sobre e contra si mesmo, quanto mais pobre se torna sua vida interior, tanto menos ele se pertence a si próprio. O mesmo se dá com a religião. Quanto mais o homem dá a Deus, menos retém para si. O trabalhador coloca sua vida no objeto; mas agora sua vida não mais pertence a si, mas ao objeto. Assim, quanto maior sua atividade, mais o trabalhador carece de objetos. Qualquer que seja o produto de seu trabalho, ele não é. Portanto, quanto maior o produto, menor é ele próprio.
>
> (Segundo as leis econômicas, o estranhamento do trabalhador frente a seu objeto assim se expressa: quanto mais ele produz, menos tem para consumir; quanto mais valores cria, mais desvalorizado, mais degradado se torna ele; quanto mais refinado é o seu produto, mais deformado se torna o trabalhador; quanto mais civilizado é o seu objeto, mais bárbaro se torna o trabalhador; quanto mais poderoso é o seu trabalho, mais impotente se torna o trabalhador; quanto mais engenhoso é o seu trabalho, menos engenhoso e mais escravo da natureza se torna o trabalhador.)
>
> Em resultado, portanto, o homem (o trabalhador) só se sente livremente ativo em suas funções animais – comer, beber, procriar, ou no máximo em ter habitação e vestir-se etc.; e em suas funções humanas só se sente como animal. O que é animal se torna humano e o que é humano se torna animal.[4]

Seria fácil reconstruir essa frase na formulação "em vez de": em vez de ser a realização do trabalhador, o trabalho aparece como a perda dessa realização; em vez de aparecer como o que é, a apropriação do objeto por meio do trabalho aparece como seu estranhamento; em vez de possuir mais daquilo que produz quanto mais produz, o trabalhador possui menos; em vez de civilizar-se mediante a produção de objetos civilizados, quanto mais civilizado o objeto, mais bárbaro se torna o trabalhador, e assim por diante. O desejo de concretizar esse estado "normal" é ideologia em sua mais pura forma e não pode resultar senão em catástrofe. Uma forma que esse reverso catastrófico pode assumir é a inesperada interpretação prática do ideal comunista que transforma sua concretização num pesadelo. Durante o Grande Salto para a Frente do final da década de 1950, os comunistas chineses resolveram que a China deveria ultrapassar o socialismo e entrar diretamente no comunismo. Referiam-se à famosa fórmula do comunismo elaborada por Marx: "De cada um conforme suas capacidades, a cada um conforme suas necessidades!" O problema era a leitura que se fez dela a fim de legitimar a militarização total da vida em comunas agrícolas: o quadro do Partido que comanda uma comuna sabe o que cada agricultor é capaz de fazer, de modo que estabelece o plano e especifica as obrigações dos indivíduos segundo suas capacidades, e também sabe do que os agricultores realmente necessitam para sobreviver, e de acordo com isso organiza a distribuição de comida e outros itens necessários para sustentar a vida. A condição de pobreza extrema militarizada torna-se, assim, a concretização do comunismo, e, é claro, não é suficiente afirmar que essa leitura falsifica uma ideia nobre – em vez disso, deveríamos dizer que ela jaz adormecida no comunismo como uma possibilidade.

Assim, uma vez mais, como podemos sair dessa armadilha, se devemos renunciar à expectativa de uma Grande Ruptura que venha concretizar a tendência central de nossa época e produzir o reverso do que sonhamos? Um caminho possível é o delineado por Kojin Karatani, cuja premissa básica é o uso de modos de troca (em vez de modos de produção, como no marxismo) como ferramenta para analisar a história da humanidade.[5] Karatani distingue quadro modos de troca progressivos: A) troca de presentes, que predomina em sociedades pré-estatais (clãs ou tribos trocando presentes); B) dominação e proteção, que predomina em sociedades escravistas e feudais (aqui, a exploração se baseia na dominação direta, com a classe dominante tendo algo a oferecer em troca – por exemplo, proteger seus súditos do perigo; C) troca material de objetos, que predomina no capitalismo (indivíduos livres trocam não apenas seus produtos, mas também sua própria força de trabalho); X) um outro estágio vindouro, um retorno à troca de presentes num nível mais elevado. Esse X é uma ideia reguladora kantiana, uma visão que tem assumido diferentes disfarces na história da humanidade, de comunidades religiosas igualitárias baseadas na solidariedade comunal a cooperativas anarquistas e projetos comunistas. Karatani introduz duas outras complicações: 1) Há uma ruptura fundamental, a chamada "revolução sedentária", que tem lugar em antigas sociedades pré-estatais: a passagem de grupos nômades de caçadores-coletores a grupos permanentemente estabelecidos organizados em tribos ou clãs. No nível da troca, passamos do presente "puro" à complexa rede de presentes e contrapresentes. Essa distinção é crucial porque a passagem vindoura para X vai produzir, num nível mais elevado, o retorno do modo de existência social característico dos nômades; 2) Na passagem de A para B e assim por diante, o estágio anterior não desaparece; embora seja "reprimido", o reprimido retorna sob nova forma. Com a passagem de A para B, a troca de presentes sobrevive como o espírito religioso da conciliação e da solidariedade; com a passagem de B para C, A sobrevive como nação, comunidade nacional, e B (dominação) sobrevive como poder de Estado. Por essa razão, o capitalismo não é para Karatani um domínio "puro" de B, mas uma tríade (ou melhor, um nó borromeano) constituída por Nação-Estado-Capital; a nação como a forma de solidariedade comunal, o Estado como a forma de dominação direta, o capital como a forma de intercâmbio econômico. Todos os três são necessários para a reprodução da sociedade capitalista.

Os casos exemplares desse "retorno do reprimido" são as comunidades religiosas milenaristas radicais que encontramos na cristandade (Canudos no Brasil, por exemplo) e no islã (Alamut, por exemplo). Não admira que, tão logo uma religião se estabeleça como instituição ideológica legitimando as relações de poder existentes, ela precise lutar contra seu próprio excesso endógeno. A Igreja cristã enfrentou um problema comum do século IV em diante, quando se tornou a religião do Estado: como conciliar a sociedade de classes feudal, em que os senhores ricos governavam camponeses empobrecidos, com a pobreza igualitária dos coletivos de crentes descritos nos Evangelhos? A solução de Tomás de Aquino é que, embora, em princípio, a propriedade comum seja melhor, isso só vale para humanos perfeitos; para a maioria de nós, que vivemos no pecado, a propriedade privada e a diferença de riquezas são naturais, e é até pecaminoso exigir a abolição da propriedade privada ou promover o igualitarismo em nossas sociedades decaídas, ou seja, exigir para pessoas imperfeitas o que só vale para as perfeitas. Essa é a contradição imanente que está no cerne da identidade eclesiástica, tornando a Igreja estabelecida a principal força anticristã de nossos dias. O núcleo subversivo da experiência religiosa autêntica não aponta para a noção marxista padrão de uma ilusória unidade religiosa mascarando divisões reais, mas para algo muito mais forte: o alicerce de uma nova forma verdadeira de vida em sociedade. Talvez devêssemos reabilitar a ideia de Heidegger de que "só um deus pode nos salvar" – não, evidentemente, que um deus que agora reside em algum lugar no além vá decidir intervir, mas no sentido de que algo como um engajamento religioso adequado possa voltar a acontecer – "deus acontece", quase no mesmo sentido de "coisas ruins acontecem". Talvez devêssemos também revisar a antiga lógica da DMA (Destruição Mutuamente Assegurada) que nos ajudou a sobreviver na Guerra Fria: hoje em dia, não é mais que não possa haver uma guerra global *a menos que ocorra um acidente inesperado*, e sim que estamos condenados à catástrofe *a menos que ocorra um milagre imprevisto que possa nos salvar*. Não foi Nietzsche, o grande crítico da religião, que brincou com a ideia de um milagre como esse? Via de regra, ignora-se o modo como as comemorações da guerra e da luta selvagem como o único caminho em direção à grandeza do homem, segundo Nietzsche, são acompanhadas por um fluxo contínuo de declarações "pacifistas", sendo a mais famosa o apelo a uma "deposição de espadas" – o apelo a um ato político verdadeiramente autêntico.

> E talvez chegue o grande dia em que um povo, celebrado por guerras e vitórias e pelo mais elevado desenvolvimento de uma ordem e uma inteligência

militares, e acostumado a fazer os piores sacrifícios por essas coisas, venha a exclamar por vontade própria: "Estamos depondo a espada", e destrua desde os alicerces todas as suas instalações militares. Desarmar-se quando se teve o melhor armamento, em função de sentimentos elevados – esse é o caminho que leva à verdadeira paz, a qual deve sempre basear-se na paz de espírito; enquanto a chamada paz armada, que agora existe em todos os países, é a ausência da paz de espírito. Não se confia nem em si mesmo nem no próximo, e, um pouco por ódio, um pouco por medo, não se depõem as armas. Melhor perecer do que odiar e temer, e duas vezes melhor perecer do que se fazer odiado e temido – essa deve ser também, um dia, a máxima maior de toda comunidade.[6]

Essa linha de pensamento culmina numa observação de Nietzsche em 1883: "Dominar? Impor a outros minha marca? Revoltante! Minha sorte não está precisamente em contemplar muitos outros?"[7] E deveríamos imaginar uma série de presentes semelhantes: e se o Brasil renunciasse à destruição da floresta amazônica como presente à humanidade, e se a Microsoft renunciasse aos direitos de propriedade sobre seus softwares, e assim por diante? Tais presentes não seriam interpretados como "ajuda" aos subdesenvolvidos e pobres ou qualquer outro tipo de justiça redistributiva:

> a ajuda serve para gerar mais acumulação de capital nos países avançados. Nisso, a ajuda se parece com as políticas domésticas de bem-estar social nesses países: em ambos os casos, a redistribuição funciona simplesmente como outro elo no processo de acumulação capitalista. Longe de eliminar a desigualdade, a justiça redistributiva na verdade faz com que esta prolifere.[8]

Mas essa visão de uma sociedade baseada na troca de presentes não seria uma utopia sem chance de sucesso na vida real? Aqui as coisas são mais ambíguas e abertas: sinais que apontam para uma nova economia da troca de presentes são abundantes em nossas sociedades.[9] Por exemplo, o que é estranho em relação à tentativa de Peter Sloterdijk de defender (como solução para o que se é tentado a chamar de "antinomias do Estado de bem-estar social) uma "ética do presente"[10] para além da mera troca de mercado egoísta e possessiva é que ela nos leva inesperadamente a nos aproximarmos da visão comunista. Sloterdijk é guiado pela lição elementar da dialética: por vezes a oposição entre manter as coisas do jeito antigo e mudá-las não cobre todo o campo, ou seja, por vezes a única forma de manter o que vale a pena permanecer da forma antiga é intervir e mudar radicalmente as coisas. Se alguém deseja hoje preservar o cerne do Estado de bem-estar social, deve precisamente abandonar qualquer nostalgia pela social-democracia do século XX. O que Sloterdijk propõe é uma espécie de nova revolução cultural, uma mudança psicossocial radical baseada na compreensão de que atualmente o estrato produtivo explorado não é mais a classe trabalhadora, mas a classe média (alta): seus membros são os verdadeiros "doadores" cujos pesados impostos financiam a educação, a saúde etc. da maioria. Para realizar essa mudança, seria preciso deixar para trás o estadismo, esse remanescente absolutista que, estranhamente, sobreviveu em nossa era democrática: a ideia, surpreendentemente poderosa mesmo entre a esquerda tradicional, de que o Estado tem o direito inquestionável de tributar seus cidadãos, determinar e apreender (mediante a coerção legal, se necessário) parte de seu produto. Não é que os cidadãos deem parte de sua renda ao Estado; são tratados como se estivessem *a priori* em dívida com este. Essa atitude é sustentada por uma premissa misantrópica que é mais forte na própria esquerda que, em outras circunstâncias, prega a solidariedade: as pessoas são basicamente egoístas; devem ser forçadas a contribuir com alguma coisa pelo bem-estar comum, e só o Estado, mediante seu aparato de coerção legal, pode realizar a tarefa de assegurar a solidariedade e a redistribuição necessárias.

Deveríamos aprender, prossegue Sloterdijk, a tratar aqueles que são os produtores da riqueza não como um grupo suspeito *a priori* de se recusar a pagar sua dívida com a sociedade, mas como os verdadeiros doadores cuja contribuição deveria ser plenamente reconhecida, de modo que eles pudessem ter orgulho de sua generosidade. Esse primeiro passo é a mudança do proletariado para o voluntariado: em vez de taxar excessivamente os ricos, deveríamos lhes conceder o direito (legal) de decidir voluntariamente que parte de sua riqueza vão doar pelo bem-estar comum. Para começar, não se deve, é claro, reduzir radicalmente os impostos, mas abrir pelo menos uma pequena área em que os doadores tenham a liberdade de decidir quanto e para o que vão doar. Esse início, modesto como seja, mudaria gradualmente toda a ética em que se baseia a coesão social. Não estaríamos enredados aqui no velho paradoxo de escolher livremente aquilo que de toda forma somos obrigados a fazer? Ou seja, a liberdade de escolha concedida ao "voluntariado" dos "empreendedores" não seria uma falsa liberdade baseada numa opção forçada? Para que a sociedade funcione normalmente, os "empreendedores" seriam livres para escolher (dar dinheiro a uma sociedade ou não) apenas se fizessem a escolha certa (dá-lo)?

Há uma série de problemas nessa ideia, mas a resposta fundamental a Sloterdijk deveria ser: por que ele proclama a generosidade apenas dentro dos limites do capitalismo, que é a ordem da competição possessiva? Dentro desses limites, toda generosidade é *a priori* reduzida ao reverso dessa possessividade brutal, um Dr. Jekyll benevolente para um Mr. Hyde capitalista. Basta lembrar aqui o primeiro modelo de generosidade mencionado por Sloterdijk: Carnegie, o homem de aço com um coração de ouro, como dizem. Primeiro, Carnegie usou detetives da agência Pinkerton e um exército privado para esmagar a resistência dos trabalhadores, e então mostrou generosidade devolvendo (parcialmente) o que havia (não criado, mas) tomado. Mesmo em relação a Bill Gates, como se pode esquecer suas táticas brutais para esmagar concorrentes e ganhar o monopólio (táticas que fizeram as autoridades americanas abrirem uma multiplicidade de processos contra a Microsoft)? A questão-chave, portanto, é: não há lugar para a generosidade fora do arcabouço capitalista? Será que cada um desses projetos é um exemplo de ideologia sentimental moralista?

As armadilhas de imaginar uma possível mudança são claramente perceptíveis em *O capital no século XXI*, de Thomas Piketty,[11] uma espécie de contraponto "realista" às especulações de Sloterdijk, resultado de mais de uma década de pesquisa sobre mudanças históricas na concentração de renda e riqueza. Nos séculos XVIII e XIX, a sociedade da Europa ocidental era altamente desigual: a riqueza privada apequenava a renda nacional e se concentrava nas mãos das famílias ricas dentro de uma rígida estrutura de classes. Essa situação permaneceu, ainda que a industrialização lentamente contribuísse para aumentar os salários dos trabalhadores, e a tendência a um aumento da desigualdade só foi revertida entre 1930 e 1975, graças a uma série de circunstâncias singulares. As duas guerras mundiais, a Grande Depressão, assim como a ascensão dos Estados comunistas, estimularam governos de Estados capitalistas desenvolvidos a implementar medidas voltadas à redistribuição da renda. (Observem a peculiaridade desse fato: o igualitarismo e o bem-estar universal foram condicionados pelas inimagináveis catástrofes das guerras mundiais e da crise.) A partir de 1975, e em especial após a queda do comunismo, a tendência à desigualdade reapareceu; se o sistema capitalista global puder seguir sua lógica imanente, Piketty prevê um mundo de baixo crescimento econômico, rejeitando a ideia de que surtos de avanço tecnológico levem o crescimento de volta aos níveis do século XX. Só uma forte intervenção política pode contra-atacar a desigualdade explosiva – Piketty propõe um imposto global anual de até 2%, combinado com um imposto de renda progressivo de até 80%. Surge aqui uma pergunta óbvia: se a lógica imanente do capitalismo o empurra em direção ao crescimento da desigualdade e a um enfraquecimento da democracia, por que nosso objetivo não é superar o próprio capitalismo? Para Piketty, o problema é o fato não menos óbvio de que as alternativas do século XX ao capitalismo não funcionaram: o capitalismo deve ser aceito como a única opção. A única solução viável é, assim, permitir que a máquina capitalista faça seu trabalho em sua esfera própria e impor politicamente a justiça igualitária por meio de um poder democrático que regule o sistema econômico e implemente a redistribuição. Não se deve aqui subestimar Piketty: de maneira tipicamente francesa, a ingenuidade (da qual ele tem plena consciência) de sua proposta é parte de sua estratégia de pintar um quadro deprimente de nossa situação – eis a solução óbvia, e todos sabemos que isso não pode acontecer...

Embora essa solução seja superficialmente oposta à Sloterdijk, elas compartilham uma premissa implícita: a máquina capitalista deve ser mantida, já que é a única forma eficiente de produzir riqueza, e a desigualdade deve ser corrigida pela redistribuição da riqueza aos desprivilegiados. Em vez de transformar o modo de produção capitalista, devemos nos limitar a uma mudança na distribuição. E as duas soluções são, por esse motivo, *utópicas* no sentido exato do termo. Piketty está consciente de que o modelo que propõe só funcionaria se implementado globalmente, além das fronteiras dos Estados-nação (de outro modo o capital fugiria para Estados com menores impostos); essa medida de alcance global pressupõe um poder global já existente dotado de força e autoridade para implementá-la. Entretanto esse poder global é inimaginável dentro dos limites do capitalismo global de hoje e dos mecanismos políticos que ele implica – em suma, se tal poder existisse, *o problema básico já teria sido resolvido*. Podemos assim repetir, a propósito dessa noção de poder global, o mesmo que disse Freud sobre a psicanálise: numa situação em que as condições para a prática psicanalítica tivessem sido alcançadas em sua plenitude, a psicanálise não seria mais necessária.

É neste ponto que deveríamos analisar o sistema capitalista como uma *totalidade* constituída de elos interdependentes e, ao examinar uma medida, concentrar-nos sempre no que constituem seus pressupostos e implicações: em que condições é possível imaginar as medidas propostas por Piketty? De que outras medidas iria necessitar a imposição global de altos impostos por ele proposta? Evidentemente, a única saída desse círculo vicioso é simplesmente cortar o nó górdio e agir. Nunca há condições perfeitas para uma ação – toda ação, por definição, chega cedo demais; é preciso começar de algum lugar, com uma intervenção particular, e ter em mente as outras complicações que essa ação irá acarretar. Em outras palavras, o que é verdadeiramente utópico é imaginar o capitalismo global como atualmente o conhecemos, ainda funcionando da forma como funciona, mas com os altos impostos propostos por Piketty. Talvez, então, haja alguma verdade nas ideias de Sloterdijk, e deveríamos imaginar uma mudança mais radical, um movimento rumo a uma economia de troca de presentes. Com frequência ouvimos que a visão comunista se baseia numa perigosa idealização dos seres humanos, atribuindo-lhes uma espécie de "bondade natural" que é simplesmente estranha a nossa natureza (egoísta e assim por diante). Em seu livro *Motivação 3.0*,[12] contudo, Daniel Pink refere-se a um corpo de pesquisa em ciências comportamentais que sugere que, pelo menos algumas vezes, incentivos externos (recompensa financeira) podem ser contraproducentes: o desempenho ótimo é obtido quando as pessoas encontram um significado intrínseco em seu trabalho. Incentivos podem ser úteis para estimular as pessoas a realizar tarefas rotineiras entediantes; quando se trata de tarefas mais exigentes do ponto de vista intelectual, o sucesso de indivíduos e organizações depende cada vez mais de engenhosidade e inovação, de modo que há uma necessidade crescente de as pessoas encontrarem um valor intrínseco em seu trabalho. Pink identifica três elementos que enfatizam essa motivação intrínseca: autonomia – a capacidade de escolher as tarefas a serem concluídas e o modo de fazê-las – perícia – o processo de se tornar apto a uma atividade –; e propósito – o desejo de melhorar o mundo. Eis o relato de Pink de um estudo realizado pelo MIT:

> Eles chamaram um grupo de alunos e lhes apresentaram um conjunto de desafios. Coisas como memorizar séries de dígitos, resolver quebra-cabeças, outros tipos de enigmas espaciais, e até mesmo tarefas físicas como lançar uma bola através de um arco. Para incentivar seu desempenho, ofereceram-lhes três níveis de recompensa: se você se saísse suficientemente bem, ganhava uma pequena recompensa monetária; se tivesse um desempenho médio, ganhava uma recompensa monetária média; e se fosse realmente bem, conseguindo ficar entre os de melhor desempenho, recebia um grande prêmio em dinheiro. Eis o que descobriram. Se a tarefa envolvesse unicamente habilidades mecânicas, o bônus funcionava como esperado: quanto maior a recompensa, melhor o desempenho. Mas quando a tarefa exigia habilidades cognitivas, ainda que rudimentares, um prêmio maior levava a um desempenho inferior. Como isso é possível? Essa conclusão parece contrariar o que muitos de nós aprendemos em economia, que, quanto maior a recompensa, melhor o desempenho. E eles estão dizendo que, quando você consegue desenvolver habilidades cognitivas acima do rudimentar, o que ocorre é exatamente o oposto, o que faz com que a ideia de que essas recompensas não funcionam dessa maneira pareça vagamente

de esquerda e socialista, não é mesmo? É como uma estranha conspiração socialista. Para aqueles de vocês que cultivam essas teorias conspiratórias, quero assinalar que um grupo notoriamente esquerdista e socialista financiou a pesquisa: o Federal Reserve Bank. Talvez esse prêmio de cinquenta ou sessenta dólares não seja motivação suficiente para um aluno do MIT – de modo que eles foram para Madurai, na Índia rural, onde uma quantia como essa constitui uma soma significativa de dinheiro. Eles replicaram o experimento na Índia e o que aconteceu foi que as pessoas às quais se ofereceu uma recompensa média não se saíram melhor do que aquelas a que se prometeu um prêmio menor, mas dessa vez as pessoas às quais foi oferecida a recompensa maior tiveram o pior desempenho: os maiores incentivos produziram o pior desempenho. Esse experimento tem sido replicado muitas vezes por psicólogos, sociólogos, economistas: para tarefas simples, diretas, esses tipos de incentivos funcionam, mas, quando a tarefa exige alguma forma de pensamento criativo, conceitual, comprovadamente não funcionam. O melhor uso do dinheiro como fator motivador é pagar às pessoas o suficiente para tirar de jogo a questão do dinheiro. Pague às pessoas o suficiente, de modo que elas não precisem pensar em dinheiro e sim no trabalho. Há um monte de pessoas realizando tarefas que requerem altas habilidades, mas fazendo isso de graça e oferecendo voluntariamente trinta, às vezes quarenta horas de seu tempo semanal; e o que criam elas não vendem, elas dão. Por que essas pessoas, muitas delas altamente qualificadas e tecnicamente sofisticadas, que têm empregos, estão realizando um trabalho igualmente sofisticado, se não mais, do ponto de vista técnico, não para seu empregador, mas para outra pessoa e de graça? É um comportamento estranho do ponto de vista econômico.[13]

Esse "comportamento estranho" é o de um comunista que segue o conhecido lema de Marx: "De cada um conforme suas capacidades, a cada um conforme suas necessidades" – *essa* é a única "ética do presente" que tem alguma dimensão autenticamente utópica. Karatani enfatiza que essa guinada no rumo de uma economia de troca de presentes só pode ocorrer num nível global; refere-se a Kant, que, em seu ensaio sobre a paz permanente, delineia a visão de uma federação mundial de Estados: "O único princípio capaz de sustentar o estabelecimento de uma federação de nações como um novo sistema mundial é a reciprocidade do presente."[14] Antes de descartar essa ideia como uma utopia fútil e vazia, devemos ter em mente que todos os problemas globais com que nos confrontamos atualmente – ecologia, propriedade intelectual, Estado de bem-estar social – exigem uma intervenção global. A ameaça ecológica só pode ser contida – se é que pode – mediante uma coordenação mundial de medidas; a "propriedade intelectual" é cada vez mais solapada pela circulação descontrolada de dados; o Estado de bem-estar social é ameaçado pela competição de mão de obra sub-remunerada em países pobres, e assim por diante.

Essa falta de uma coordenação global é agudamente sentida: o problema é que hoje em dia, em nosso emergente mundo multicentrado, ainda estamos buscando as regras que vão regular as relações entre esses múltiplos centros.[15] Conhecer uma sociedade não é apenas conhecer suas regras explícitas. Também se deve saber *como aplicar essas regras*: quando usá-las ou não; quando violá-las; quando não aceitar uma opção oferecida; quando reconhecer a obrigação de fazer alguma coisa, mas fingir que se está fazendo por livre escolha. Relembremos o paradoxo das ofertas que se destinam a ser recusadas: é um hábito recusar essas ofertas, e quem a aceita está cometendo um erro vulgar. Quando sou convidado por um tio rico a ir a um restaurante, ambos sabemos que ele vai pagar a conta, mas ainda assim devo insistir um pouco em dividi-la – imaginem a surpresa se meu tio simplesmente dissesse: "Tudo bem, então você paga!"

Durante a caótica era Iéltsin, na Rússia pós-soviética, o problema podia ser situado neste nível: embora as normas jurídicas fossem conhecidas (e, em geral, as mesmas dos tempos de União Soviética), o que se desintegrou foi a complexa rede de regras não escritas que sustentava a totalidade do edifício social. Se, na União Soviética, você desejasse, digamos, obter um melhor tratamento hospitalar ou um novo apartamento, se fizesse uma queixa contra autoridades, se fosse convocado a comparecer a um tribunal ou quisesse que seu filho fosse aceito numa escola de ponta, se um gerente de fábrica precisasse de matérias-primas, mas estas não fossem entregues a tempo pelos fornecedores do Estado, e assim por diante, todos sabiam o que realmente deveria ser feito, a quem procurar, a quem pagar propina, o que se poderia fazer ou não. Após o colapso do poder soviético, um dos aspectos mais frustrantes da experiência cotidiana das pessoas comuns foi que essas regras não escritas tornaram-se amplamente obscuras. As pessoas simplesmente não sabiam mais o que fazer, como reagir, como se relacionar com as normas jurídicas explícitas: o que se pode ignorar? Quando a propina funciona etc.? (Uma das funções do crime organizado foi prover uma espécie de pseudolegalidade: se você fosse dono de um pequeno negócio e um freguês lhe devesse dinheiro, você recorria a um protetor mafioso que iria tratar do problema, uma vez que o sistema jurídico era ineficiente.) A estabilização sob o regime de Putin representa em grande parte a transparência recém-estabelecida dessas regras não escritas: agora, uma vez mais, as pessoas geralmente sabem como agir ou reagir no complexo emaranhado de interações sociais.

Na política internacional ainda não alcançamos esse estágio. Na década de 1990, um pacto silencioso regulava a relação entre as grandes potências do Ocidente e a Rússia: os Estados ocidentais tratavam a Rússia como grande potência sob a condição de que esta não agisse de fato como tal. Evidentemente, o problema aqui é: e se a pessoa a quem se faz a oferta a ser rejeitada acaba por aceitá-la? E se a Rússia de fato começar a agir como uma grande potência? Uma situação como essa é propriamente catastrófica. Ela ameaça romper todo o tecido das relações existentes. Com efeito, algo semelhante aconteceu apenas alguns anos atrás na Geórgia: cansada de ser somente tratada como uma superpotência, a Rússia agiu como tal. Como ela chegou a isso?

O "século norte-americano" terminou e estamos entrando num período de formação de múltiplos centros do capitalismo global: Estados Unidos, Europa, China, talvez América Latina. Cada um representa o capitalismo com uma característica específica: os Estados Unidos, o capitalismo neoliberal; a China, o capitalismo autoritário com "valores orientais"; a América Latina, o capitalismo populista. Após o fracasso da tentativa norte-americana de se impor como a única superpotência (o policial universal), existe agora a necessidade de estabelecer as regras de interação entre esses centros locais, no caso de terem interesses conflitantes.

Essa é uma das razões pelas quais Estados Unidos e Israel, dois Estados-nação ilustrativos no que se refere à obsessão pela soberania, são aliados naturais e, em algum nível profundo e obscuro, percebem a União Europeia como *o* inimigo. Essa percepção, mantida sob controle no discurso político público, explode em seu obsceno correspondente subterrâneo, a visão política da extrema direita fundamentalista cristã, com seu medo obsessivo da Nova Ordem Mundial (Obama está num conluio secreto com as Nações Unidas, forças internacionais vão intervir nos EUA e colocar todos os verdadeiros patriotas americanos em campos de concentração – alguns anos atrás, havia rumores de que tropas latino-americanas já estavam nas planícies do meio-oeste, construindo esses campos...). Essa visão é encontrada no fundamentalismo cristão linha-dura exemplificado nas obras de Tim LaHaye *et consortes*. O título de um de seus últimos romances aponta nessa direção: *A Conspiração Europa*. Os verdadeiros inimigos dos EUA não são terroristas muçulmanos – estes são apenas marionetes secretamente manipuladas pelos secularistas europeus, as verdadeiras forças do Anticristo que desejam enfraquecer os Estados Unidos e estabelecer uma Nova Ordem Mundial sob o domínio da ONU... De certa forma, eles estão certos nessa percepção: a Europa não é apenas outro bloco de poder geopolítico, mas uma visão global em última instância incompatível com os Estados nacionais. Essa dimensão da UE fornece a chave para a chamada "fraqueza" europeia: há uma surpreendente correlação entre a unificação europeia e sua perda de poder político-militar global. Se, contudo, a União Europeia está se tornando cada vez mais uma impotente confederação transestatal necessitada da proteção americana, por que os Estados Unidos se mostram cada vez mais desconfortáveis diante dela? Relembremos os indícios de que os EUA deram apoio financeiro às forças que organizaram na Irlanda a campanha do "Não" no referendo sobre o novo tratado europeu.

É por isso que nossa época é bem mais perigosa do que pode parecer à primeira vista. Durante a Guerra Fria, as regras do comportamento internacional eram claras, garantidas pela loucura da DMA (Destruição Mutuamente Assegurada). Quando a União Soviética violou essas regras não escritas ao invadir o Afeganistão, pagou caro por essa infração – a guerra no Afeganistão foi o começo do seu fim. Agora, as antigas e novas superpotências estão testando umas às outras, tentando impor sua própria versão das regras globais, experimentando-as por meio de substitutos, que, evidentemente, são pequenos Estados e nações. Karl Popper certa vez louvou a verificação científica de hipóteses, dizendo que, dessa maneira, permitimos que nossas hipóteses morram em vez de nós. Na verificação atual, pequenas nações sofrem no lugar das grandes – os georgianos, como sempre, estão pagando o preço de um tal processo, e, embora as justificativas oficiais para isso tenham um cunho altamente moral (direitos humanos e liberdade etc.), a natureza do jogo é clara.

E os eventos na Ucrânia que começaram no início de 2014 não seriam o próximo estágio dessa luta geopolítica por controle num mundo multicentrado e não regulado, algo como "a crise na Geórgia, parte 2"? Este é definitivamente o momento de ensinar boas maneiras às superpotências – mas quem fará isso? É claro que apenas uma entidade transnacional poderia fazê-lo. Mais de duzentos anos atrás, Kant percebeu a necessidade de uma ordem jurídica transnacional baseada na ascensão de uma sociedade global. "Uma vez que a menor ou a mais ampla comunidade de povos da terra se desenvolveu tanto que uma violação de direitos num lugar é sentida por todo o mundo, a ideia de uma lei de cidadania mundial não é uma noção extravagante ou exagerada."[16] Isso, contudo, nos leva àquilo que é possivelmente a "principal contradição" da Nova Ordem Mundial: a impossibilidade estrutural de encontrar uma ordem política global que corresponda à economia capitalista global. E se, por motivos estruturais – e não apenas limitações empíricas –, não for possível a existência de uma democracia mundial ou de um governo mundial representativo? O problema estrutural (antinomia) do capitalismo global reside na impossibilidade (e, ao mesmo tempo, necessidade) de uma ordem sociopolítica que se ajuste a ele: a economia de mercado global não pode ser diretamente organizada como uma democracia liberal global, com eleições e tudo o mais. Em política, o "reprimido" da economia faz seu retorno: fixações arcaicas, identidades particulares (étnicas, religiosas, culturais). Esse suplemento constrangedor é a condição de impossibilidade e possibilidade da economia global. Essa tensão define nossa atual condição: a livre circulação global de mercadorias, acompanhada pela crescente separação na esfera social propriamente dita. Como, então, podemos passar do globalismo das mercadorias a um globalismo político mais radical?

A ferida do eurocentrismo

Quando antiglobalistas e outros militantes pela emancipação radical se engajam em sua luta, geralmente endossam uma série de axiomas referentes a suas ideias e organização que parecem formar uma espécie de resumo do *a priori* da esquerda atual. Em primeiro lugar, eles enfatizam o antieurocentrismo, a necessidade urgente de romper os limites do pensamento ocidental que deu origem à modernização capitalista. Em segundo lugar, ao criticarem o vir-a-ser-passivo de nossas vidas (quanto mais parecemos freneticamente ativos, mais somos elementos passivos regulados por uma ordem anônima), eles insistem na necessidade de um engajamento ativo contra a mera representação política. Por fim, afirmam que a era das ordens hierárquicas dominada pela figura de um Mestre chegou ao fim: estamos entrando num novo universo de pluralidades, de elos laterais dinâmicos, de auto-organizações moleculares que não podem ser totalizadas.

Mas o que é precisamente essa tríade que constitui o principal "obstáculo epistemológico" à renovação da esquerda?

Com respeito ao capitalismo global – que, embora originário da Europa, é hoje em dia um sistema em que ela está perdendo cada vez mais o papel de liderança –, deve-se ter um cuidado especial para não sucumbir ao antieurocentrismo não reflexivo que por vezes serve de máscara eleitoral à rejeição daquilo por que vale lutar na herança europeia. Um caso exemplar de alguém que faz exatamente isso é Walter D. Mignolo, em sua recente crítica a minha defesa do eurocentrismo esquerdista:

Como pensador não europeu, meus sentidos reagiram à primeira sentença do artigo de Žižek: *Quando se diz eurocentrismo, todo intelectual pós-moderno de esquerda dotado de autorrespeito tem uma reação violenta, semelhante àquela de Joseph Goebbels à cultura – buscar um revólver, vomitando acusações de imperialismo cultural eurocêntrico protofascista. É possível, porém, imaginar uma apropriação esquerdista da herança política europeia?* … Minha resposta a esse parágrafo, apresentada em algumas publicações, é a seguinte: *Quando se diz eurocentrismo, todo intelectual descolonial dotado de autorrespeito não tem uma reação tão violenta quanto a de Joseph Goebbels à cultura – buscar um revólver, vomitando acusações de imperialismo cultural eurocêntrico protofascista. Um intelectual descolonial dotado de autorrespeito recorreria, em vez disso, a Frantz Fanon: "Agora, camaradas, agora é o momento de decidir mudar de lado. Devemos despir o grande manto da noite que nos tem envolvido e buscar a luz. O novo dia que está chegando deve nos encontrar determinados, esclarecidos e resolutos. Assim, meus irmãos, como poderíamos deixar de entender que temos coisas melhores a fazer do que seguir as pegadas da Europa"* … nós, intelectuais descoloniais, se não filósofos, "temos coisas melhores a fazer", como diria Fanon, do que nos envolver com questões debatidas por filósofos europeus.[17]

O que Mignolo propõe é, assim, uma versão do grito de guerra de Baudrillard, "Esqueçam Foucault": esqueçam a Europa, temos coisas melhores a fazer do que nos ocupar com a filosofia europeia, do que desconstruí-la infindavelmente. A ironia aqui é que esse grito de guerra obviamente não valeu para o próprio Fanon, que se ocupou ampla e intensamente de Hegel, psicanálise, Sartre e até Lacan. Assim, quando leio textos como o de Mignolo, também recorro a Fanon – este Fanon:

> Sou um homem e o que devo recapturar é todo o passado do mundo. Não sou responsável unicamente pela revolta de escravos em Santo Domingo. Cada vez que um homem contribuiu para a vitória da dignidade do espírito, cada vez que um homem disse não a uma tentativa de subjugar seus companheiros, senti solidariedade por seu ato. De forma alguma minha vocação básica deve ser deduzida a partir do passado dos povos de cor. De forma alguma devo me

> dedicar a reviver civilizações negras injustamente ignoradas. Não vou me transformar num homem de passado algum ... Minha pele negra não é um repositório de valores específicos ... Será que não tenho coisas melhores a fazer nesta terra do que vingar os negros do século XVII? ... Como homem de cor, não tenho o direito de esperar que haja no homem branco uma cristalização da culpa em relação ao passado de minha raça. Com o homem de cor, não tenho o direito de procurar maneiras de suprimir o orgulho de meu antigo senhor. Tampouco tenho o direito nem o dever de exigir reparações por meus ancestrais subjugados. Não existe missão negra; não existe fardo branco ... Não quero ser a vítima do engodo de um mundo negro ... Será que vou pedir a um homem branco de hoje que responda pelos traficantes de escravos do século XVII? Será que vou tentar por todos os meios disponíveis fazer com que a culpa brote em suas almas? ... Não sou um escravo da escravidão que desumanizou meus ancestrais ... seria de enorme interesse descobrir uma literatura ou arquitetura negra do século III a.C. Ficaríamos muito felizes em saber da existência de uma correspondência entre algum filósofo negro e Platão. Mas não conseguimos ver, de modo algum, como esse fato iria mudar a vida de garotos de oito anos de idade trabalhando em plantações de cana-de-açúcar na Martinica ou em Guadalupe ... Eu me encontro no mundo e reconheço ter um único direito: o de exigir dos outros um comportamento humano.[18]

O que Fanon viu com toda a clareza é que o mundo global de hoje é capitalista e como tal não pode ser problematizado efetivamente do ponto de vista de culturas locais pré-capitalistas. É por isso que a lição dos dois pequenos artigos de Marx sobre a Índia, publicados em 1853 ("A dominação britânica na Índia" e "Resultados futuros da dominação britânica na Índia"), geralmente rejeitados pelos estudos pós-coloniais como exemplos embaraçosos do eurocentrismo de seu autor, é hoje mais relevante do que nunca. Marx admite sem restrições a brutalidade e a hipocrisia degradante da colonização britânica na Índia, incluindo o uso sistemático da tortura, proibido no Ocidente, mas "terceirizado" a indianos (realmente, nada de novo sob o sol – houve Guantánamos na Índia britânica em meados do século XIX): "a profunda hipocrisia e a barbárie inerente à civilização burguesa se revelam diante de meus olhos, transferindo-se de seu lar, onde assumem formas respeitáveis, para as colônias, onde se põem a nu."[19] Tudo que Marx acrescentou foi que

> a Inglaterra destruiu todo o arcabouço da sociedade indiana, sem que tenham surgido quaisquer sinais de sua reconstrução. Essa perda do mundo antigo, sem que se tenha ganhado um novo, acrescenta um tipo especial de melancolia à atual miséria dos hindus, e separa o Hindustão, governado pelos britânicos, de suas tradições ancestrais e de toda a sua história passada ... A Inglaterra, é verdade, ao causar uma revolução social no Hindustão, foi movida unicamente pelos mais torpes interesses, e foi estúpida em sua forma de defendê-los. Mas não é essa a questão. A questão é: será que a humanidade pode realizar seu destino sem uma revolução fundamental nas condições sociais da Ásia? Senão, quaisquer que tenham sido os crimes da Inglaterra, ela foi o instrumento inconsciente da história ao provocar essa revolução.[20]

Não se deve rejeitar o discurso do "instrumento inconsciente da história" como a expressão de uma teleologia ingênua, de uma confiança na Artimanha da Razão que faz dos crimes mais torpes instrumentos do progresso. A questão é simplesmente que a colonização britânica da Índia criou condições para a dupla libertação desse país: das restrições de sua tradição e da própria colonização. É por isso que a passagem citada *não* exibe a mesma atitude desdenhosa em relação a "nações não históricas" claramente discernível em "A luta húngara", artigo escrito por Friedrich Engels e publicado no *Neue Rheinische Zeitung* em 13 de janeiro de 1849. O contexto histórico desse texto é a iminente derrota da revolução de 1848, depois que as pequenas nações eslavas (com exceção da Polônia) deram apoio militar ao imperador austríaco em seu esforço para esmagar o levante húngaro (o que explica a furiosa agressão de Engels):

> Entre todas as grandes e pequenas nações da Áustria, apenas três porta-bandeiras do progresso fizeram parte ativa da história e irão manter sua vitalidade – os *alemães*, os *poloneses e* os *húngaros*. Daí serem agora revolucionários.
>
> E todos os outros povos e nacionalidades, grandes e pequenos, estão destinados a perecer muito antes na tormenta revolucionária mundial. Por esse motivo, são agora contrarrevolucionários ... Não existe país da Europa que não tenha num canto ou noutro um ou vários fragmentos de povos, os remanescentes de uma população anterior que foi conquistada e mantida na servidão pela nação que mais tarde se tornou o principal veículo do desenvolvimento histórico. As relíquias de uma nação impiedosamente esmagada no curso da história, como diz Hegel, esses *fragmentos residuais de povos* sempre se tornaram porta-bandeiras da contrarrevolução e assim permanecem até a extirpação total ou a perda de seu caráter nacional, tal como a totalidade de sua existência é ela própria, em geral, um protesto contra uma grande revolução histórica ... Mas com os primeiros levantes vitoriosos do proletariado francês, que Luís Napoleão está fazendo o possível para evocar, os alemães e os húngaros da Áustria vão libertar-se e provocar uma vingança sangrenta contra os bárbaros eslavos. A guerra geral que então se desencadeará há de esmagar esse Sonderbund eslavo e varrer todas essas minúsculas nações conservadoras, inclusive seus próprios nomes.
>
> A próxima guerra mundial vai resultar no desaparecimento da face da terra não apenas das classes reacionárias e dinásticas, mas também de povos reacionários inteiros. E isso também é um passo à frente.[21]

Esse trecho se assemelha à distinção de Mao entre nações burguesas e proletárias, mas no sentido inverso: a luta não é apenas entre classes dentro de nações; também se dá entre nações progressistas e revolucionárias, com tudo que isso implica, ou seja, a destruição dessas "minúsculas nações conservadoras, inclusive seus próprios nomes", no processo revolucionário. A linha de pensamento de Engels baseia-se num pseudo-hegelianismo simplificado: há o progresso histórico, há nações que fazem parte desse progresso ("nações históricas") e nações que dele são espectadoras inertes ou mesmo opositoras ativas, e estas estão destinadas a perecer. (Engels leva adiante essa linha de pensamento com uma guinada reflexiva de aparência hegeliana: como essas nações poderiam ser não reacionárias se sua própria existência é uma reação, um remanescente do passado?) Engels manteve sua posição até o fim, convencido de que, com exceção dos poloneses, as pequenas nações eslavas estavam todas olhando para a Rússia, o bastião da reação, em busca de sua libertação. Em 1882, ele escreveu a Bernstein (que tinha simpatias pelos eslavos do sul): "Devemos cooperar na tarefa de libertar o proletariado da Europa ocidental e subordinar tudo mais a esse objetivo. Não importa quão interessante possam ser os eslavos dos Bálcãs etc., no momento seu desejo de libertação se choca com os interesses do proletariado, por mim podem ser todos enforcados." E numa carta a Kautsky, no mesmo ano, ele volta a afirmar a oposição entre nações progressistas e reacionárias:

> Assim, sustento a visão de que há *duas* nações na Europa que não apenas têm o direito, mas o dever de serem nacionalistas antes de se tornarem internacionalistas: a Irlanda e a Polônia. Sendo muito nacionalistas, elas são internacionalistas da melhor espécie. Os poloneses entenderam isso em todas as crises e o provaram nos campos de batalha de todas as revoluções. Tirem deles a expectativa de restabelecer a Polônia, ou convençam-nos de que a nova Polônia logo lhes será entregue por si mesma, e seu interesse pela Revolução Europeia chegará ao fim.[22]

Quanto aos eslavos do sul:

> Só com o colapso do czarismo é que a ambição nacionalista desses minúsculos povos ficará livre da associação com tendências pan-eslavistas de dominação mundial, só então poderemos deixá-los tomar seu destino nas próprias mãos. E estou certo de que seis meses de independência serão suficientes para a maioria dos eslavos austro-húngaros chegar a um ponto em que vão implorar sua readmissão. Mas essas pequeninas nações talvez nunca tenham o direito, que agora se atribuem na Sérvia, na Bulgária e na Rumélia oriental, de evitar a extensão da rede ferroviária europeia a Constantinopla.[23]

Como já vimos, o grande oponente de Engels quanto a isso é ninguém menos que Lênin; mas os textos de Marx sobre a Índia também divergem radicalmente da posição de Engels. O argumento de Marx não é que os indianos "estejam destinados a perecer muito antes da tormenta revolucionária mundial", mas quase o exato oposto: serem enredados na dinâmica do capitalismo universal vai possibilitar que se livrem de suas limitações tradicionais e envolvê-los numa luta moderna pela libertação do jugo colonial britânico. Lênin também se apegou a sua visão: quando o fracasso da revolução na Europa se evidenciou, no início da década de 1920, ele percebeu que a principal tarefa do poder soviético era trazer para a Rússia a modernidade europeia: em vez de falar sobre grandes metas, como construir o socialismo, era preciso envolver-se pacientemente na difusão da cultura e da civilização (burguesas), em total oposição ao "socialismo num só país". A modéstia dessa ambição é por vezes expressa de modo surpreendentemente aberto, como quando Lênin zomba de todas as tentativas de "construir o socialismo" na União Soviética. Como é diferente essa postura da visão de Mignolo da luta anticapitalista:

> Como aprendemos com a história, a identificação do problema não significa que só haja uma solução. Ou, melhor ainda, podemos coincidir na perspectiva da harmonia como um futuro global desejável, mas o comunismo é apenas uma forma de caminhar nessa direção. Não pode haver uma única solução simplesmente porque há muitas maneiras de ser, o que significa de pensar e de agir. O comunismo é uma opção e não um Universal Abstrato … No mundo não europeu, o comunismo é parte do problema e não a solução. O que não quer dizer que, se não se é comunista no mundo não europeu, é-se capitalista … Assim, o fato de Žižek e outros intelectuais europeus estarem repensando seriamente o comunismo significa que eles estão se engajando numa opção (a reorientação da esquerda) entre muitas que marcham, atualmente, em direção à perspectiva da harmonia superando a necessidade da guerra; superando o sucesso e a competição que geram corrupção e egoísmo, e promovendo a plenitude da vida acima do desenvolvimento e da morte.[24]

Mignolo baseia-se aqui numa distinção absolutamente ingênua entre problema e solução. Se há uma coisa que realmente aprendemos com a história é que, embora "a identificação do problema não signifique que haja apenas uma solução", também não existe uma única identificação do problema. Quando nos defrontamos com um problema (como a crise econômica global), chegamos a uma multiplicidade de formulações a respeito de onde reside esse problema e quais são suas causas (ou, num viés mais pós-moderno, chegamos a uma multiplicidade de narrativas): excessiva regulação do Estado, insuficiente regulação do Estado, falhas morais, o assombroso poder do capital, o capitalismo em si e assim por diante. Essas diferentes identificações do problema formam uma unidade dialética com as soluções propostas – ou poderíamos dizer que a identificação do problema já é formulada a partir do ponto de vista da solução alegada/imaginada. O comunismo é, portanto, não apenas uma das soluções, mas, antes de tudo, uma formulação singular do problema, tal como ele aparece no horizonte comunista. A identificação do problema por Mignolo, assim como sua formulação do objetivo comum de todas as soluções propostas, é uma prova de sua limitação, e como tal vale a pena lê-lo cuidadosamente: o objetivo comum – "*marchar* em direção à perspectiva da harmonia, promovendo a plenitude da vida"; o problema – "a necessidade da guerra … o sucesso e a competição que geram a corrupção e o egoísmo … o desenvolvimento e a morte". Seu objetivo – a harmonia, a plenitude da vida – é um verdadeiro Universal Abstrato, um contêiner vazio que pode significar muitas coisas incompatíveis (dependendo do que possamos compreender por "harmonia" e "plenitude da vida"). (Também poderíamos acrescentar causticamente que muitos movimentos anticapitalistas atingiram grandes resultados em "superar o sucesso".) A fácil equação do desenvolvimento e da morte, assim como a rejeição abstrata da guerra, da corrupção e do egoísmo, não são abstrações insignificantes. (E, a propósito, a oposição abstrata entre guerra e harmonia é especialmente suspeita, já que também pode ser lida como um apelo contra o agravamento dos antagonismos sociais, por uma harmonia pacífica do organismo social. Se for essa a direção escolhida, prefiro muito mais ser chamado de "fascista de esquerda", insistindo na dimensão emancipatória da luta.)

O QUE MIGNOLO OFERECE não são modernidades alternativas, mas uma espécie de pós-modernidade alternativa, ou seja, maneiras diferentes de superar a modernidade (capitalista) europeia. Contra essa abordagem, a herança universalista europeia deveria sem dúvida ser defendida – mas precisamente em que sentido? Segundo alguns teóricos culturais indianos, o fato de serem obrigados a usar a língua inglesa é uma forma de colonialismo cultural que censura sua verdadeira identidade. Sua linha de argumentação é: "Somos obrigados a falar uma língua estrangeira imposta para expressar nossa identidade mais profunda, e será que isso não nos coloca numa posição de alienação radical – até nossa resistência à colonização tem de ser formulada na língua do colonizador?" A resposta é: sim – mas essa imposição do inglês (como língua estrangeira) criou o próprio X que é por ela "oprimido": ou seja, o que é oprimido não é a Índia pré-colonial, mas o sonho autêntico de uma nova Índia universalista e democrática.

Será que Malcolm X não estaria seguindo a mesma ideia ao adotar o X como sobrenome? O motivo de escolher o X – desse modo assinalando que os escravagistas que trouxeram africanos escravizados de sua terra natal os privaram brutalmente de suas raízes familiares e étnicas, de todo o seu mundo de vida cultural – não era mobilizar os negros a lutar pelo retorno a algumas raízes africanas primordiais, mas precisamente aproveitar a abertura que um X proporciona, uma nova identidade desconhecida (ou a falta desta) engendrada pelo próprio processo da escravidão que fez as raízes africanas se perderem para sempre. A ideia é que esse X, que priva os negros de suas tradições particulares, oferece uma chance única de redefinirem (reinventarem) a si mesmos, de constituírem livremente uma nova identidade muito mais universal do que a universalidade professada pelos brancos. (Malcolm X, evidentemente, encontrou essa nova identidade no universalismo do islã.)

Assim, de volta à Índia, "reconciliação" significa reconciliação com a língua inglesa, que deve ser aceita não como obstáculo a uma nova Índia, a ser descartado por alguma língua local, mas como um veículo habilitador, condição positiva para a libertação. Uma verdadeira vitória sobre a colonização não é o retorno a uma existência pré-colonial "autêntica", muito menos uma "síntese" entre civilização moderna e origens pré-modernas – mas, de forma paradoxal, a *perda plenamente alcançada dessas origens pré-modernas*. Em outras palavras, o colonialismo não é superado quando a intrusão da língua inglesa como veículo é abolida, mas quando os colonizadores são, por assim dizer, derrotados no seu próprio jogo – quando a nova identidade indiana é formulada sem esforço em inglês, ou seja, quando a língua inglesa é "desnaturalizada", quando perde seu elo privilegiado com os falantes "nativos", anglo-saxões, do inglês. É fundamental assinalar que esse papel da língua inglesa foi claramente percebido por muitos intelectuais entre os *dalits*, ou "intocáveis", a casta mais baixa: uma grande proporção deles saudou o inglês e, na verdade, até o choque colonial como um todo. Para Ambedkar (a principal figura política da casta dos *dalits*) e seus sucessores, o colonialismo britânico – indesejada e incidentalmente – abre espaço ao chamado domínio da lei e à igualdade formal para todos os indianos. Antes, os indianos haviam tido apenas leis de castas, que davam aos *dalits* quase nenhum direito, somente deveres.[25] Além disso, na Índia de hoje os grupos tribais verdadeiramente ameaçados (com os das florestas em torno de Hyderabad) não lutam por seus valores e vínculos tradicionais; estão muito mais engajados na luta maoista (o movimento guerrilheiro naxalita), formulada com o objetivo universal de superar o capitalismo. São os teóricos pós-coloniais de classe alta e castas elevadas (sobretudo brâmanes), e não os que realmente pertencem a grupos indígenas tribais, que celebram a perseverança das tradições locais e da ética comunal como constituintes de uma resistência ao capitalismo.

Num nível mais geral, deve-se ter em mente que o capitalismo global não empurra automaticamente todos os seus súditos na direção do individualismo hedonista/permissivo, e também que, em diversos países que entraram recentemente no caminho da modernização capitalista acelerada (como a Índia), muitos indivíduos se apegam a crenças e à ética ditas tradicionais (pré-modernas) – valores familiares, rejeição do hedonismo desenfreado, forte identificação étnica, preferência por laços comunitários sobre a realização individual, respeito pelos mais velhos e assim por diante. Isso não prova de maneira alguma que não sejam totalmente "modernos", como se as pessoas no Ocidente liberal fossem capazes de uma plena e direta modernização capitalista enquanto as dos países menos desenvolvidos da Ásia, da África e da América Latina só pudessem sobreviver à ofensiva da dinâmica capitalista com a ajuda dos vínculos tradicionais, ou seja, como se os valores tradicionais fossem necessários quando populações locais não são capazes de sobreviver ao capitalismo mediante a adoção de sua própria ética individualista e hedonista-liberal. Teóricos pós-coloniais "subalternos", que detectam na persistência de tradições pré-modernas uma resistência ao capitalismo global e a sua modernização violenta, estão profundamente errados: pelo contrário, a fidelidade a valores pré-modernos ("asiáticos") é paradoxalmente *a* própria característica que permite a países como China, Cingapura e Índia acompanharem o ritmo da dinâmica capitalista de modo ainda mais radical do que países liberais ocidentais. A referência a valores tradicionais capacita os indivíduos a justificarem seu engajamento feroz na competição de mercado em termos éticos ("Realmente estou fazendo isso para ajudar meus pais, para ganhar dinheiro de modo que meus filhos e primos possam estudar", e assim por diante).[26]

Há uma piada agradavelmente vulgar sobre Cristo: na noite anterior ao dia em que ele é preso e crucificado, seus seguidores começam a se preocupar – Cristo ainda é virgem, não seria bom que experimentasse um pouco de prazer antes de morrer? Assim, pedem a Maria Madalena que vá até a tenda em que Cristo está repousando e o seduza. Ela concorda de bom grado e entra na tenda, mas cinco minutos depois sai de lá gritando, horrorizada e furiosa. Os seguidores perguntam o que aconteceu e ela explica: "Eu me despi lentamente, abri as pernas e mostrei minha boceta a Cristo. Ele a olhou e disse: 'Que ferida horrível! Precisa ser curada!', e delicadamente colocou sua mão sobre ela." Assim, cuidado com pessoas interessadas demais em curar as feridas dos outros – e se alguém gostar da própria ferida? Da mesma forma, curar diretamente as feridas do colonialismo (retornando efetivamente à realidade pré-colonial) seria um pesadelo: se os indianos de hoje se vissem numa realidade pré-colonial, sem dúvida soltariam o mesmo grito de terror de Maria Madalena. É exatamente a propósito da ferida do colonialismo que a mensagem final de

Parsifal, de Richard Wagner, afirma: "A ferida só pode ser curada pela lança que a produziu" (*Die Wunde schliesst der Speer nur der Sie schlug*). A própria desintegração das formas tradicionais abre espaço para a libertação. Como estava claro para Nelson Mandela e o Congresso Nacional Africano, a supremacia branca e a tentação de retornar às raízes tribais são dois lados da mesma moeda.[27]

Segundo o mito liberal padrão, a universalidade dos direitos humanos traz a paz: estabelece as condições de coexistência pacífica entre uma multiplicidade de culturas particulares. Do ponto de vista do colonizado, por outro lado, a universalidade liberal é falsa: funciona como a intrusão violenta de uma cultura estranha, dissolvendo nossas raízes particulares. De uma perspectiva propriamente dialética, deveríamos lutar por (ou melhor, endossar a necessidade de) uma abordagem que fosse o exato inverso: a ferida em si é libertadora – ou melhor, contém em si um potencial libertador –, de modo que, embora sem dúvida devamos problematizar o conteúdo positivo da universalidade imposta (o conteúdo particular que ela secretamente privilegia), devemos defender plenamente o aspecto libertador (para nossa identidade particular) da ferida em si.[28]

Apresentando a questão de outra forma, o que a experiência da língua inglesa como imposição opressiva ofusca é que o mesmo é válido para *qualquer* língua: a língua é, em si, um parasítico invasor estrangeiro. Por toda a sua obra, Lacan reconstrói o tema heideggeriano da linguagem como a morada do ser: a linguagem não é criação e instrumento do homem, o homem é que "mora" na linguagem. "A psicanálise", afirma ele, "devia ser a ciência da linguagem habitada pelo sujeito."[29] A guinada "paranoica" de Lacan, sua outra volta do parafuso freudiana, deriva de sua caracterização dessa morada como uma *casa de tortura*: "Na perspectiva freudiana, o homem é o sujeito preso e torturado pela linguagem."[30] Não somente o homem mora na "casa-prisão da linguagem" (título do primeiro livro de Fredric Jameson sobre o estruturalismo*), mas numa casa de tortura da linguagem: toda a psicopatologia apresentada por Freud, dos sintomas

* No Brasil, o livro recebeu o título de *A prisão da linguagem*. (N.T.)

de conversão inscritos no corpo aos surtos psicóticos totais, são cicatrizes dessa tortura permanente, tantos sinais de um vácuo original e irremediável entre o sujeito e a linguagem, tantos sinais de que o homem nunca pode se sentir em casa no seu próprio lar. É isso que Heidegger ignora: esse outro lado sombrio e torturante de nosso habitar na linguagem – e é por isso que também não há lugar para o Real da *jouissance* no edifício de Heidegger, já que o aspecto torturante da linguagem refere-se basicamente às vicissitudes da libido.

Sol bemol não, lá

Portanto, se descartarmos a noção obscena de que é melhor ser torturado "autenticamente" por sua "própria" língua do que por uma língua estrangeira imposta, devemos enfatizar primeiro o aspecto libertador de ser compelido a usar uma língua estrangeira "universal". Há certa sabedoria histórica no fato de que, desde os tempos medievais até recentemente, a língua franca do Ocidente foi o latim, uma língua "secundária" inautêntica, uma "queda" em relação ao grego, e não o próprio grego com todo o seu fardo autêntico: foi essa própria vacuidade e "inautenticidade" do latim que permitiu que os europeus o preenchessem com seus próprios conteúdos particulares, em contraste com a natureza atulhada e imperiosa da língua grega. Tendo aprendido precisamente essa lição, Samuel Beckett começou a escrever em francês, uma língua estrangeira, deixando atrás de si a "autenticidade" de suas raízes. Recapitulando: a função de experimentar uma língua estrangeira como uma imposição opressiva é ofuscar essa dimensão opressiva em nossa própria língua, ou seja, elevar retroativamente nossa própria língua materna ao paraíso perdido da expressão plenamente autêntica. Assim, a passagem a ser realizada quando percebemos a língua estrangeira imposta como opressiva, fora de sintonia com nossa vida interior, é transpor essa discordância para nossa língua materna. Essa passagem, é claro, é de um tipo extremamente doloroso: é como perder a própria substância de nosso ser, de nossas raízes históricas concretas. Significa que, como disse George Orwell, eu tenho de certa forma que "mudar a mim mesmo tão completamente que no final mal seria reconhecido como a mesma pessoa". Estamos prontos para isso? Já em 1937, Orwell mostrou a ambiguidade da atitude esquerdista predominante diante das diferenças de classe:

> Todos nós censuramos as distinções de classe, mas poucos desejam seriamente aboli-las. Aí se chega ao importante fato de que toda opinião revolucionária extrai parte de sua força da convicção secreta de que nada pode ser mudado ... O fato que precisa ser enfrentado é que abolir as distinções de classe significa abolir uma parte de si mesmo. Aqui estou eu, um típico membro da classe média. É fácil para mim dizer que quero ficar livre das distinções de classe, mas quase tudo que penso e faço é resultado dessas distinções. Todas as minhas noções – de bem e mal, de prazeroso e desagradável, de alegre e sério, de feio e bonito – são essencialmente noções de *classe média*; meu gosto por livros, comida e roupas, meu senso de honradez, até os movimentos característicos do meu corpo são produtos de um tipo especial de criação e de um nicho especial situado mais ou menos no meio da hierarquia social.[31]

Assim, onde é que está Orwell aqui? Ele rejeita cultivar a compaixão ou quaisquer tentativas de "tornar-se igual aos trabalhadores" – com efeito, deseja que os trabalhadores se refinem mais, e assim por diante. Mas será que isso significa que ele deseja continuar sendo de classe média e portanto aceita que as diferenças de classe permaneçam? O problema é que a maneira como Orwell formula a alternativa – "apegar-se aos valores da classe média ou tornar-se como os trabalhadores" – é falsa: ser um revolucionário autêntico nada tem a ver com "tornar-se como os trabalhadores", com imitar o estilo de vida das classes pobres. O objetivo da atividade revolucionária é, pelo contrário, mudar a situação social como um todo, de modo que os próprios trabalhadores não sejam mais "trabalhadores". Em outras palavras, os dois polos do dilema de Orwell – apegar-se aos valores da classe média ou tornar-se de fato como os trabalhadores – são opções tipicamente de classe média. Com efeito, Robespierre e Lênin eram inequivocamente de classe média em termos de sua sensibilidade privada, mas isso é irrelevante – a questão aqui não é tornar-se como os trabalhadores, mas mudar a condição destes. A visão de Orwell é válida apenas para uma certa espécie de esquerdista "burguês". Há esquerdistas que têm de fato a coragem de suas convicções, que não querem somente uma "revolução sem revolução", nas palavras de Robespierre – jacobinos e bolcheviques, entre outros. O ponto de partida desses revolucionários pode ser de fato a própria posição dos esquerdistas "burgueses": o que ocorre é que, em meio a sua postura pseudorradical, eles acabam se enredando em seu próprio jogo e começam a questionar realmente sua posição subjetiva. É difícil imaginar um exemplo político mais significativo do peso da distinção de Lacan entre o "sujeito do enunciado" e o "sujeito da enunciação": primeiro, numa negação direta, o sujeito começa desejando "mudar o mundo" sem ameaçar a posição subjetiva a partir da qual está preparado para implementar a mudança; depois, na "negação da negação", o sujeito que realiza a mudança está preparado para pagar o seu preço, mudar a si mesmo ou, citando a fórmula de Gandhi, ser ele próprio a mudança que deseja ver no mundo.

Será que "mudar a mim mesmo tão completamente que no final mal seria reconhecido como a mesma pessoa" não seria um evento de autotransformação radical comparável a um renascimento? O argumento de Orwell é que os radicais evocam a necessidade de uma mudança revolucionária como uma espécie de símbolo religioso destinado a atingir o oposto, ou seja, *evitar* que a mudança efetivamente ocorra, da mesma maneira que o esquerdista acadêmico de hoje que critica o imperialismo cultural capitalista está na verdade horrorizado com a ideia de que seu campo de estudo venha a entrar em colapso. Pensem no mundo das grandes bienais de arte internacionais, um empreendimento verdadeiramente capitalista que, via de regra, é sustentado por uma ideologia "anticapitalista" cuja forma predominante é uma mistura de antieurocentrismo, críticas à modernidade ("vivemos num universo pós-kantiano") e advertências sobre como até mesmo eventos artísticos constituem momentos de circulação do capital – às quais só podemos responder com uma versão da antiga piada dos irmãos Marx:

"Dizem que a cena artística de hoje é parte da máquina capitalista, mas isso não deve enganá-lo – ela é realmente parte da máquina capitalista!" Os famosos versos do segundo ato de *Otelo*, "Cuidado, gentil dama,/ que outra coisa não sou, tirante um crítico modesto", parecem traduzir perfeitamente a posição atual do crítico de arte: no momento em que se confronta com seu trabalho, não pode deixar de denunciar intensamente a forma como a produção, a distribuição, o consumo e a crítica de arte são determinados pelas coordenadas capitalistas globais. No labirinto dessas negações ideológicas, é reconfortante, subversivo até, encontrar uma afirmação direta dos valores "burgueses", como o fez Robert Pippin, que recentemente afirmou que todo o seu projeto filosófico é para defender o modo de vida burguês. Quem é suficientemente consistente nessa afirmação logo descobre inconsistências no modo de vida burguês, as quais o fazem avançar para além desse modo de vida precisamente com a finalidade de preservar nele o que merece ser preservado.

Estaria então uma conferência sobre a ideia de comunismo, tal como a que se realizou em Seul de 24 a 29 de setembro de 2013, igualmente destinada a se tornar um tipo semelhante de pseudoevento, uma bienal comunista? Ou estaríamos colocando em movimento algo que tem o potencial de se transformar numa verdadeira força de transformação social? Pode parecer que hoje em dia não é possível agir, que tudo que realmente podemos fazer é proclamar coisas. Mas, numa situação como a atual, proclamar o que é pode ser muito mais forte do que apelos à ação, que em regra consistem unicamente em muitas desculpas para *não* fazer coisa alguma. Permitam-me citar a audaciosa tese de Alain Badiou: "É melhor não fazer nada do que contribuir para a invenção de maneiras formais de tornar visível aquilo que o Império já reconhece como existente." É melhor não fazer nada do que se engajar em ações localizadas cuja principal função é fazer o sistema funcionar com maior fluidez (ações como abrir espaço a uma miríade de novas subjetividades etc.). A ameaça atual não é a passividade, mas a pseudoatividade, o impulso de "ser ativo", de "participar", de mascarar a Nulidade do que está ocorrendo. As pessoas intervêm o tempo todo, enquanto acadêmicos participam de "debates" sem sentido, e assim por diante, e o que é verdadeiramente difícil é dar um passo atrás, excluir-se de tudo isso. Os que estão no poder com frequência preferem até mesmo uma participação "crítica", um intercâmbio de qualquer tipo, ao silêncio – apenas a fim de nos envolver num "diálogo" para garantir que nossa perigosa passividade seja rompida. É por isso que o título do quarto encontro "A Ideia do Comunismo", realizado em Seul em setembro de 2013, foi plenamente justificado: "Parem para pensar!"

Eventos apontam nessa direção até num país como a Coreia do Sul, com seu desenvolvimento econômico explosivo. Há na Coreia uma resistência generalizada dos trabalhadores à rápida passagem para uma sociedade pós-histórica, e essa resistência vai muito além de uma simples luta dos trabalhadores por melhores salários e condições de trabalho – é uma luta por todo um modo de vida, a resistência de um *mundo* ameaçado pela modernização acelerada daquele país. "Mundo" representa aqui um horizonte de significado específico, toda uma civilização, ou melhor, uma *cultura*, com seus rituais e procedimentos cotidianos, ameaçados pela comodificação pós-histórica. Seria então conservadora essa resistência? Os autodeclarados conservadores políticos e culturais convencionais de hoje não são realmente conservadores: ao oferecer pleno apoio ao processo contínuo de autorrevolução capitalista, desejam apenas torná-lo mais eficiente, adicionando-lhe algumas instituições tradicionais (como a religião) a fim de conter suas consequências destrutivas para a vida social e manter coesa a sociedade. Hoje em dia, um verdadeiro conservador é aquele que admite plenamente os antagonismos e dilemas do capitalismo global, que rejeita o progressismo puro e simples e está atento ao reverso obscuro do progresso. Nesse sentido, somente um esquerdista radical pode ser hoje um verdadeiro conservador. Essa postura foi descrita há muito tempo por John Jay Chapman (1862-1933), um ensaísta e ativista político[32] quase esquecido hoje em dia que escreveu sobre os radicais na política:

> Os radicais na verdade estão sempre dizendo a mesma coisa. Eles não mudam; todos os outros, sim. São acusados dos crimes mais incompatíveis, de egoísmo e mania de poder, indiferença ao destino de sua própria causa, fa-

> natismo, trivialidade, falta de humor, deboche e irreverência. Mas eles tocam determinada nota. Daí o grande poder prático dos radicais consistentes. Aparentemente, ninguém os segue, mas todos acreditam neles. Eles seguram um diapasão e fazem soar um lá, e todo mundo sabe que é realmente um lá, embora o tom tradicional seja sol bemol. Nada pode evitar uma tendência ascendente no tom popular enquanto o verdadeiro lá estiver soando.[33]

Deveríamos enfatizar aqui o momento de passividade e imobilidade; nos termos de Kierkegaard, um radical não é um gênio criativo, mas um apóstolo que apenas encarna e transmite uma verdade – segue repetindo e repetindo a mesma mensagem ("a luta de classes continua"; "o capitalismo gera antagonismos", e assim por diante), e, embora possa parecer que ninguém o segue, todos acreditam nele, ou seja, todos sabem secretamente que ele está dizendo a verdade –, motivo pelo qual é com frequência acusado "dos crimes mais incompatíveis, de egoísmo e mania de poder, indiferença ao destino de sua própria causa, fanatismo, trivialidade, falta de humor, deboche e irreverência". E o que isso significa é que, na escolha entre a dignidade e o risco de parecer um bufão, um verdadeiro radical político facilmente renuncia à dignidade.

O lema a unir, em 2013, os turcos que protestaram na praça Taksim, em Istambul, foi "Dignidade!" – um bom slogan, embora ambíguo. O termo "dignidade" é adequado por tornar evidente que os protestos não se referem apenas a demandas materiais particulares, mas também à liberdade e à emancipação dos manifestantes. No caso dos protestos da praça Taksim, o apelo à dignidade dizia respeito não apenas à corrupção e à venalidade institucionais, mas também – fundamentalmente – à ideologia paternalista do primeiro-ministro turco, Recep Tayyip Erdoğan. O alvo direto dos manifestantes da praça Taksim não era o capitalismo neoliberal nem o islamismo, mas a personalidade de Erdoğan: a demanda era de que *ele* fosse deposto – mas por quê? O que havia nele que o tornou o alvo de manifestantes seculares instruídos, assim como da juventude muçulmana anticapitalista, objeto de um ódio que fundiu as duas tendências? Eis a explicação de Bülent Somay:

> Todos queriam que o primeiro-ministro Erdoğan renunciasse. Porque, como explicaram muitos ativistas durante e após a Resistência, ele com frequência interferia em seus estilos de vida, dizendo às mulheres que tivessem pelo menos três filhos, que não fizessem cesarianas, não fizessem abortos, dizendo às pessoas que não bebessem, não fumassem, não dessem as mãos em público, que fossem obedientes e religiosas. Estava o tempo todo lhes dizendo o que era melhor para elas ("comprem e rezem"). Essa era provavelmente a melhor indicação do neoliberalismo ("comprem") e do islamismo suave ("rezem") que caracterizam o governo do Partido Justiça e Desenvolvimento: a utopia do primeiro-ministro Erdoğan para Istambul (e devemos lembrar que ele foi prefeito dessa cidade por quatro anos) era um enorme shopping center e uma imensa mesquita na praça Taksim e no parque Gezi. Ele se tornara o "papai sabe-tudo" em todas as áreas da vida e tentou fazê-lo sob um disfarce paternalista inadequado, descartado sem demora durante os eventos do parque Gezi, revelando o personagem profundamente autoritário por trás da imagem.[34]

"Comprem e rezem" não é uma perfeita versão capitalista tardia do velho *ora et labora* cristão, com a identidade do trabalhador (do campo) substituída pela do consumidor? A aposta latente, é claro, é que essa oração (codinome da fidelidade às velhas tradições comunais) nos torna melhores "compradores", ou seja, participantes do mercado capitalista global. Mas o apelo à dignidade não é apenas um protesto contra essa recomendação paternalista; dignidade também é a aparência de dignidade, e nesse caso a demanda por dignidade significa que desejo ser iludido e controlado de maneira que as aparências adequadas sejam mantidas, que eu não perca minha reputação. Não é essa uma característica-chave de nossas democracias? Walter Lippmann, esse ícone do jornalismo norte-americano do século XX, desempenhou um papel fundamental na autocompreensão da democracia de seu país; em *Opinião pública* (1922),[35] ele afirmou que uma "classe governante" deve apresentar-se para enfrentar o desafio – ele via o público da mesma forma que Platão, uma enorme fera ou um rebanho perplexo, chafurdando no "caos das opiniões locais". Assim, esse rebanho de cidadãos deve ser governado por "uma classe especializada cujos interesses vão além da localidade", e essa classe de elite deve agir como um aparato de conhecimento que supere o defeito básico da democracia, o ideal impossível do "cidadão onicompetente". É assim que a democracia funciona – com nosso consentimento. Não há mistério nas palavras de Lippmann: trata-se de um fato óbvio. O mistério é que, mesmo sabendo disso, ainda assim fazemos o jogo. Agimos *como se* fôssemos livres e decidíssemos livremente, em silêncio, não apenas aceitando, mas até *exigindo* que uma recomendação invisível (inscrita na própria forma de nossa liberdade de expressão) nos diga o que fazer e como pensar. Como Marx percebeu muito tempo atrás, o segredo está na própria forma. Nesse sentido, numa democracia, todo cidadão comum é efetivamente um rei – mas um rei numa democracia constitucional, um rei que só decide formalmente, cuja função é sancionar medidas propostas por uma administração executiva. É por isso que o problema dos rituais democráticos é homólogo ao grande problema da democracia constitucional: como proteger a dignidade do rei? Como manter a aparência de que ele efetivamente decide, quando todos sabem que isso não é verdade? O que chamamos de "crise da democracia" não ocorre quando as pessoas param de acreditar em seu próprio poder, mas, pelo contrário, quando deixam de confiar nas elites, aquelas cujos membros supostamente sabem por elas e fornecem as orientações; quando vivenciam a ansiedade sinalizando que "o (verdadeiro) trono está vazio", que a decisão agora é *realmente* delas. Portanto, sempre há nas "eleições livres" um mínimo aspecto de polidez: os que estão no poder fingem educadamente que de fato não detêm o poder, e nos pedem para decidirmos livremente se desejamos conceder-lhes esse poder – de uma forma que espelha a lógica da oferta destinada a ser recusada, como mencionamos antes. Assim, de volta à Turquia, seria esse o único tipo de dignidade que os manifestantes desejam, cansados como estão da forma primitiva e abertamente direta como são enganados e manipulados? Sua demanda seria mesmo "Queremos ser enganados de uma forma adequada – façam pelo menos um esforço honesto para nos enganar sem insultar nossa inteligência!", ou seria realmente mais que isso? Se nosso objetivo é maior, devemos então ter consciência de que o primeiro passo para a libertação é livrar-se da falsa aparência de liberdade e proclamar abertamente que não somos livres. O primeiro passo, digamos, para a libertação feminina é desfazer-se da aparência de respeito pelas mulheres e proclamar abertamente que elas são oprimidas – mais do que nunca, o senhor de hoje não quer parecer um senhor.[36]

Rumo a um novo Mestre

Nas páginas finais de *A Segunda Guerra Mundial*, uma obra monumental, Winston Churchill reflete sobre o enigma de uma decisão militar. Depois de especialistas (analistas econômicos e militares, psicólogos, meteorologistas...) apresentarem suas múltiplas, elaboradas e refinadas análises, alguém deve assumir a ação simples, e por isso mesmo muito difícil, de traduzir essa multiplicidade complexa – em que para cada razão a favor há duas razões contra – num simples "Sim" ou "Não": devemos atacar; devemos continuar esperando. Esse gesto, que nunca pode se basear inteiramente na razão, é o de um Mestre. Os especialistas devem apresentar a situação em sua complexidade; o Mestre deve simplificá-la, transformando-a num ponto de decisão.

Essa figura do Mestre é necessária especialmente em situações de crise profunda. A função do Mestre aqui é realizar uma divisão autêntica – uma divisão entre os que desejam persistir dentro dos antigos parâmetros e os que estão conscientes da mudança necessária. O presidente Obama é com frequência acusado de dividir o povo norte-americano em vez de uni-lo para encontrar amplas soluções bipartidárias – mas e se for isso, exatamente, o que há de bom nele? Essa divisão, e não acordos oportunistas, é o único caminho que leva à verdadeira unidade. Tomemos um exemplo certamente não problemático: a França em 1940. Mesmo Jacques Duclos, o segundo homem na hierarquia do Partido Comunista francês, admitiu numa conversa privada que se, na época, fossem realizadas eleições livres no país, o marechal Pétain teria ganhado com 90% dos votos. Quando De Gaulle, em seu ato histórico, se recusou a reconhecer a capitulação de Pétain à Alemanha e continuou a resistir, afirmando que apenas ele, e não o regime de Vichy, falava em nome da verdadeira França (em nome da França em si, não somente em nome da "maioria dos franceses"), o que estava dizendo era profundamente verdadeiro, mesmo que em termos "democráticos" tal atitude não apenas carecesse de legitimação, mas fosse claramente oposta à opinião da maioria do povo francês. E Margaret Thatcher, a "dama que não é de voltar atrás", também era um Mestre desse tipo, aferrando-se a seu projeto de liberalismo econômico de início percebido como louco e gradualmente elevando sua loucura singular ao nível de uma norma aceitável. Quando Thatcher foi indagada sobre sua maior realização, respondeu prontamente: "o Novo Trabalhismo". E ela estava certa: seu triunfo foi o fato de até mesmo seus adversários políticos adotarem suas práticas econômicas básicas. O verdadeiro triunfo não é a vitória sobre o inimigo; ele ocorre quando o próprio inimigo começa a usar sua linguagem, de modo que suas ideias passam a constituir o alicerce do campo como um todo.

Assim, o que resta hoje em dia do legado de Thatcher? A hegemonia neoliberal está claramente desmoronando. A única solução é repetir o gesto de Thatcher na direção oposta. Thatcher talvez tenha sido a única thatcherista verdadeira – ela acreditava claramente em suas ideias. O neoliberalismo atual, pelo contrário, "só imagina que acredita em si mesmo e exige que o mundo imagine a mesma coisa" (para citar Marx). Lembremos uma vez mais a cruel piada, já mencionada, de *Ser ou não ser*, de Lubitsch: questionado sobre os campos de concentração alemães na Polônia ocupada, o oficial nazista responsável, "Erhardt Campo de Concentração", rebate: "Nós fazemos a concentração, os poloneses fazem o campo." O mesmo não se aplicaria à falência da Enron, em janeiro de 2002 (assim como a todas as catástrofes financeiras subsequentes), que pode ser interpretada como uma espécie de comentário irônico sobre a noção de sociedade de risco? Os milhares de empregados que perderam suas ocupações e poupanças certamente foram expostos ao risco, mas sem nenhuma opção verdadeira: o risco lhes apareceu como um destino inevitável. Aqueles que, pelo contrário, tinham efetivamente uma visão dos riscos, assim como da possibilidade de intervir na situação (os gerentes de alto escalão), minimizaram seus próprios riscos liquidando suas ações e opções antes da falência – de modo que é verdade que vivemos numa sociedade de escolhas arriscadas, mas alguns (os gerentes de Wall Street) de fato escolhem, enquanto outros (as pessoas comuns que pagam hipotecas) se arriscam.

Como já assinalamos, uma das estranhas consequências do colapso financeiro e das medidas tomadas para enfrentá-lo (enormes somas de dinheiro para ajudar os bancos) foi um renascimento das obras de Ayn Rand, o mais próximo que se pode chegar de um ideólogo do capitalismo do tipo "a cobiça é boa" – as vendas de sua *magnum opus*, *A revolta de Atlas*, voltaram a explodir. De acordo com algumas análises, já há sinais de que o cenário descrito em *A revolta de Atlas* – os próprios capitalistas criativos entrando em greve – está se consumando. John Campbell, um parlamentar republicano, disse em apoio ao movimento Tea Party: "Os realizadores estão entrando em greve. Estou vendo, num nível menor, uma espécie de protesto de pessoas que criam empregos ... que estão reduzindo suas ambições por perceberem como serão punidas em função delas." O absurdo dessa reação é que ela representa uma leitura equivocada da situação: a maior parte das gigantescas somas utilizadas para o resgate de instituições financeiras foi precisamente para os "titãs" randianos desregulados que fracassaram em seus esquemas "criativos" e por isso provocaram o colapso. Não são os grandes gênios criativos que estão agora ajudando as preguiçosas pessoas comuns, mas os contribuintes comuns é que estão ajudando os "gênios criativos" falidos.

O outro aspecto do legado de Thatcher atacado por seus críticos de esquerda foi sua forma "autoritária" de liderança, sua falta de um senso de coordenação democrática. Nesse ponto, contudo, as coisas são mais complexas do que podem parecer. Os atuais protestos populares por toda a Europa convergem numa série de demandas que, em sua própria espontaneidade e franqueza, constituem uma espécie de "obstáculo epistemológico" a qualquer confrontação adequada da presente crise de nosso sistema político. Essas demandas devem ser lidas efetivamente como uma versão popularizada da política deleuziana: as pessoas sabem o que querem, têm capacidade de descobrir e formular esse desejo, mas somente por meio de um engajamento e uma atividade permanentes, de modo que precisamos de uma democracia participativa eficaz, não de uma democracia representativa com seu ritual eleitoral que a cada quatro anos interrompe a passividade dos eleitores; precisamos de uma multidão auto-organizada, não de um Partido Leninista com seu Líder.

Mas esse mito da auto-organização direta não representativa não seria a última armadilha, a ilusão mais profunda, à qual é mais difícil renunciar? Sim, existem em todo processo revolucionário momentos eufóricos de solidariedade grupal, quando milhares, centenas de milhares, ocupam juntos uma praça pública, como a praça Tahrir, no Cairo, em 2011; sim, há momentos de intensa participação coletiva em que comunidades locais debatem e decidem, em que as pessoas vivem numa espécie de estado de emergência permanente, tomando as coisas em suas próprias mãos, sem um Líder para guiá-las. Mas essas condições não são permanentes – e o "cansaço" não é aqui um simples fato psicológico, mas uma categoria de ontologia social. A ampla maioria – inclusive eu – *deseja* ser passiva e confiar num aparato de Estado eficiente para garantir o funcionamento tranquilo de todo o edifício social, de modo que eu possa realizar meu trabalho em paz.

Seguindo o espírito da ideologia atual, que exige passar da hierarquia tradicional, uma subordinação ao Mestre do tipo pirâmide, para redes rizomáticas pluralizantes, a análise política gosta de assinalar que os novos protestos antiglobalistas por toda a Europa e os Estados Unidos, do Occupy Wall Street à Grécia e à Espanha, não têm uma agência principal, um Comitê Central, coordenando suas atividades. Em vez disso, trata-se apenas de múltiplos grupos interagindo, na maioria das vezes por meio de novas mídias como o Facebook ou o Twitter, e coordenando sua atividade de maneira espontânea. É por isso que, quando os mecanismos do poder policial procuram por comitês organizadores secretos, só fazem errar o alvo – em Liubliana, capital da Eslovênia, 10 mil manifestantes reuniram-se em frente ao Parlamento, em fevereiro de 2014, e orgulhosamente proclamaram: "O protesto tem a presença de 10 mil organizadores." Mas será que essa auto-organização "molecular" espontânea é realmente um modo novo e mais eficiente de "resistência"? Será que o lado oposto, especialmente o capital, já não age cada vez mais como aquilo que a teoria de Deleuze chama de multidão pós-edipiana?[37] O próprio poder tem de entrar num diálogo nesse nível, respondendo tuíte com tuíte – com efeito, agora o papa e primeiros-ministros estão no Twitter. Não deveríamos ter medo de levar essa linha de raciocínio à sua conclusão: a oposição entre poder vertical hierárquico-centralizado e multidões horizontais é inerente à ordem social e política existente; nenhum dos dois é *a priori* "melhor" ou mais "progressista".[38]

Além disso, no que diz respeito à multidão molecular auto-organizada contra a ordem hierárquica sustentada pela referência a um Líder carismático, vale a pena observar a ironia de a Venezuela, celebrada por muitos por suas tentativas de desenvolver formas de democracia direta (conselhos locais, cooperativas, fábricas dirigidas por trabalhadores), ser também um país cujo presidente era Hugo Chávez, um poderoso líder carismático. É como se a regra freudiana da transferência também estivesse valendo aqui: para que os indivíduos "ultrapassem a si mesmos", rompam a passividade da política representativa e se tornem eles próprios agentes políticos diretos, faz-se necessária a referência ao Líder, um Líder que lhes permita escapar do pântano, como o Barão de Münchhausen, um líder que "supostamente sabe" o que eles desejam. É por isso que, em seu livro de diálogos, Alain Badiou e Elisabeth Roudinesco estavam certos ao apontar que, ao mesmo tempo que realmente solapam o Mestre clássico, as redes horizontais alimentam novas formas de dominação muito mais fortes do que esse mesmo Mestre. A tese de Badiou é que um sujeito precisa de um Mestre para se elevar acima do "animal humano" e praticar a fidelidade a um Evento-Verdade:

> ROUDINESCO: Em última instância, o que se perdeu nas sociedades psicanalíticas foi a posição do Mestre em benefício da posição do pequeno chefe.
> AESCHIMANN: O que você quer dizer com "mestre"?
> ROUDINESCO: A posição do mestre permite a transferência: o psicanalista "supostamente sabe" o que o analisando vai descobrir. Sem esse conhecimento atribuído ao psicanalista, a busca da origem do sofrimento é quase impossível.

> AESCHIMANN: Temos realmente de passar pela restauração do mestre?
> BADIOU: O mestre é aquele que ajuda o indivíduo a se tornar sujeito. Ou seja, admitindo-se que o sujeito surge na tensão entre o indivíduo e a universalidade, então é óbvio que o indivíduo necessita de uma mediação, e portanto de uma autoridade, a fim de progredir nesse caminho. A crise do mestre é uma consequência lógica da crise do sujeito, e a psicanálise não escapou a ela. É preciso renovar a posição do mestre; não é verdade que se possa avançar sem isso, mesmo e especialmente na perspectiva da emancipação.
> ROUDINESCO: Quando o mestre desaparece, é substituído pelo chefe, por seu autoritarismo, e mais cedo ou mais tarde isso sempre termina em fascismo – infelizmente, a história o provou.[39]

E Badiou não tem medo de opor o papel necessário do Mestre a nossa sensibilidade "democrática":

> Estou convencido de que é preciso restabelecer a função capital dos líderes no processo comunista, qualquer que seja o estágio. Dois episódios cruciais em que a liderança foi insuficiente foram a Comuna de Paris (nenhum líder notável, com exceção de Dombrowski no domínio estritamente militar) e a Grande Revolução Cultural Proletária (Mao estava muito velho e cansado, e o "grupo da GRCP", infectado pelo ultraesquerdismo). Essa foi uma dura lição.
>
> Essa função capital dos líderes não é compatível com o ambiente "democrático" predominante, motivo pelo qual estou engajado numa dura luta contra esse ambiente (afinal de contas, deve-se começar pela ideologia). Quando lido com pessoas cujo jargão é lacaniano, digo "uma figura de Mestre". Quando são militantes, digo "ditadura" (no sentido de Carl Schmitt). Quando são trabalhadores, digo "líder da massa", e assim por diante. E assim logo me entendem.[40]

Mas será esse efetivamente o caso? Será que a única alternativa ao Mestre é o chefe (potencialmente "totalitário")? Em psicanálise, o Mestre é por definição um impostor, e o problema do processo analítico resume-se a dissolver a transferência ao Mestre *qua* "sujeito suposto saber" – a conclusão da análise envolve a queda do sujeito suposto saber. Embora

Jacques-Alain Miller (como analista) confirme essa queda, não obstante concorda com Badiou em que o reino da política é o domínio do discurso do Mestre. A diferença entre eles reside no fato de que, enquanto Badiou opta pelo pleno engajamento, Miller defende um distanciamento cínico em relação ao Mestre: um psicanalista

> ocupa a posição do satirista que toma cuidado para não intervir no campo político. Ele age de forma a que as aparências sejam mantidas, ao mesmo tempo que assegura que os sujeitos sob seus cuidados não as tomem como *reais* ... deve ser levado de alguma forma a *acreditar nelas* (ser enganado por elas). Lacan poderia dizer que "os não enganados erram": se a pessoa não age como se as aparências fossem reais, se não deixa sua eficiência em paz, as coisas mudam para pior.[41]

Deve-se rejeitar essa premissa comum: um axioma da política emancipatória radical é que o Mestre *não* é o derradeiro horizonte de nossa vida social, que se pode formar um coletivo que não seja unido por uma figura do Mestre. Sem esse axioma, não existe uma política comunista propriamente dita, apenas aperfeiçoamentos pragmáticos da ordem atual. Entretanto, deveríamos ao mesmo tempo seguir a lição da psicanálise: o único caminho no rumo da libertação passa pela transferência, e é por isso que a figura de um Mestre é inevitável. Assim, deveríamos seguir sem medo a sugestão de Badiou: para acordar efetivamente os indivíduos de seu dogmático "sono democrático", de sua confiança cega em formas institucionalizadas de democracia representativa, os apelos à auto-organização direta não são suficientes: faz-se necessária uma nova figura do Mestre. Lembremos os famosos versos de "Uma razão", de Arthur Rimbaud:

> Um toque de seus dedos no tambor detona todos os sons e inicia uma nova harmonia,
> Um passo seu é o levante de todos os homens e sua marcha.
> Sua cabeça se vira: o novo amor!
> Sua cabeça se volta – o novo amor![42]

Não há absolutamente nada nesses versos que seja inerentemente "fascista". O supremo paradoxo da dinâmica política é ser necessário um Mestre para tirar os indivíduos do impasse de sua inércia e motivá-los a se envolver na luta emancipatória autotranscendente por sua liberdade. Assim, o que precisamos hoje em dia, nesta situação, é de uma Thatcher de esquerda: um líder que repita o gesto de Thatcher na direção oposta, transformando todo o campo de pressupostos compartilhado pela atual elite política de todas as principais orientações. Também é por isso que devemos rejeitar a ideologia daquilo que Saroj Giri chamou de "horizontalismo anárquico", a desconfiança em todas as estruturas hierárquicas – devemos reafirmar sem pudor a ideia de "vanguarda", quando uma parte do movimento progressista assume a liderança e mobiliza outras:

> Para que o consenso e o horizontalismo não continuem restritos à tarefa de nutrir egos quase liberais, devemos então ser capazes de delinear o modo como podem contribuir para uma noção de política mais substantiva – uma noção que envolve o verticalismo. Talvez essa seja uma forma melhor de reviver a política comunista do que fazer votos politicamente corretos de horizontalismo e consenso.[43]

Giri toma o exemplo do Conselho de Porta-Vozes, em Oakland, do movimento Occupy Wall Street, uma estrutura distinta da Assembleia Geral:

> uma estrutura distinta que não se deve confundir com o movimento, tomando decisões-chave e implementando-as: esse (incipiente) verticalismo estaria violando o processo democrático de tomada de decisões ou seria esse o funcionamento natural do horizontalismo, proporcionar-nos um verticalismo que é a evolução do horizontalismo, sua verdade? ... *o fato de a minoria fornecer a rota do movimento não equivale a uma subjetividade reificada.*[44]

O mesmo vale para as chamadas táticas "extremistas", que podem ser contraproducentes, mas também podem radicalizar um amplo círculo de apoiadores: "essas práticas, que constituem as ações de uma minoria radical, não levam à desunião, mas a uma unidade revolucionária superior."[45]

"O direito de necessidade"

Portanto, qual é o gesto elementar desse Mestre? Surpreendentemente, aqui Hegel apontou o caminho. Comecemos com sua explanação sobre o "direito de necessidade" (*Notrecht*):[46]

> *§ 127* A particularidade dos interesses da vontade natural, tomada na sua simples totalidade, é a existência pessoal como vida. Em extremo perigo e em conflito com a propriedade jurídica de outrem, esta vida pode reclamar (como direito, não como favor) um direito de necessidade [*Notrecht*], pois em tal situação há, de um lado, um dano infinito à existência humana e a consequente perda total de direitos e, de outro, apenas o dano a uma única e limitada personificação da liberdade; e isso implica um reconhecimento tanto do direito como tal quanto da capacidade para direitos do homem que sofre o dano, porque este afeta apenas a sua propriedade.
> *Nota:* O direito de necessidade é a base do *beneficium competentiae*, por meio do qual o devedor tem permissão de ficar com seus instrumentos de trabalho, implementos agrícolas, roupas ou, em resumo, com seus meios, isto é, com a propriedade do seu credor, tanto quanto seja considerado indispensável para que tenha condições de subsistência – subsistência, claro, em seu próprio nível social.
> *Acréscimo:* A vida, enquanto conjunto de fins, tem direito contra o direito abstrato. Se, por exemplo, o roubo de um pão pode prolongar a vida, essa ação é evidentemente um atentado à propriedade de alguém, mas seria injusto considerá-la como um roubo comum. Recusar que um homem cuja vida corre perigo tome essas medidas para sua autopreservação (como roubar a comida de que necessita para sua sobrevivência) seria estigmatizá-lo como sem direitos, e, uma vez que ele seria privado de sua vida, sua liberdade lhe seria completamente negada.

§ *128* Essa necessidade revela a finitude e, portanto, a contingência tanto do direito quanto de sua satisfação como a incorporação abstrata da liberdade sem incorporar a pessoa particular, e da satisfação como a esfera da vontade particular sem a universalidade do direito.

Hegel não fala aqui das considerações humanitárias que devem temperar nosso zelo legalista (se um pai empobrecido rouba pão para alimentar seu filho faminto, devemos demonstrar misericórdia e compaixão, ainda que ele tenha descumprido a lei). Os partidários dessa abordagem, que limitam seu zelo a lutar contra o sofrimento, enquanto deixam intacto o edifício jurídico-econômico dentro do qual esse sofrimento ocorre, "só demonstram que, a despeito de seu brado sanguinário falsamente humanista, encaram as condições sociais em que a burguesia é dominante como o produto final, o *non plus ultra* da história"[47] – a caracterização de Marx, que se ajusta perfeitamente a humanitaristas de hoje como Bill Gates. Hegel está falando de um direito jurídico básico, um direito que é *como tal* superior a quaisquer outros direitos jurídicos. Em outras palavras, não estamos tratando simplesmente do conflito entre as demandas da vida e as restrições do sistema jurídico de direitos, mas do direito (à vida) que se sobrepõe a todos os direitos formais, ou seja, do *conflito inerente* à esfera dos direitos, um conflito inevitável e *necessário*, já que serve como indicador da finitude, da inconsistência e do caráter "abstrato" do sistema de direitos jurídicos em si. "Recusar que um homem cuja vida corre perigo tome essas medidas para sua autopreservação [como roubar a comida de que necessita para sua sobrevivência] seria *estigmatizá-lo como sem direitos*." Assim, uma vez mais, a questão não é que a punição por um roubo justificado iria privar o sujeito de sua vida, mas que iria excluí-lo do domínio dos direitos, ou seja, o reduziria a uma vida desprotegida fora do domínio da lei, da ordem jurídica. Em outras palavras, essa recusa priva o sujeito de seu próprio *direito a ter direitos*. Além disso, a *Nota* citada aplica essa lógica à situação de um devedor, afirmando que lhe deveria ser permitido manter seus recursos no grau considerado indispensável para que ele continuasse sua vida não apenas no nível da mera sobrevivência, mas "em seu próprio nível social" – uma afirmação totalmente relevante em nossos dias com respeito à situação da maioria empobrecida em Estados devedores como a Grécia. Entretanto, a questão-chave aqui é: podemos universalizar esse "direito de necessidade", estendendo-o a toda uma classe social e a seus atos contra a propriedade de uma outra classe? Embora Hegel não aborde diretamente essa questão, uma resposta positiva se impõe a partir de sua descrição da "ralé" como um grupo ou classe cuja exclusão do domínio do reconhecimento social é *sistemática*:

> § 244 *Acréscimo*: Uma vez mais, a natureza humana não pode reivindicar nenhum direito, mas, uma vez que a sociedade se estabelece, a pobreza imediatamente assume a forma de um mal que uma classe faz a outra.

Numa situação como essa, em que toda uma classe de pessoas é sistematicamente empurrada abaixo do nível da sobrevivência digna, recusar que elas tomem "medidas para a sua autopreservação" (que, nesse caso, só pode significar a rebelião aberta contra a ordem jurídica estabelecida) é *estigmatizá-las como sem direitos*. Em suma, o que extraímos dessa leitura de Hegel é nada menos que um Hegel maoista, um Hegel que nos diz o que Mao dizia aos jovens no início da Revolução Cultural: "É correto rebelar-se!" Essa é a lição do verdadeiro Mao.

Um verdadeiro Mestre não é um agente da disciplina e da proibição. Sua mensagem não é "Você não pode!" nem "Você deve...!", mas um "Você pode!" libertador. Mas "pode" o quê? Fazer o impensável, isto é, o que parece impossível dentro das coordenadas da constelação existente – e hoje em dia isso significa algo muito preciso: vocês podem pensar além do capitalismo e da democracia liberal como arcabouço final de suas vidas. Um Mestre é um mediador evanescente que o devolve a si mesmo, que o entrega ao abismo de sua liberdade: quando ouvimos um verdadeiro líder, descobrimos o que queremos (ou melhor, o que sempre-já queríamos sem o saber). Um Mestre é necessário porque não podemos aceder a nossa liberdade diretamente – para obter esse acesso, temos de ser empurrados a partir de fora, já que nosso "estado natural" é o do hedonismo inerte, o que Badiou chama de "animal humano". O paradoxo subjacente aqui é que, quanto mais vivemos como "indivíduos livres sem um Mestre", mais somos efetivamente não livres, presos ao arcabouço de possibilidades existente: temos de ser empurrados/excitados à liberdade por um Mestre.

Em *Art/Violence*, de Udi Aloni, um documentário tributo a Juliano Mer Khamis, fundador do Teatro da Liberdade de Jenin, uma jovem atriz palestina descreve o que Juliano significava para ela e seus colegas: ele lhes deu sua liberdade, ou seja, os tornou conscientes do que podem fazer, abriu uma nova possibilidade para eles, filhos sem lar de um campo de refugiados. Esse é o papel de um autêntico Mestre: quando temos medo de alguma coisa (e o medo da morte é o medo maior que nos torna escravos), um verdadeiro amigo dirá algo como: "Não tenha medo, veja, eu farei aquilo de que você tem medo, e o farei de graça – não porque precise, mas pelo amor que tenho por você; não tenho medo!" Ele o faz e dessa forma nos liberta, demonstrando *in actu* que pode ser feito, que também podemos fazê-lo, que não somos escravos...

Houve um traço desse apelo do autêntico Mestre no slogan da primeira campanha presidencial de Obama: "Sim, podemos!", frase que assim abria uma nova possibilidade. Mas, alguém poderia dizer, Hitler também não fez algo formalmente semelhante? Sua mensagem ao povo alemão não foi "Sim, podemos" matar os judeus, esmagar a democracia, agir de forma racista, atacar outras nações? Uma análise mais atenta mostra-nos imediatamente a diferença: longe de ser um autêntico Mestre, Hitler foi um demagogo populista que jogou cuidadosamente com os desejos obscuros das pessoas. Pode parecer que, ao fazer isso, estivesse seguindo o abominável lema de Steve Jobs: "Muitas vezes, as pessoas não sabem o que querem até que você lhes mostre." Entretanto, a despeito de tudo que se possa criticar quanto às atividades de Jobs, ele estava perto de ser um autêntico Mestre no modo como entendia o seu lema. Quando lhe perguntaram o quanto a Apple investiga sobre o que os clientes desejam, ele respondeu: "Nada. Não é tarefa dos clientes saber o que desejam... nós imaginamos o que nós desejamos."[48] Observem a surpreendente guinada de seu argumento: após negar que os clientes saibam o que querem, Jobs não prossegue com o reverso direto que seria de esperar – "É tarefa nossa (a tarefa do capitalismo criativo) imaginar o que os clientes desejam e depois 'mostrá-lo' no mercado." Em vez disso, continua ele: "nós imaginamos o que *nós* desejamos." É assim que um verdadeiro Mestre funciona. Não tenta adivinhar o que as pessoas desejam; simplesmente obedece a seu próprio desejo, de maneira que cabe às pessoas decidir se irão segui-lo. Em outras palavras, seu poder deriva de sua fidelidade a seu desejo, de não comprometê-lo. Aí reside a diferença entre um verdadeiro Mestre e, digamos, um líder stalinista que finge saber (mais do que elas próprias) aquilo que as pessoas realmente desejam (o que realmente é bom para elas), e está então preparado para lhes impor isso mesmo contra a vontade delas.

A solução de Hegel para o dilema do Mestre – ter um Mestre (como um rei) reduzido a seu Nome, uma autoridade puramente simbólica totalmente dissociada de todas as verdadeiras qualificações para seu trabalho, uma monarca cuja única função é assinar propostas preparadas por especialistas – não deve ser confundida com a cínica postura de "Queremos um Mestre que sabemos ser um idiota". Não podemos trapacear dessa maneira, uma vez que é preciso fazer uma escolha: ou não levamos a figura do mestre a sério (e nesse caso o Mestre simplesmente não funciona de modo performativo) ou o levamos a sério na maneira de agirmos, apesar de nossa consciente ironia direta (que podemos desenvolver ao ponto de realmente desprezarmos o Mestre). Se assim fosse, estaríamos simplesmente tratando de um caso de rejeição, de "Eu sei muito bem, mas": nosso distanciamento irônico é parte da relação transferencial com a figura do Mestre; funciona como uma ilusão subjetiva que nos habilita a suportar efetivamente o Mestre – ou seja, fingimos não levar o Mestre a sério para podermos suportar o fato de o Mestre ser realmente o nosso mestre.

Um mecanismo de trapaça semelhante é aceitar a necessidade da figura de um Mestre político, mas afirmar que essa figura só pode ascender após um processo de deliberação coletiva: o Mestre não pode ser convocado a trazer a solução quando as pessoas se encontram num dilema. Nesse caso, só se consegue um ditador que de fato não sabe o que fazer. Primeiro as pessoas têm de unir sua vontade em torno de determinado projeto, e só depois permitir que uma figura semelhante a um Mestre as conduza pelo caminho delineado nesse projeto. Lógica como possa parecer, essa noção põe a carroça à frente dos bois: como foi discutido, os verdadeiros líderes não fazem o que as pessoas querem ou planejam; eles dizem às pessoas o que elas querem, e é só por meio deles que elas percebem o que querem. Aí reside a ação de um verdadeiro líder político: após ouvi-lo ou ouvi-la, as pessoas subitamente percebem o que sempre souberam desejar – ouvir o Mestre faz com que entendam melhor sua própria posição e as habilita a reconhecerem a si mesmas, suas necessidades mais profundas, no projeto que lhes é apresentado.

Mas um Mestre autêntico não precisa ser um líder: Marek Edelman (1919-2009) foi um ativista político e social judeu polonês. Antes da Segunda Guerra Mundial, ele havia atuado na União Judaica Trabalhista, de tendência esquerdista (que se opunha ao projeto sionista); durante a guerra, foi cofundador da Organização Judaica de Combate, participou do Levante do Gueto de Varsóvia, em 1943 (tornando-se líder após a morte de Mordechaj Anielewicz), e também do levante geral da cidade em 1944. Depois da guerra, Edelman se tornou um cardiologista famoso; a partir da década de 1970, colaborou com o Comitê de Defesa dos Trabalhadores; como membro do Solidariedade, participou das chamadas Mesas-Redondas Polonesas em 1989. Embora enfrentasse o antissemitismo em seu país, Edelman foi sempre um antissionista; numa entrevista concedida em 1985, ele disse que o sionismo era uma "causa perdida" e questionou a viabilidade de Israel. Perto do fim da vida, defendeu publicamente a resistência palestina, afirmando que a autodefesa dos judeus pela qual havia lutado corria o perigo de cruzar a linha que a separava da opressão. Em agosto de 2002, escreveu uma carta aberta aos líderes da resistência palestina; embora criticasse os ataques suicidas cometidos por palestinos, seu tom enfureceu o governo e a imprensa israelenses, uma vez que foi escrita no espírito de solidariedade de um companheiro de luta na resistência, um antigo líder de um levante judaico que não fora diferente, em termos de desespero, do levante palestino nos territórios ocupados. Em função disso, Edelman nunca obteve nenhum reconhecimento oficial israelense por seu heroísmo; quando visitou a Polônia como primeiro-ministro e Edelman fazia parte da delegação que aguardava por ele no aeroporto de Varsóvia, Yitzhak Rabin se recusou a lhe apertar a mão (a razão que deu foi que não queria apertar as mãos de um membro do Bund).[49] Chamar Edelman de um "judeu que odiava a si mesmo" teria sido a maior das obscenidades, já que ele representa uma certa postura ética raramente encontrada hoje em dia: sabia quando deveria agir (contra os alemães), fazer declarações públicas (em favor dos palestinos), envolver-se em atividades políticas (pelo Solidariedade) ou simplesmente estar ali. Quando esposa e filhos emigraram, no auge de uma crescente campanha antissemita, em 1968, ele resolveu ficar na Polônia, comparando-se às pedras dos prédios em ruínas no local onde ficava o campo de extermínio de Auschwitz: "Afinal, alguém tinha de permanecer aqui junto com todos os que morreram." Isso diz tudo: o que importava era, em última instância, sua pura e simples presença ali, não suas declarações – a consciência da presença de Edelman, o próprio fato de ele "estar ali", é que libertava as pessoas.

Apêndice: *Nota bene!*

Os dois significados de "*nota bene*" – "preste muita atenção, observe bem" (o correto) e "boa noite" (o falso, baseado numa tradução equivocada de "*nota*" por "noite") – mostram com muita precisão o destino do crítico da ideologia na atualidade. Em nossa era de indiferença cínica, a mensagem do crítico da ideologia é "Prestem muita atenção ao que estou dizendo, acordem para a sua realidade!", enquanto a resposta a esse apelo frequentemente é: "Você é chato, me deixa com sono, portanto, boa noite!" Como romper esse torpor dogmático, como passar do "boa noite" ao "estou ouvindo o que você diz"?

O que torna tão difícil essa tarefa é que os sonhos ideológicos não são simplesmente opostos à realidade: eles estruturam (aquilo que vivenciamos como) a realidade. Se, contudo, o que vivenciamos como realidade é estruturado pela fantasia, e se a fantasia serve como a tela que nos protege de sermos diretamente afetados pela frieza do Real, então *a própria realidade pode funcionar como uma forma de evitar o encontro com o Real.* Na oposição entre sonho e realidade, a fantasia está do lado desta última, e é nos sonhos que encontramos o Real traumático. Logo, não é que os sonhos sejam para aqueles que não podem aguentar a realidade; na verdade, a própria realidade é que é para aqueles que não podem aguentar (o Real que se anuncia em) seus sonhos. Essa é uma lição que Lacan extraiu do famoso sonho, relatado por Freud em *A interpretação dos sonhos*, do pai que adormece enquanto vigia o caixão do filho. No seu sonho, o filho morto lhe aparece, pronunciando o terrível apelo: "Pai, não vê que estou queimando?" Quando o pai acorda, descobre que uma das velas acesas sobre o caixão do filho havia caído, ateando fogo ao pano que o cobria.

Então, por que o pai acordou? Teria sido porque o cheiro da fumaça ficou tão forte que não era mais possível prolongar o sono, incorporando-o ao sonho improvisado? Lacan propõe uma leitura muito mais interessante: não foi a interferência do sinal vindo da realidade externa que acordou esse pai infeliz, mas o caráter insuportavelmente traumático daquilo que encontrou no sonho – enquanto "sonhar" significa fantasiar para evitar o confronto com o Real, o pai literalmente acordou para poder continuar sonhando. O cenário foi o seguinte: quando seu sono foi perturbado pela fumaça, o pai rapidamente construiu um sonho que incorporou o elemento perturbador (fumaça/fogo) a fim de prolongar o sono; mas o que ele confrontou no sonho foi um trauma (sua responsabilidade pela morte do filho) muito maior que a realidade, de modo que ele acordou para esta a fim de evitar o Real.

O que isso significa é que a crítica da ideologia não deve começar criticando a realidade, mas criticando nossos sonhos. A arte do sonhar revolucionário pode desempenhar um papel crucial em tempos pré-revolucionários. Esse sonhar não se limita apenas a forças radicais: também se pode aprender muito com a forma distorcida como um agente histórico conservador ou liberal imagina a sombra ameaçadora do Evento emancipador. Até um Evento virtual pode deixar vestígios, servir como ponto de referência ambíguo – aí reside o interesse do filme de Christopher Nolan sobre Batman, *O Cavaleiro das Trevas ressurge*, que só pode ser adequadamente entendido contra o pano de fundo do Evento que imagina. Eis o roteiro do filme (um tanto simplificado).

Oito anos antes dos eventos de *O Cavaleiro das Trevas*, a lei e a ordem prevalecem em Gotham City: com os extraordinários poderes que lhe foram conferidos pela Lei de Dent, o comissário Gordon praticamente erradicou o crime violento e organizado. Mas sente-se culpado pelo acobertamento dos crimes de Harvey Dent (ao tentar matar o filho de Gordon, antes que Batman o salvasse, Dent caiu e morreu, e Batman assumiu a queda em favor do mito de Dent, possibilitando que ele próprio fosse demonizado como o vilão de Gotham City) e planeja revelar a conspiração num evento público em homenagem a ele, antes de decidir que a cidade não está preparada para a verdade. Não mais atuando como Batman, Bruce Wayne vive isolado em sua mansão, enquanto seus negócios sucumbem depois de ele investir num projeto de energia limpa destinado a controlar a fusão atômica, mas encerrado depois que Bruce descobre que o núcleo poderia ser alterado para se tornar uma arma nuclear. Enquanto isso, a bela Miranda Tate, membro do conselho executivo das Empresas Wayne, estimula Bruce a voltar à sociedade e continuar com seus trabalhos filantrópicos.

Aqui entra o (primeiro) vilão do filme. Bane, um líder terrorista que foi membro da Liga das Sombras, obtém uma cópia do discurso de Gordon. Depois que as maquinações financeiras de Bane levam a empresa de Wayne quase à bancarrota, Wayne passa o controle desta a Miranda e também se envolve num breve caso amoroso com ela. (Nisso ela compete com Selina Kyle, uma ladra de carros que tira dos ricos para redistribuir a riqueza, mas finalmente se une a Wayne e às forças da lei e da ordem.) Ao descobrir que Bane assumiu o controle de seu núcleo de fusão, Wayne retorna como Batman e confronta Bane, que diz ter recebido o comando da Liga das Sombras após a morte de seu líder, Ra's al Ghul. Depois de ferir Batman num combate corpo a corpo, Bane o detém numa prisão da qual fugir é praticamente impossível: os detentos contam a Wayne a história da única pessoa a escapar com sucesso, uma criança levada pela necessidade e pela pura força de vontade. Enquanto o prisioneiro Wayne se recupera de seus ferimentos e volta a treinar para ser Batman, Bane consegue transformar Gotham City numa cidade-Estado isolada. Primeiro atrai a maior parte dos policiais da cidade para o subsolo e os deixa presos; depois detona explosões que destroem a maioria das pontes que ligam Gotham City ao continente, anunciando que qualquer tentativa de sair da cidade vai resultar na detonação do núcleo de fusão de Wayne, convertido numa bomba.

Aqui chegamos ao momento crucial do filme: a conquista de Bane é acompanhada de uma ampla ofensiva político-ideológica. Ele revela publicamente o acobertamento da morte de Dent e liberta os presos condenados pela lei que leva o nome deste. Condenando os ricos e poderosos, promete devolver o poder às pessoas comuns, conclamando-as a "retomar sua cidade".

Bane se revela "o inequívoco participante do Occupy Wall Street, convocando os 99% a marchar unidos e derrubar as elites da sociedade".[1] O que se segue é a ideia do filme sobre o poder popular: julgamentos sumários e execuções de ricos, ruas caóticas com crimes e atrocidades, e assim por diante.

Depois de alguns meses, Wayne consegue escapar da prisão, retorna a Gotham como Batman e convoca seus amigos a ajudá-lo a libertar a cidade e interromper a bomba de fusão antes que ela exploda. Ele enfrenta e derrota Bane, mas Miranda intervém e o ataca, revelando ser Talia al Ghul, a filha de Ra's: foi ela que escapou da prisão quando criança, e Bane foi a única pessoa a ajudá-la em sua fuga. Após anunciar seu plano de completar o trabalho do pai destruindo Gotham, Talia foge. No pandemônio subsequente, Gordon elimina a possibilidade de a bomba ser detonada por controle remoto enquanto Selina mata Bane, permitindo que Batman saia à caça de Talia. Ele tenta forçá-la a levar a bomba para a câmara de fusão, onde pode ser estabilizada, mas ela inunda a sala. Talia morre quando seu caminhão bate fora da estrada, e Batman leva a bomba além dos limites da cidade, onde ela explode no oceano e presumivelmente o mata.

Batman é agora celebrado como um herói cujo sacrifício salvou Gotham City, enquanto Wayne, ao que se presume, morreu nos tumultos. Quando a propriedade de Wayne é dividida, seu fiel mordomo Alfred o vê ao lado de Selina num café em Florença, enquanto Blake, um jovem policial honesto que conhece a identidade de Batman, é nomeado herdeiro da Batcaverna. Em suma, Batman evita o desastre, sai ileso e passa a ter uma vida normal, com outra pessoa assumindo seu papel na defesa do sistema.[2]

Batman, Coringa, Bane

A primeira pista do alicerce ideológico desse final é fornecida pelo mordomo Alfred, que, no (suposto) funeral de Wayne, lê as últimas linhas de *Um conto de duas cidades*, de Dickens: "Esta é, sem dúvida, a melhor coisa que faço e que jamais fiz; este é, sem dúvida, o melhor descanso que terei e que jamais tive." Alguns críticos do filme tomaram essa fala como indicação de que ele

> atinge o nível mais nobre da arte ocidental ... O filme apela ao cerne da tradição da América – o ideal do sacrifício nobre pelas pessoas comuns. Batman deve ser humilhado para ser exaltado, e abandonar sua vida para encontrar uma nova ... Uma completa figura de Cristo, Batman se sacrifica para salvar outras pessoas ... o filme não elege basicamente uma filosofia em detrimento de outra, mas apresenta a premissa central da civilização ocidental.[3]

E efetivamente, dessa perspectiva, há apenas um recuo de Dickens a Cristo no Calvário: "Pois aquele que quiser salvar a sua vida vai perdê-la, mas o que perder a sua vida por causa de mim vai encontrá-la. De fato, que aproveitará ao homem se ganhar o mundo inteiro mas arruinar a sua vida?" (Mateus 16:25-26). O sacrifício de Batman como a repetição da morte de Cristo? Essa ideia não seria prejudicada pela última cena do filme (Wayne com Selina num café de Florença)? A contrapartida religiosa desse final não seria, em vez disso, a conhecida ideia blasfema de que Cristo na verdade sobreviveu a sua crucificação e teve uma vida longa e tranquila (na Índia ou talvez no Tibete, segundo algumas fontes)? A única forma de redimir essa cena final teria sido interpretá-la como um devaneio (alucinação) de Alfred, sentado sozinho no tal café de Florença. Outra característica dickensiana do filme é a reprovação despolitizada do fosso entre ricos e pobres. No início do filme, Selina sussurra a Wayne enquanto dançam numa festa exclusiva de classe alta: "Uma tempestade se aproxima, sr. Wayne. É melhor que o senhor e seus amigos se preparem, pois quando ela chegar vocês vão ficar surpresos por terem imaginado que pudessem viver à larga e deixar tão pouco para o resto de nós." Jonathan Nolan, irmão de Christopher e coautor do roteiro, está (como todo bom liberal) "preocupado" com essa disparidade e admite que tal preocupação está presente no filme:

> o que eu vejo no filme que tem relação com o mundo real é a ideia da desonestidade. O filme é todo sobre esse problema terrível ... A noção de equidade econômica entra aos poucos no filme e há duas razões para isso. A primeira é que Bruce Wayne é um bilionário. Isso tem de ser abordado ... Mas a segunda é que há muitas coisas na vida, e a economia é uma delas,

> em que temos de aceitar em confiança muitas coisas que nos dizem, pois a maioria de nós acredita não ter as ferramentas analíticas para saber o que está se passando ... Não acho que exista no filme uma perspectiva de direita ou esquerda. O que existe é apenas uma avaliação ou um exame honesto do mundo em que vivemos – das coisas que nos preocupam.[4]

Embora os espectadores saibam que Wayne é bilionário, tendem a esquecer a fonte de sua riqueza: produção de armas mais especulações no mercado financeiro, motivo pelo qual as jogadas de Bane na bolsa de valores podem destruir seu império. Comerciante de armas e especulador – esse é o verdadeiro segredo que se oculta sob a máscara de Batman. Como o filme lida com isso? Ressuscitando a arquetípica alegoria de Dickens de um bom capitalista que se envolve no financiamento de orfanatos (Wayne) contra um capitalista ruim e ambicioso (Stryver, no caso de Dickens). Nessa supermoralização de Dickens, a disparidade econômica entre ricos e pobres se traduz por "desonestidade", a qual deveria ser "honestamente" analisada, embora nos falte um levantamento cognitivo confiável. Essa abordagem "honesta" leva a outro paralelo com Dickens – como Jonathan Nolan afirma abertamente: "*Um conto de duas cidades* foi para mim uma espécie de retrato excruciante de uma civilização identificável, reconhecível, que havia se desmantelado totalmente. Com o Terror em Paris, na França daquele período, não é difícil imaginar que as coisas pudessem ir tão mal."[5] As cenas dos populistas vingativos se insurgindo no filme (uma turba sedenta do sangue dos ricos que os negligenciaram e exploraram) evoca as descrições que Dickens faz do Terror, de modo que, embora "nada tenha a ver com política" (como diz Christopher Nolan), o filme segue o romance de Dickens ao retratar "honestamente" os revolucionários como fanáticos endemoniados, e assim fornece

> a caricatura daquilo que na vida real seria um revolucionário ideologicamente comprometido lutando contra a injustiça estrutural. Hollywood conta o que o establishment quer que você saiba – revolucionários são criaturas brutais, com profundo desprezo pela vida humana. Apesar da retórica eman-

cipatória sobre libertação, eles escondem planos sinistros. Assim, quaisquer que sejam suas razões, precisam ser eliminados.[6]

Tom Charity estava certo ao observar "a defesa que o filme faz do establishment na forma de bilionários filantrópicos e policiais incorruptíveis"[7] – em sua desconfiança em relação às pessoas que querem resolver as coisas por si mesmas, o filme "demonstra tanto um desejo de justiça social quanto o medo de como as coisas podem ficar nas mãos de uma turba".[8] Ramakrishnan Karthick levanta aqui uma questão perspicaz com respeito à imensa popularidade da figura do Coringa no filme anterior: por que essa atitude dura em relação a Bane quando o Coringa foi tratado com leniência no outro filme? A resposta é simples e convincente:

> O Coringa, apelando à anarquia em sua forma mais pura … revela criticamente a hipocrisia da civilização burguesa tal como ela existe, [mas] suas opiniões não podem ser traduzidas numa ação de massa … Bane, por outro lado, apresenta uma ameaça existencial ao sistema de opressão … Sua força não está apenas no físico, mas também na capacidade de comandar e mobilizar pessoas para que atinjam um objetivo político. Ele representa a vanguarda, o representante organizado dos oprimidos que trava uma luta política em nome deles para provocar mudanças estruturais. Uma força assim, com seu imenso potencial subversivo, o sistema não pode assimilar. Deve ser eliminada.[9]

Entretanto, mesmo que Bane não tenha o fascínio do Coringa de Heath Ledger, há uma característica que o distingue deste: o amor incondicional, a própria fonte de sua fortaleza. Numa cena curta, porém tocante, ele conta a Wayne como, num ato de amor em meio a um sofrimento terrível, salvou a menina Talia, sem se importar com as consequências e pagando um alto preço por isso (quase morreu apanhando para defendê-la).[10] Karthick tem toda a razão quando situa esse evento na longa tradição, de Cristo a Che Guevara, que exalta a violência como "obra do amor", como nas famosas palavras do diário deste último: "Permitam-me dizer, sob o risco de parecer ridículo, que o verdadeiro revolucionário é guiado por grandes sentimentos de amor. É impossível imaginar um verdadeiro revolucionário sem essa qualidade."[11] O que encontramos aqui não é tanto a "cristificação do Che" quanto a "cheização" do próprio Cristo – o Cristo cujas palavras "escandalosas" ("Se alguém vem a mim e não odeia seu próprio pai e mãe, mulher, filhos, irmãos, irmãs e até a própria vida, não pode ser meu discípulo" – Lucas 14:26) apontam exatamente na mesma direção da famosa frase de Che: "Há que ser duro, mas sem perder a ternura." A afirmação de que "o verdadeiro revolucionário é guiado por grandes sentimentos de amor" deveria ser lida juntamente com sua descrição, muito mais "problemática", dos revolucionários como "máquinas de matar":

> O ódio é um elemento da luta; o ódio incessante do inimigo que nos impele acima e à frente das limitações naturais de que o homem é herdeiro e o transforma numa efetiva, violenta, seletiva e fria máquina de matar. Nossos soldados devem ser assim; um povo sem ódio não pode vencer um inimigo brutal.[12]

Ou, novamente parafraseando Kant e Robespierre: o amor sem crueldade é impotente; a crueldade sem amor é cega, uma paixão temporária que perde o seu contorno persistente. Aqui Guevara está parafraseando as declarações de Cristo sobre a unidade do amor e da espada – em ambos os casos, o paradoxo subjacente é que o que torna o amor angélico, o que o eleva acima do sentimentalismo mais instável e patético, é sua própria crueldade, seu elo com a violência. É esse elo que leva o amor acima e além das limitações naturais do homem e assim o transforma num impulso incondicional. Desse modo, embora Che Guevara certamente acreditasse no poder transformador do amor, nunca se poderia ouvi-lo dizer que "tudo de que se precisa é amor". O que se precisa é de *amor com ódio*, ou, como disse Kierkegaard, a consequência necessária (a "verdade") da obrigação cristã de *amar seu inimigo* é

> a obrigação de *odiar o amado* a partir do amor e no amor ... Com tanta intensidade – humanamente falando a uma espécie de loucura – quanto possa o

> cristianismo impor a exigência do amor se o amor significar o cumprimento da lei. Portanto, ele ensina que o cristão deve, se lhe for exigido, ser capaz de odiar o pai, a mãe, a irmã e o ser amado.[13]

Em contraste com o amor erótico, essa noção de amor deveria receber aqui todo o seu peso paulino: *o domínio da violência pura*, o domínio fora da lei (poder jurídico), o domínio da violência que não se baseia na lei nem tampouco a sustenta, é o domínio da ágape (amor incondicional).[14] Portanto, não estamos lidando aqui simplesmente com um ódio brutal exigido por um Deus cruel e invejoso: o ódio prescrito por Cristo não é uma espécie de oposto pseudodialético do amor, mas uma expressão direta da ágape. É o próprio amor que nos prescreve o "desligamento" da comunidade orgânica em que nascemos; ou, como dizia são Paulo, para o cristão não existe nem homem nem mulher, nem judeus nem gregos. Assim, mais uma vez, se os atos de violência revolucionária são "obras do amor" no sentido estritamente kierkegaardiano do termo, não é porque a violência revolucionária "realmente" vise estabelecer uma harmonia não violenta. Pelo contrário, a libertação revolucionária autêntica é mais diretamente identificada com a violência – é a violência em si (o gesto violento de descartar, de estabelecer uma diferença, de traçar uma linha divisória) que liberta. A liberdade não é um estado encantadoramente neutro de harmonia e equilíbrio, mas o próprio ato violento que perturba esse equilíbrio. É por isso que, de volta a *O Cavaleiro das Trevas ressurge*, o único amor autêntico no filme é aquele expresso por Bane, o "terrorista", em evidente contraste com Batman.

Seguindo a mesma linha, a figura de Ra's al Ghul, o pai de Talia, merece um olhar mais atento. Ra's é uma mistura de traços árabes e ocidentais, um agente do terror virtuoso lutando para se contrapor à civilização ocidental corrupta. Seu papel cabe a Liam Neeson, ator cuja persona cinematográfica geralmente irradia a bondade e a sabedoria dignificadas (ele é Zeus em *Fúria de Titãs*), que também faz o papel de Qui-Gon Jinn em *A ameaça fantasma*, primeiro episódio da série *Guerra nas estrelas*. Qui-Gon é um cavaleiro Jedi, o mentor de Obi-Wan Kenobi, assim como aquele que descobre Anakin Skywalker, acreditando que este seja o Escolhido que irá restaurar o equilíbrio do universo, ignorando as advertências do Yoda sobre a natureza instável de Anakin; no final de *A ameaça fantasma*, Qui-Gon é morto por Darth Maul.[15]

Na trilogia *Batman*, Ra's é também o professor do jovem Wayne. Quando, em *Batman Begins*, ele encontra o jovem Wayne numa prisão chinesa, apresenta-se como "Henri Ducard", oferecendo ao garoto um "caminho". Depois de Wayne ser libertado, ele vai até o lar da Liga das Sombras, onde Ducard está à espera, posando como o servo de um homem chamado Ra's al Ghul. Ao fim de um longo e doloroso treinamento, Ducard explica que Bruce deve fazer o possível para enfrentar o mal, revelando ao mesmo tempo que eles o haviam treinado com a intenção de que liderasse a Liga na destruição de Gotham City, que acreditavam ter se tornado irremediavelmente corrupta. Meses depois, Ra's reaparece inesperadamente e revela não ser Henri Ducard, mas Ra's al Ghul. No confronto que se segue, Ra's faz um relato minucioso das aventuras da Liga das Sombras através da história (saqueando Roma, disseminando a Peste Negra e iniciando o Grande Incêndio de Londres). Ele explica que a destruição de Gotham City é apenas outra missão da Liga para corrigir as recorrentes manifestações de decadência da humanidade e, presumivelmente, proteger o meio ambiente. Ra's manda então seus cúmplices incendiarem a Mansão Wayne com a intenção de matar Bruce e diz: "A justiça é uma balança. Você queimou minha casa e me tomou por morto; considere-nos quites." Wayne sobrevive ao incêndio e, como Batman, enfrenta Ra's. Depois de derrotá-lo, Batman o deixa à morte num trem que explode; Ra's usa seus últimos momentos para meditar e é dado como morto, embora seu corpo não seja encontrado nos destroços. Ra's não é, assim, apenas uma encarnação do Mal: representa uma combinação de virtude e terror, a disciplina igualitária lutando contra um império corrupto; pertence assim à linhagem que vai (na ficção recente) de Paul Atreides em *Duna* a Leônidas em *300*. E é crucial que Wayne seja seu discípulo: foi com ele que se formou como Batman.

Traços de utopia

Agora podemos ver como a trilogia *Batman* de Nolan segue claramente uma lógica imanente.[16] Em *Batman Begins*, o herói permanece dentro dos limites de uma ordem liberal: o sistema pode ser defendido com métodos moralmente aceitáveis. *O Cavaleiro das Trevas* é efetivamente uma nova versão dos dois westerns clássicos de John Ford (*Sangue de heróis* e *O homem que matou o facínora*), os quais mostram como, para civilizar o Velho Oeste, foi preciso "imprimir a lenda" e ignorar a verdade – em suma, como nossa civilização deve sustentar-se numa Mentira: é preciso quebrar as regras para defender o sistema.[17] Ou, em outras palavras, em *Batman Begins* o herói é simplesmente um clássico justiceiro urbano que pune os criminosos quando a polícia não o consegue. O problema é que a polícia, a agência oficial de imposição da lei, tem uma reação ambígua à ajuda de Batman: embora admitindo sua eficiência, o percebe como uma ameaça a seu monopólio do uso da força e uma testemunha de sua própria ineficiência. A transgressão de Batman, contudo, é aqui puramente formal. Reside em agir a favor da lei sem ter legitimidade para tal: em seus atos, ele nunca transgride a lei. *O Cavaleiro das Trevas* muda essas coordenadas: o verdadeiro rival de Batman não é o Coringa, seu oponente, mas Harvey Dent, o "cavaleiro branco", o novo e agressivo procurador distrital, uma espécie de justiceiro oficial cujo fanatismo na luta contra o crime o leva a assassinar pessoas inocentes e à sua destruição. É como se Dent fosse a resposta da ordem jurídica à ameaça que Batman representa: contra a luta deste como justiceiro, o sistema gera sua própria exorbitância jurídica, seu próprio justiceiro, que – muito mais violento do que Batman – transgride diretamente a lei. Há assim uma justiça poética no fato de que, quando Bruce planeja revelar publicamente sua identidade, Dent se adiante e se apresente como Batman – ele é "mais Batman do que o próprio Batman" –, concretizando a tentação a que este ainda conseguia resistir. Assim, quando, no final do filme, Batman assume como seus os crimes cometidos por Dent a fim de preservar a reputação do herói popular que encarna a esperança das pessoas comuns, seu ato de humildade contém uma partícula de verdade: Batman devolve, de certa forma, o favor que Dent lhe fizera. Seu ato é um gesto de troca simbólica: primeiro Dent assume a identidade de Batman, depois Wayne – o verdadeiro Batman – assume os crimes que Dent cometeu.

Finalmente, *O Cavaleiro das Trevas ressurge* leva as coisas mais adiante ainda: Bane não seria Dent levado ao extremo sua autonegação? Um Dent que chega à conclusão de que o próprio sistema é injusto, de modo que, para efetivamente enfrentar a injustiça, é preciso se voltar diretamente contra o sistema e destruí-lo? E, como parte da mesma mudança, um Dent que perde todas as inibições e está pronto a usar toda a brutalidade assassina para atingir seu objetivo? O surgimento de uma figura assim muda toda a constelação: para todos os participantes, Batman inclusive, a moral é relativizada, torna-se uma questão de conveniência, algo determinado pelas circunstâncias – trata-se de uma guerra de classes declarada e tudo é permitido em defesa do sistema quando se lida não apenas com gângsteres loucos, mas com um levante popular.

Isso é tudo? Será que o filme deveria ser simplesmente rejeitado por aqueles que estão engajados em lutas emancipatórias radicais? Realmente não. As coisas são mais ambíguas e é preciso interpretar o filme da maneira que se faz para revelar um poema político chinês: ausências e presenças surpreendentes são relevantes. Lembremos o velho conto francês sobre uma esposa que se queixa ao melhor amigo do marido de que ele está lhe fazendo propostas sexuais ilícitas: leva algum tempo para o surpreso amigo entender – dessa forma enviesada, ela o está convidando a seduzi-la. É como o inconsciente freudiano que não conhece a negação: o que interessa não é uma avaliação negativa de alguma coisa, mas o simples fato de essa coisa ser mencionada – em *O Cavaleiro das Trevas ressurge*, a força das pessoas está *aqui*, apresentada como um Evento, num passo à frente fundamental em relação aos oponentes usuais de Batman (megacapitalistas criminosos, gângsteres e terroristas).

Temos aqui a primeira pista da profunda ambiguidade do filme – a possibilidade de o movimento Occupy Wall Street tomar o poder e estabelecer uma democracia popular em Manhattan é tão patentemente absurda, tão visceralmente irrealista, que não se pode deixar de indagar: por que um grande *blockbuster* hollywoodiano sonharia com isso? Por que invocar esse espectro? Por que sonhar com o OWS irrompendo numa tomada de poder violenta? A resposta óbvia (macular o OWS com acusações de que contém um potencial terrorista-totalitário) não é suficiente para explicar a estranha atração exercida pela possibilidade do "poder popular". Não admira que o funcionamento adequado desse poder permaneça no vácuo, ausente: não se fornecem detalhes sobre como esse poder popular funciona, o que as pessoas mobilizadas estão fazendo (lembremos que Bane diz a elas que podem fazer o que quiserem – não está lhes impondo sua própria ordem). Pode-se até falar aqui de uma *censura* necessária: qualquer representação do povo auto-organizado durante o domínio de Bane teria prejudicado o efeito do filme, deixando evidentes suas inconsistências.

É por *isso* que o filme merece uma leitura mais atenta:[18] o Evento – a "república popular de Gotham City", a ditadura do proletariado em Manhattan – é *imanente* ao filme; é (usando uma expressão gasta da década de 1970) seu "centro ausente". É por isso que a crítica externa do filme ("sua representação do domínio do OWS é uma caricatura ridícula") não é suficiente: a crítica deve ser imanente, deve situar dentro do próprio filme uma multiplicidade de sinais que apontam na direção do Evento autêntico. (Lembremos, por exemplo, que Bane não é somente um terrorista brutal, mas uma pessoa capaz de amor e sacrifício profundos.) Em suma, ideologia pura não é possível. A autenticidade de Bane *deve* deixar sua marca na textura do filme.[19]

Violência, que violência?

Há, não obstante, duas contestações sensatas que se impõem a propósito de nossa leitura do filme de Nolan. Primeiro, *houve* violência e monstruosos assassinatos em massa em revoluções reais, do stalinismo ao Khmer Vermelho, de modo que o filme, evidentemente, não está apenas engajado na imaginação reacionária. Então vem a segunda desaprovação, de caráter oposto: o movimento OWS real era pacífico e seu objetivo definitivamente não era um novo reinado do terror; na medida em que a revolta de Bane supostamente extrapola a tendência do movimento OWS, o filme falsifica de forma ridícula seus objetivos e estratégias. Os atuais protestos antiglobalização são o próprio oposto do terror brutal de Bane: este representa a imagem especular do terror de Estado, de uma seita fundamentalista assassina assumindo o poder e governando pelo terror, não da superação do terror de Estado mediante a auto-organização popular. O que ambas as contestações compartilham é sua rejeição à figura de Bane. A resposta às duas é complexa.

Primeiro, deve-se deixar claro o real escopo da violência. A melhor resposta à afirmação de que a reação violenta da turba à opressão é pior do que a própria opressão original foi dada por Mark Twain em seu *Um ianque na corte do rei Artur*:

> Houve dois "Reinados do terror", se nos lembrássemos disso e o considerássemos: um construído com o calor da paixão, o outro com o mais desumano sangue-frio ... nossos calafrios são todos pelos "horrores" do Terror menor, o Terror temporário, por assim dizer, ao passo que qual é o horror da morte rápida por uma machadada comparado à morte contínua por fome, frio, insultos, crueldade e desespero? Um cemitério municipal poderia ter os caixões preenchidos pelo Terror momentâneo que todos nós fomos diligentemente ensinados a temer e lamentar; mas a França inteira dificilmente conseguiria abrigar os caixões preenchidos por aquele Terror mais antigo, aquele Terror indizivelmente mais amargo e medonho, que nenhum de nós foi ensinado a perceber em sua amplidão ou lamentar como merece.

Para apreender essa natureza paraláxica da violência, deve-se enfocar os curtos-circuitos entre diferentes níveis, digamos, entre poder e violência social: uma crise econômica que causa devastação é vivenciada como um poder incontrolável quase natural – mas deveria ser vivenciada como violência.

Em segundo lugar, não é apenas o filme de Nolan que é incapaz de imaginar um poder popular autêntico. Os próprios movimentos emancipatórios radicais "reais" também têm sido incapazes de fazê-lo: permaneceram confinados às coordenadas da antiga sociedade, motivo pelo qual o verdadeiro "poder popular" foi frequentemente um horror violento.[20] Há uma certa brutalidade revolucionária, um desprezo pelos custos humanos de nossos atos que pode ser legitimamente questionado. Quando, por exemplo, um país está sob ocupação e a maioria da população hesita e não consegue decidir se deve se unir à luta ou não, a resistência radical é por vezes tentada a provocar fortes retaliações da parte dos ocupantes (incendiar aldeias, assassinar reféns) para aumentar a raiva da população – os terríveis custos humanos são aceitos como o preço a ser pago pela mobilização do povo. (Ao contra-argumento de que essa é uma tática radical que envolve um risco além das considerações pragmáticas, deveríamos responder com outra paráfrase da já mencionada piada do *Ser ou não ser* de Lubitsch – "Nós fazemos a concentração, os poloneses fazem o campo": os líderes não estão arriscando as próprias vidas, estão provocando os ocupantes, pessoas comuns estão sofrendo as consequências.)

Além disso, é preciso desmitificar o problema da violência, rejeitando afirmações simplistas de que o comunismo do século XX usou em demasia a violência assassina e de que deveríamos ter cuidado para não voltar a cair nessa armadilha. Como um fato, isto é terrivelmente verdadeiro, é claro – mas esse foco direto na violência ofusca a pergunta subjacente: o que havia de inerentemente errado com o projeto comunista do século XX e que fraqueza imanente desse projeto forçou os comunistas no poder (e não apenas eles) a recorrer à violência irrestrita? Em outras palavras, não basta dizer que os comunistas "desprezaram o problema da violência": foi um equívoco sociopolítico mais profundo que os empurrou para a violência. (O mesmo vale para a noção de que os comunistas "desprezaram a democracia": seu projeto geral de transformação social lhes impôs esse "desprezo".)

Em outras palavras, devemos rejeitar terminantemente a própria questão da "suspensão ética do político-teológico" – a ideia de que devemos estar preparados para restringir nosso envolvimento político (ou político-religioso) quando este leva a violar normas morais elementares, quando nos faz cometer assassinatos em massa e provocar outras formas de sofrimento. Assim, o que há de errado com o raciocínio que segue a linha do "Quando você está obcecado por uma visão política (ou religiosa), não trabalhe apenas para trazê-la à realidade, dê um passo atrás para ver como ela afetará outras pessoas, como perturbará suas vidas – existem certas normas morais básicas (não torture, não use assassinatos como instrumento etc.) acima de qualquer engajamento político"? A questão não é se deveríamos inverter a suspensão e afirmar que o engajamento (teológico-)político justifica a violação de normas morais básicas. A questão, em vez disso, é que nossa crítica de uma visão (teológico-)política que justifica assassinatos em massa e assim por diante deveria ser *imanente*. Não basta rejeitar essa visão em nome de escrúpulos morais externos: deve haver algo de errado com essa visão em si, em seus próprios termos (teológico-)políticos. Dessa maneira, o stalinismo não deve ser rejeitado por ser imoral e assassino, mas por ter fracassado em seus próprios termos, por ter traído suas premissas.

Por último, mas não menos importante, é simples demais afirmar que não existe um potencial criminoso no OWS e em movimentos semelhantes. *Existe* violência funcionando em todo processo reivindicatório autêntico: o problema com *O Cavaleiro das Trevas ressurge* é ter equivocadamente traduzido essa violência em terror brutal. Permitam-me esclarecer esse aspecto com uma digressão sobre meus críticos que, quando forçados a admitir que minha declaração de que "Hitler não foi suficientemente violento" não significou um apelo por apavorantes assassinatos em massa, tendem a dirigir suas reprovações para suas próprias cabeças, dizendo que só usei uma linguagem provocativa para apresentar um argumento banal e desinteressante. Eis o que um deles escreveu a propósito de minha afirmação de que Gandhi foi mais violento que Hitler:

> Žižek usa aqui a linguagem de uma forma que pretende ser provocativa e confundir as pessoas. Ele não quis *realmente* dizer que Gandhi foi mais violento que Hitler ... O que ele quer fazer, em vez disso, é alterar a compreensão típica da palavra "violento", de modo que as formas de protesto não violento de Gandhi contra os britânicos sejam consideradas mais violentas do que as tentativas de Hitler, incrivelmente violentas, de dominação do mundo

> e de genocídio. Violência para Žižek, nesse exemplo particular, na verdade significa aquilo que provoca um levante social de massa. Dessa maneira, da mesma forma que muita coisa que ele escreve, não é realmente nada de novo, interessante ou surpreendente. E é por isso que ele prefere escrever de maneira provocativa, confusa e bizarra e não de uma forma direta. Se tivesse escrito que Gandhi realizou mais por meio da não violência voltada à mudança sistêmica do que Hitler usando a violência, todos concordaríamos ... mas também saberíamos que não há nenhuma profundidade numa declaração dessas. Žižek tenta nos chocar e, ao fazê-lo, mascara uma conclusão totalmente trivial sobre Gandhi e Hitler que todos já acreditavam ser verdadeira antes de lerem Žižek.
>
> O mesmo vale para seu argumento controverso a respeito de judeus e antissemitas. Não há nada de notável no argumento de que na mente de todo nazista que odeia judeus deve existir também um judeu ficcional para que esse nazista o odeie. E assim qualquer tentativa de tirar dos nazistas os judeus que estão dentro deles, como Žižek afirma que Hitler uma vez disse, resultaria na destruição dos próprios nazistas (uma vez que os próprios antissemitas precisam da existência desse judeu dentro de si). Em outras palavras, Žižek está mais uma vez fazendo uma confusa salada de palavras na tentativa de revestir banalidades como profundidade. O método de Gandhi para mudar as coisas funcionou porque ele visou o sistema em si. O antissemita jamais pode matar o objeto de seu ódio porque sua visão de mundo necessita do judeu ficcional.[21]

Em ambos os casos, a crítica é a mesma: que tentei vender a tese banal de que Gandhi visava mudar o sistema e não destruir pessoas, mas, sendo isso um lugar-comum, eu o formulei de maneira mais provocativa, ampliando estranhamente o significado da palavra "violência" para incluir mudanças institucionais; e o mesmo vale para minha declaração de que "o judeu está no antissemita, mas o antissemita é também um judeu": trata-se apenas de uma forma distorcida de apresentar o lugar-comum de que, na mente de todo nazista que odeia judeus, deve haver também um judeu ficcional para ser odiado. Mas será esse o caso? E se o ponto-chave se perder nessa tradução de minha "confusa salada de palavras" como senso comum? No segundo caso, meu argumento não é apenas a afirmação (efetivamente óbvia) de que o "judeu" a que o nazista se refere é uma ficção ideológica, mas que, ao mesmo tempo, sua própria identidade ideológica também se baseia nessa ficção (não simplesmente depende dela): o nazista é – em sua autopercepção – *um personagem de seu próprio sonho sobre os "judeus"*. Isso está longe de ser uma banalidade óbvia.

Então, por que chamar as tentativas de Gandhi de solapar o Estado britânico na Índia de "mais violentas" do que os assassinatos em massa de Hitler? Precisamente a fim de chamar a atenção para a violência fundamental que sustenta o funcionamento "normal" de um Estado (Benjamin a chamou de "violência mítica") e para a violência não menos fundamental que sustenta toda tentativa de solapar o funcionamento do Estado (a "divina violência" de Benjamin).[22] É por isso que a reação do poder de Estado aos que o colocam em perigo é tão brutal e que, em sua própria brutalidade, é precisamente "reativa", de proteção. Assim, longe de ser uma excentricidade, a ampliação da noção de violência se baseia numa compreensão teórica fundamental – e é a limitação da violência a esse aspecto físico diretamente visível que, longe de ser "normal", se baseia numa distorção ideológica. Também é por isso que a crítica de que sou fascinado por uma violência ultrarradical comparada à qual Hitler e o Khmer Vermelho "não foram suficientemente longe" está completamente equivocada em relação a meu objetivo, que não é ir adiante com *esse* tipo de violência, mas mudar todo o terreno.

É difícil ser realmente violento, realizar um ato que perturbe violentamente os parâmetros básicos da vida social. Quando Bertolt Brecht viu uma máscara japonesa de um demônio, registrou que suas veias saltadas e sua expressão oculta "indicam/ como é cansativo/ ser mau". O mesmo vale para a violência que tenha qualquer efeito sobre o sistema. A Revolução Cultural chinesa serve aqui de lição: destruir velhos monumentos mostrou não ser uma verdadeira negação do passado. Foi, em vez disso, uma impotente *passage à l'acte*, um gesto que testemunhou o fracasso em se livrar do passado. Há uma espécie de justiça poética no fato de o resultado final da Revolução Cultural de Mao ser a atual explosão inigualável da dinâmica capitalista na China: existe uma profunda homologia estrutural entre a permanente autorrevolução maoista, a luta perene contra a cristalização das estruturas do Estado e a dinâmica inerente do capitalismo. Mais uma vez parafraseando Brecht: "O que é roubar um banco comparado a fundar um?" O que foram os violentos e destrutivos surtos de um guarda vermelho envolvido na Revolução Cultural em comparação com a verdadeira Revolução Cultural, a dissolução permanente de todas as formas de vida que é ditada pela reprodução capitalista?

Evidentemente, o mesmo se aplica à Alemanha nazista, onde o espetáculo da aniquilação brutal de milhões não nos deve enganar. A caracterização de Hitler que o apresenta como um sujeito mau, responsável pela morte de milhões, mas não obstante um homem com coragem que perseguiu seus objetivos com uma vontade de ferro, não é apenas eticamente repulsiva, mas também simplesmente *errada*. Não, Hitler não tinha realmente "colhões" para mudar as coisas. Todas as suas ações foram fundamentalmente reações: ele agiu de maneira que nada realmente mudasse; agiu para evitar a ameaça comunista de mudança real. Apontar os judeus como alvo foi, em última instância, uma ação de deslocamento em que ele evitou o verdadeiro inimigo – o cerne das próprias relações sociais capitalistas. Hitler montou uma Revolução-espetáculo de modo que a ordem capitalista pudesse sobreviver. A ironia foi que seus grandes gestos de desprezo à autocomplacência da burguesia possibilitaram, em última instância, que essa complacência continuasse: longe de perturbar a tão desprezada ordem burguesa "decadente", longe de despertar os alemães, o nazismo foi um sonho que lhes possibilitou adiar esse despertar, que só aconteceu com a derrota de 1945.

Valores familiares dos Weathermen

Traumatizada com a experiência stalinista, grande parte da esquerda atual tende a ofuscar o tema sensível da violência, como transparece em *Sem proteção* (2012), de Robert Redford, filme que trata de ex-radicais de esquerda em confronto com o passado. Simplificando ao máximo, a história concentra-se no recém-enviuvado e pai solteiro Jim Grant, ex-membro do Weather Underground e militante contra a Guerra do Vietnã procurado por homicídio e assalto a banco, que se escondeu do FBI por mais de trinta anos passando-se por advogado em Albany, Nova York. Ele se torna um fugitivo quando sua verdadeira identidade é exposta e precisa encontrar sua ex-amante, Mimi, única pessoa que pode limpar seu nome antes que o FBI o prenda – do contrário vai perder tudo, incluindo a filha de onze anos, Isabel. Sua busca por Mimi o obriga a atravessar os Estados Unidos, fazendo contato com muitos de seus ex-colegas Weathermen; finalmente, Jimi e Mimi se encontram numa cabana remota às margens de um lago próximo à fronteira com o Canadá. Ela ainda tem paixão pelos objetivos dos Weathermen e não se sente culpada pelas ações cometidas trinta anos antes, mas Jim responde com amargura: "Não me cansei. Cresci." Mesmo que ainda acredite na causa, ele agora se tornou um responsável homem de família. Jim pede a Mimi que se entregue e apresente um álibi em seu favor, pelo bem de sua filha, Isabel; ele não quer deixá-la para trás e repetir o erro que ele e Mimi cometeram trinta anos antes, abandonando a filha. Na manhã seguinte, Mimi deixa a cabana a fim de ir de barco para o Canadá, mas acaba dando meia-volta e retornando aos Estados Unidos para se entregar; no dia seguinte, Jim é solto e se reencontra com Isabel.

É verdade que, como um crítico causticamente apontou, *Sem proteção* manifesta uma nostalgia pelo tempo em que terroristas ainda eram pessoas que se pareciam conosco, se vestiam como nós e tinham nomes reconhecidamente anglo-saxões. O filme tem, contudo, um toque de autenticidade no modo como apresenta, de forma quase insuportavelmente dolorosa, o desaparecimento da esquerda radical de nossa realidade política e ideológica. Os sobreviventes da antiga esquerda radical são como simpáticos mortos-vivos, remanescentes de uma outra era, estranhos à deriva num mundo estranho – não admira que Redford tenha sido atacado por conservadores por sua solidariedade e cumplicidade com terroristas. O toque autêntico do filme (e também o do romance de Neal Gordon em que ele se baseia) transpira não apenas no retrato geralmente simpático dos ex-Weathermen, porém mais ainda em maravilhosos detalhes da narrativa, como as longas e pormenorizadas descrições da vida subterrânea (como verificar se alguém está sendo seguido e despistar possíveis perseguidores, como criar uma nova identidade e assim por diante).

Quanto ao Weather Underground em si, deve-se insistir em que os Weathermen não estavam do lado do terror pós-68, a regressão da política propriamente dita para o Real da ação bruta: suas ações visavam destruir prédios, não matar pessoas. (O assalto ao Banco de Michigan foi feito por uma pequena facção após a dissolução formal do grupo.) Os Weathermen são frequentemente acusados de destruírem a esquerda nos Estados Unidos, de alienarem o apoio do amplo espectro de manifestantes e até de serem manipulados pelo FBI – mas essas críticas são equivocadas. O uso da violência pelos Weathermen foi uma tentativa desesperada de reagir ao fracasso do SDS (Estudantes por uma Sociedade Democrática) em mobilizar pessoas e acabar com a Guerra no Vietnã. Em outras palavras, o fracasso da esquerda já era evidente: a violência dos Weathermen foi um sintoma desse fracasso, seu efeito e não sua causa. Se alguém procurar os erros na atividade desse grupo, vai encontrá-los em outro lugar, em sua própria estrutura e prática organizacionais. Por exemplo, os "coletivos Weather" praticavam uma espécie de rotação sexual: exigia-se que todos os membros de sexo feminino tivessem relações sexuais com todos os membros de sexo masculino, e mulheres também tinham relações com outras mulheres, uma vez que as relações monogâmicas eram consideradas contrarrevolucionárias. A questão não é que essa prática sexual fosse "radical demais": pelo contrário, essa promiscuidade regulada se encaixa muito bem na permissividade e no medo de vínculos "excessivos" dos dias de hoje. Pensando estarem solapando a ideologia burguesa, os Weathermen estavam apenas abrindo caminho para seu estágio capitalista tardio.

Onde *Sem proteção* fracassa é em confrontar o aspecto da atividade dos Weathermen que é hoje mais problemático para nós: sua decisão de assumir o caminho da ação violenta. Embora o filme obviamente simpatize com a causa da esquerda radical, seu tom predominante é de rejeição ao caminho da violência em termos da maturação, da passagem de um entusiasmo juvenil (que pode facilmente transformar-se em fanatismo violento) à consciência amadurecida de que existem coisas como a vida familiar e a responsabilidade em relação aos filhos que nenhuma causa política deveria nos fazer violar – ou, como o herói diz à ex-amante: "Temos uma responsabilidade que vai além da Causa. Temos um bebê." Lido dessa forma, *Sem proteção* é, como alguém comentou a respeito do romance original de Neal Gordon, *le roman des illusions perdues*.[23]

Mas será que essa referência a amadurecimento, responsabilidade familiar e assim por diante constitui uma sabedoria neutra, apolítica, que coloca um limite a nosso engajamento político – ou é, em vez disso, uma forma de a ideologia intervir, evitando que analisemos com toda a profundidade o enigma político em que nos encontramos? O que essa segunda opção significa não é uma tentativa encoberta de justificar o terror violento, mas a obrigação de analisá-lo e avaliá-lo em seus próprios termos. Imaginemos que Jim não tivesse uma filha: o problema da estratégia dos Weathermen ainda assim existiria. Sem esse tipo de autoexame radical, acabamos endossando a ordem jurídica e política existente como o arcabouço que garante a estabilidade de nossas vidas privadas. Dificilmente surpreenderia que, em termos legais, *Sem proteção* tratasse da reabilitação jurídica do herói, seu esforço para se tornar um cidadão normal sem um passado sombrio a ameaçá-lo.

Mesmo aqui, porém, as coisas são bem mais sutis. Não é possível deixar de admirar a atmosfera mítica em que a reunião final de Jim e Mimi é apresentada no filme, e mais ainda no romance: há uma necessidade ético-metafórica de que eles se encontrem, como no encontro final entre Moose Malloy e Velma em *Adeus, minha adorada*, a obra-prima de Chandler. Quando Jim e Mimi estão a caminho de seu encontro numa cabana solitária em meio a uma floresta à beira de um lago, o romance recorre a um engenhoso procedimento narrativo: a viagem deles é apresentada como uma série de relatos curtos feitos por e-mail, escritos alternadamente por ele e por ela; mas ele fornece detalhes da viagem *dela* e ela, da viagem *dele*, como se a jornada fosse coordenada por algum tipo de comunhão mística. Não admira que, quando os ex-amantes finalmente se reúnem, seu encontro seja mostrado em termos atemporais, como um momento de eternidade: o lapso de mais de vinte anos desde a última vez em que estiveram juntos simplesmente desaparece. É como se eles chegassem a um ponto da eternidade em que passado e presente estivessem diretamente superpostos.

A história termina com uma bela guinada ética: surge realmente um casal – não Jim e Mimi, mas Ben Schulberg, o jornalista investigativo que revelou a identidade de Jim, e Rebeccah Osborne, filha de Jim e Mimi, adotada por um honesto agente do FBI. Embora possa parecer que o filme segue a fórmula-padrão hollywoodiana da produção de um casal, o que reverbera aqui é o tema de um teste ético. Quem é testado? Não Jim, tampouco Mimi (que, fugindo para o Canadá, faz o barco retornar aos Estados Unidos para se entregar e salvá-lo), mas o próprio Ben, que, no final do filme, decide não publicar a grande matéria sobre o fato de Rebeccah ser filha de Jim e Mimi, provando desse modo que a merece.

A mobilização da família serve assim para preencher um vazio, possibilitando ao filme (assim como a nós, espectadores) evitar o difícil tema da violência, sua justificação ou inaceitabilidade. Está claro que uma dedicação total e feroz à "violenta" luta terrorista poderia ser razoavelmente legitimada num país sob ocupação ou ditadura brutal – se, digamos, um membro da resistência francesa durante a Segunda Guerra Mundial tivesse dito a seus colegas que iria abandonar a luta por haver amadurecido e tomado consciência de sua responsabilidade em relação à família, seu ato estaria longe de ser autoevidente. Numa conhecida passagem de *O existencialismo é um humanismo*, Sartre apresentou o dilema de um jovem na França em 1942, dividido entre o dever de ajudar a mãe doente e solitária e o de entrar para a resistência e enfrentar os alemães. Não há para esse dilema uma resposta *a priori*: o jovem tem de assumir toda a responsabilidade por sua decisão. Assim, não é que a Causa tenha prioridade e que a opção pelas obrigações familiares seja equivalente a uma traição moral. O dilema é real, não há como evitar o sofrimento.

Fora do *malttukbakgi*

Assim, onde estamos postados hoje? Talvez nem mesmo estejamos postados, mas apenas inclinados à frente de uma forma muito específica. Perto do museu das crianças em Seul, há uma estátua estranha que, para os não iniciados, só pode parecer uma cena de extrema obscenidade. Parece nada mais nada menos que uma fila de garotos curvados, um atrás do outro, com as cabeças nas nádegas do da frente; de pé, na frente da fila, um outro garoto tem a genitália pressionada pela cabeça do primeiro garoto curvado. Quando perguntamos o que é isso, somos informados de que a estátua simplesmente representa o *malttukbakgi*, um jogo engraçado que meninos e meninas coreanos praticam até o ensino médio. Existem dois times; o time A tem uma pessoa em pé encostada na parede e o resto do time com a cabeça na área das nádegas ou da genitália de outra pessoa para formar o que parece ser um grande cavalo. O time B pula então no cavalo humano um por um, cada qual com a maior força possível. Se alguém de qualquer time cair no chão, esse time perde.

Essa estátua não é uma perfeita metáfora das pessoas comuns como nós, de nossa condição no capitalismo global de hoje? Nossa visão é restrita

ao que podemos ver com a cabeça enterrada na bunda de alguém bem na nossa frente, e nossa ideia de quem é nosso Mestre é o sujeito na frente cujo pênis e/ou saco o primeiro da fila parece estar lambendo – mas o verdadeiro Mestre, invisível para nós, é o que pula livremente sobre nossas costas, o movimento autônomo do capital.

HÁ UM MARAVILHOSO e comum termo escocês, *tartle*, que designa o momento constrangedor em que um orador esquece temporariamente o nome de alguém (geralmente o de um parceiro ou parceira numa conversa), e é usado para evitar esse ocasional embaraço, como em: *"Sorry, I tartled there for a moment!"*, desculpe, tive um lapso por um instante! Será que não tivemos todos esse tipo de lapso nas últimas décadas, esquecendo o nome "comunismo" como designação do horizonte final de nossas lutas emancipatórias? Chegou o momento de lembrar plenamente essa palavra.

Este livrinho também pode parecer uma vítima desse tipo de lapso, pulando de nossa economia orientada pela dívida para a luta pelo controle do ciberespaço, dos impasses da Primavera Árabe para a futilidade do antieurocentrismo, da pressão do superego da ideologia para o papel ambíguo da violência em nossas lutas. Não há uma ideia única subjacente a esse *bric-à-brac*, nada como a "multidão" de Negri ou o "explore os ricos" de Piketty para reorientar as análises do livro na direção de uma estratégia política clara. O autor, não obstante, espera que o leitor atento possa discernir por baixo dos múltiplos temas o horizonte comunista.

Comunismo é hoje o nome não de uma solução, mas de um *problema*, o problema dos *comuns* em todas as suas dimensões – os comuns da natureza como substância de nossa vida, o problema de nossos comuns biogenéticos, o problema de nossos comuns culturais ("propriedade intelectual") e, por fim, mas não menos importante, os comuns como o espaço universal da humanidade do qual ninguém deveria ser excluído. Qualquer que seja a solução, ela terá de enfrentar *esses* problemas. É por isso que, como disse certa vez Álvaro García Linera, nosso horizonte precisa permanecer comunista – um horizonte que não seja um ideal inacessível, mas um espaço de ideias dentro do qual nos movemos.

Notas

Introdução (p.7-24)

1. Aaron Schuster, "Comedy in Times of Austerity" (manuscrito).
2. James Harvey, *Romantic Comedy in Hollywood: From Lubitsch to Sturges*, Nova York, Da Capo, 1987, p.56.
3. G.K. Chesterton, "A Defense of Detective Stories", in H. Haycraft (org.), *The Art of the Mistery Story*, Nova York, The Universal Library, 1946, p.6.
4. Cit. de th-rough.eu/writers/bifo-eng/journey-seoul-1.
5. Não obstante, também deveríamos ter em mente que *não existe um momento "normal" para a modernização*: a modernização nunca chega no momento adequado, sempre ocorre "rápido demais", como uma ruptura traumática.
6. Ver Stacey Abbott, *Celluloid Vampires: Life After Death in the Modern World*, Austin, University of Texas Press, 2007.
7. Richard Taruskin, "Prokofiev, Hail... and Farewell?", *New York Times*, 21 abr. 1991.
8. B.R. Myers, *The Cleanest Race*, Nova York, Melville House, 2011, p.6. É difícil deixar de acrescentar aqui um comentário: mas e se o pai não for o marido?
9. Jacques-Alain Miller, "Phallus and Perversion", *lacanian ink*, 33, 2009, p.23.
10. Jacques-Alain Miller, "The Logic of the Cure", *lacanian ink*, 33, 2009, p.19.
11. Miller, "Phallus and Perversion", p.28.
12. Cit. de www.theatlantic.com/magazine/archive/2004/09/mother-of-all-mothers/3403.
13. Myers, op.cit., p.9.
14. Haveria – falando diretamente – psicóticos incestuosos norte-coreanos que rejeitem o ingresso na ordem simbólica? A resposta é não – por quê? Por causa da distância em relação à ordem simbólica propriamente dita que persiste até mesmo nos textos ideológicos oficiais. Ou seja, mesmo o discurso ideológico oficial norte-coreano (o "Texto", como Myers o chama) não se envolve na divinização direta do Líder; em vez disso, a divinização é elegantemente atribuída a visitantes ocidentais "ingênuos" fascinados por sua sabedoria: "embora o Texto goste de atrair a atenção perplexa de estrangeiros, incluindo norte-americanos e sul-coreanos, que supostamente encaram Kim Il-sung como um ser divino, ele nunca faz essas afirmações por si mesmo" (Myers, op.cit., p.111). Não seria um caso claro de "sujeito suposto saber", do outro ingênuo para o qual nossa própria crença é transposta? Similarmente, o fato de que, nos livros didáticos norte-coreanos, o líder (Kim Il-sung, Kim Jong-il...) seja apresentado como uma pessoa cujo corpo é tão puro que não precisa defecar não deve ser rejeitado como uma loucura ideológica, uma vez

que só leva ao extremo a lógica dos "dois corpos do rei"; os sujeitos norte-coreanos não são psicóticos que "acreditam literalmente que seu líder não defeca", apenas creem que defecar não faz parte de seu corpo sublime.

1. Diagnose: *Hors d'oeuvre?* (p.25-62)

1. Cit. de www.spectator.co.uk/the-week/leading-article/8789981/glad-tidings.
2. Cit. de www.rationaloptimism.com. Ver Matt Ridley, *The Rational Optimist: How Prosperity Evolves*, Nova York, Harper, 2011.
3. Steven Pinker, *The Better Angels of Our Nature: Why Violence Has Declined*, Londres, Penguin Books, 2012.
4. Fredric Jameson, *Representing Capital*, Londres, Verso Books, 2011, p.149.
5. Fredric Jameson, *Violence of the Dialectic*, Londres, Verso Books, 2009, p.580-1.
6. Jameson, *Representing Capital*, p.149.
7. Jameson, *Violence of the Dialectic*, p.180.
8. O desmembramento *de facto* – ou melhor, a "congoização" – da Líbia após a intervenção franco-britânica (o país é agora composto de territórios governados por gangues armadas locais que vendem petróleo diretamente a seus clientes) indica que o Congo não é mais uma exceção: uma das estratégias do capitalismo atual, que precisa garantir um suprimento constante de matérias-primas baratas sem as restrições de um forte poder de Estado, é manter o desmembramento de um Estado condenado pela maldição da riqueza em minerais ou em petróleo.
9. Carlo Vercellone, "The Crisis of the Law of Value and the Becoming-Rent of Profit", in Fumagalli e Mazzadra (orgs.), *Crisis in the Global Economy*, Los Angeles, Semiotext(e), 2010, p.88.
10. André Gorz, *L'immatériel*, Paris, Galilée, 2005, p.53.
11. Vercellone, op.cit., p.117.
12. Ibid., p.86.
13. Wang Hui, "Debating for Our Future: Intellectual Politics in Contemporary China" (manuscrito obtido com o autor).
14. Idem.
15. Karl Marx, *Capital*, vol.1, Nova York, International Publishers, 1967, p.254-5.
16. Ibid., p.236-7.
17. O *comme d'habitude* do original francês evidentemente não se refere a "como de hábito" como um simples ritual vazio, mas a um ritual pessoal diário que expressa o próprio cerne de minha personalidade e, nesse sentido, quer dizer precisamente "do meu modo". Mas isso não deprecia de maneira alguma o argumento da referência às duas versões da canção – pelo contrário, deixa claro que o francês *comme d'habitude* é muito mais autenticamente pessoal do que o "*my way*" norte-americano, que, via de regra, evoca um individualismo conformista e vazio. Além disso, o mesmo não seria válido para uma sociedade: o atendimento

de saúde universal é "nosso modo" de praticar a solidariedade, não apenas uma regulação jurídica neutra e impessoal.

18. Título de um editorial do *New York Times*, 11 dez. 2012.

19. Cit. de *Der Spiegel*, 5 ago. 2012.

20. Cit. de Luciano Canfora, *Critica dela retorica democratica*, Roma-Bari, Laterza, 2011, p.33.

21. Ver Paul Goble, "Window on Eurasia: Andropov Wanted to Do Away with National Republics", disponível em: windowoneurasia2.blogspot.com/2012/window-on-eurasia-andropov-wanted-to-do.html.

22. Quando Warren Buffett achou escandaloso que ele – o terceiro homem mais rico do mundo – pagasse menos impostos que sua secretária, um de seus críticos, defensor do livre mercado, tentou justificar esse fato da seguinte maneira: a secretária paga seus impostos sobre sua renda estável garantida, enquanto Buffett ganha seu dinheiro com investimentos de risco e portanto merece um nível menor de impostos como compensação por esses riscos. O problema desse raciocínio é que ele esquece o óbvio: sim, Buffett assume riscos com seus investimentos, porém já foi mais que compensado por estes com os lucros que obtém.

23. Ver Mauricio Lazzarato, *The Making of the Indebted Man*, Cambridge, MIT Press, 2012.

24. Ibid., p.239.

25. Baseio-me para essa descrição da teoria de Lazzarato em Martin O'Shaughnessy – ver lafranceetlacrise.org/2012/08/23/lazzarat-and-the-governmental-power-of-debt-la-fabrique-de-lhomme-endette-or-the-making-of-indebted-man.

26. Karl Marx, *Capital*, vol.1, Londres, Penguin Books, 1990, p.280.

27. Esse uso do termo "empreendedor" é, assim, um caso exemplar daquilo que Hegel chama de "universalidade abstrata". O que é universalidade abstrata? É a abstração de algum conteúdo específico que ofusca uma distinção-chave constitutiva dessa própria abstração. Digamos que é possível, evidentemente, conceber fazer dieta e passar fome como espécies do mesmo gênero, comer-menos-que-o-necessário; compará-las, no entanto, é em si mesmo uma obscenidade cometida, entre outros, pelo autor de uma recente reportagem publicada no *New York Times*, "The Mental Strain of Making Do With Less": "As dietas não apenas reduzem o peso, podem reduzir a capacidade mental. Em outras palavras, fazer dieta pode torná-lo mais estúpido. A compreensão do motivo por que isso ocorre pode iluminar uma gama de experiências, incluindo algo tão distante das restrições calóricas voluntárias quanto a agonia da pobreza absoluta ... Talvez o problema não sejam os pobres, mas o desgaste mental que a pobreza impõe a qualquer um que precise suportá-la" (Sendhil Mullainathan, *New York Times*, 21 set. 2013).

28. Testemunhou-se a mesma situação nos regimes socialistas de Estado: quando, numa cena mítica da hagiografia soviética, Stálin faz um passeio pelo campo, encontra um motorista cujo trator quebrou e o ajuda a consertá-lo com um sábio

conselho, o que isso efetivamente significa é que nem mesmo um trator pode funcionar normalmente no caos econômico do socialismo de Estado.

29. Peter Buffett, "The Charitable-Industrial Complex", *New York Times*, 26 jul. 2013.
30. Peter Sloterdijk, *Zorn und Zeit*, Frankfurt, Suhrkamp, 2006, p.55.

2. Cardiognose: *Du jambon cru?* (p.63-105)

1. Alenka Zupančič, "When I Count to Ten, You Will Be Dead...", *Mladina-Alternative*, Liubliana, 2013, p.11.
2. Ver Jaron Lanier, *Who Owns the Future?*, Londres, Allen Lane, 2013.
3. Ver Alain Badiou e Jean-Claude Milner, *Controverse*, Paris, Editions du Seuil, 2012.
4. Cit. de krugman.blogs.nytimes.com/2013/06/17/1984-hungarian-edition/?_r=0.
5. Idem.
6. Cit. de www.marxists.org/archive/marx/works/1843/critique-hpr/intro.htm.
7. Idem.
8. Mensagem pessoal de Engin Kurtay, Istambul.
9. Cit. de Ben Stein, "In Class Warfare, Guess Which Class Is Winning?", *New York Times*, 26 nov. 2006.
10. A atitude em relação à realidade subjacente a esse tema é levada ao extremo na chamada "hipótese da Terra oca e vazia" (na qual, segundo algumas fontes, até Hitler acreditou): a ideia de que nós humanos vivemos na superfície *externa* de um mundo esférico e oco, um gigantesco buraco esférico numa massa infindável de rocha e gelo eternos, tendo o Sol como uma estrela imóvel brilhando no centro desse buraco. (Como poderíamos então explicar o nascer e o pôr do sol? Os defensores dessa hipótese apresentavam teorias incrivelmente complexas sobre raios de luz distorcidos.)
11. Dois anos depois, uma história semelhante foi contada por Michael Anderson em *Fuga no século XXIII*, em que uma sociedade hedonista vive numa enorme bolha e tem certeza de que não existe vida fora dela.
12. Ver Peter Sloterdijk, *In the World Interior of Capital: Towards a Philosophical Theory of Globalization*, Cambridge, Polity, 2013.
13. Sloterdijk, op.cit., p.12.
14. Ibid., p.46.
15. Ibid., p.171.
16. Idem.
17. Ver www.reuters.com/article/2013/12/01/us-italy-fire-idUSBRE9B00ED20131201.
18. Cit. de www.nbcnews.com/news/other/deadly-factory-fire-highlights-near-slavery-conditions-italy-f2D11681836.
19. Louis Nayman, "Lincoln: Better off Undead", *In These Times*, 15 nov. 2012.
20. Idem.
21. Idem.

22. Em sua intervenção durante a conferência "O capitalismo global e a nova esquerda". Istambul, 11-12 out. 2013.
23. Peter Sloterdijk, *Critique of Cynical Reason*, Minneapolis, University of Minnesota Press, 1988, p.17.
24. Ver Karl Marx, "Class Struggles in France", *Collected Works*, vol.10, Londres, Lawrence and Wishart, 1978, p.95.
25. Idem.
26. Ver Robert Proctor e Londa Schiebinger (orgs.), *Agnotology: The Making and Unmaking of Ignorance*, Stanford, Stanford University Press, 2008.
27. Cit. de www.boston.com/news/nation/articles/2008/01/21/kings_complexity_often_ignored.
28. Ibid.
29. Ibid.
30. Gerard Wajcman, "Intimate Exorted, Intimate Exposed", *Umbr(a)*, 2007, p.47.
31. Ver www.haaretz.com/blogs/routine-emergencies/why-ultra-orthodox-men-wearing-modesty-glasses-is-a-fabulous-idea-1.457453.
32. Ver Sergio González Rodríguez, *The Femicide Machine*, Los Angeles, Semiotext(e), 2012.
33. Ver Wally T. Oppal (comissário, Colúmbia Britânica), *Forsaken: The Report of the Missing Women Commission of Inquiry*, 19 nov. 2012, disponível em: www.ag.gov.bc.ca/public-inquiries/docs/Forsaken-ES.pdf.
34. Surpreendentemente, esse obsceno lado oculto da Lei aparece também no domínio dos guias de autoajuda. O exemplo básico, excelentemente condensado no título de um recente best-seller de Philip McGraw, *Self Matters*,* que ensina a "criar sua vida de dentro para fora", encontra o complemento lógico em livros com títulos como *How to Disappear Completely* – manuais sobre como apagar todos os vestígios de uma existência anterior e "reinventar-se". *How to Disappear Completely and Never Be Found* [Como desaparecer completamente e nunca ser encontrado] (Secausus, Citadel Press, 1999), de Doug Richmond, pertence à série dos manuais de instrução que formam uma dupla deliciosamente obscena com manuais oficiais como os de Dale Carnegie; livros que abordam diretamente nossos desejos publicamente inaceitáveis – outros títulos da série incluem *Cheaters Always Prosper* [Trapaceiros sempre se dão bem], *Advanced Backstabbing and Mudslinging Techniques* [Técnicas avançadas de apunhalamento pelas costas e difamação], *Revenge Tactics* [Táticas de vingança], *Spying on Your Spouse* [Espionando seu cônjuge] etc. O que esses exemplos têm em comum é o marketing direto do lado obscuro da Lei, dos desejos transgressivos secretos.
35. De uma forma estritamente homóloga, os defensores sionistas da política de Israel desejam que saibamos que eles controlam a mídia (TV e imprensa), evitando que

---

* Trocadilho que pode significar tanto "assuntos pessoais" quanto "o eu importa". (N.T.)

apareçam nela muitas críticas a Israel; entretanto, embora nos permitam saber disso (para temermos o poder dos sionistas), não temos permissão para falar sobre isso em público – no momento em que o fazemos, somos acusados de antissemitismo.

36. Outra estratégia cínica é culpar o inimigo: as autoridades católicas dos Estados Unidos referiram-se a um estudo cuja suposta conclusão foi a de que a permissividade sexual a partir da década de 1970 deve ser considerada responsável pela difusão da pedofilia na Igreja...
37. Cit. de www.siol.net/slovenija/novice/2010/04/rode_za_vecernji_list.aspx.
38. Idem.
39. G.K. Chesterton, *Orthodoxy*, São Francisco, Ignatius Press, 1995, p.164.
40. O que geralmente se obtém de teóricos é uma admissão em caráter privado de que, evidentemente, isso é contraditório, mas que, não obstante, esse edifício ideológico contraditório *funciona*, e funciona de maneira espetacular: é a única forma de garantir o crescimento econômico acelerado e a estabilidade na China. Seria necessário dizer que isso é o "uso privado da razão" em sua forma mais pura?
41. Ver "Even What's Secret Is a Secret in China", *JapanTimes*, 16 jun. 2007, p.17.
42. *O mercador de Veneza*, ato 4, cena 1.
43. Devo esse argumento a Udi Aloni.
44. Ver <news.yahoo.com/australian-court-oks-logo-ban-cigarette-packs-004107919-finance.html>.
45. Charles Rosen, *Schoenberg*, Londres, Fontana/Collins, 1975, p.77.
46. Jean Laplanche, *Problématiques I: L'angoisse*, Paris, PUF, 1980, p.353.
47. Sigmund Freud, "Dostoyevsky and Parricide", in *Penguin Freud Library: Art and Literature*, vol.14, Londres, Penguin, 1985, p.455.
48. Jacques Derrida, *Acts of Literature*, Nova York, Routledge, 1992, p.201.
49. Os ecologistas gostam de apontar como a introdução de uma espécie estranha num ecossistema específico pode desestabilizá-lo de modo desastroso: um novo predador se alimentando de uma espécie animal local perturba todo o ciclo de vida, uma nova planta sufoca outras plantas e destrói toda a cadeia alimentar etc. Mas os maiores intrusos somos nós, seres humanos, cujo crescimento explosivo devasta os ecossistemas, de modo que a natureza precisa estabelecer novos e frágeis equilíbrios ecológicos.
50. Cit. de www.siol.net/slovenija/novice/2010/04/rode_za_vecernij_list.aspx.

3. Prognose: *Un faux-filet, peut-être?* (p.106-65)

1. Friedrich Nietzsche, *Ecce Homo*, Mineola, Dover, 2004, p.40.
2. Também disponível na gravação desse famoso concerto realizado em Moscou em 1949 (Russian Revelation, RV 70004), com uma breve fala introdutória do próprio Robson num russo perfeito.

3. Ver Paul Fussell, *The Great War and Modern Memory*, Oxford, Oxford University Press, 2000.
4. Baseio-me aqui em Fussell, op.cit.
5. Incidentalmente, essa ideia foi usada numa famosa cena de *Correspondente estrangeiro*, thriller de Hitchcock ambientado na Segunda Guerra Mundial. Os mocinhos, que estão seguindo um agente nazista, se veem numa idílica paisagem holandesa com os característicos moinhos. Tudo parece tranquilo, e não há vestígios do agente, quando um dos mocinhos detecta algo estranho, que desnaturaliza o cenário perfeito do filme. Ele exclama: "Olhe aquele moinho! Por que está girando contra o vento?" – e a paisagem idílica perde a inocência e se torna semioticamente carregada.
6. Matthew Shadle, "Theology and the Origin of Conflict: The Shining Path Insurgency in Peru", *Political Theology*, vol.14, n.2 (2013), p.293.
7. Idem.
8. Ibid., p.295.
9. Longe de estarem simplesmente situados nas margens da Europa, os judeus emergiram no século XX como uma espécie de *Ur-Vater*, o chefe da gangue pré-edipiana, totalmente europeu. Exatamente como no mito de Freud sobre o assassinato do pai primordial, eles foram coletivamente mortos por europeus (o Holocausto como o crime supremo) para reemergir como agência do superego que torna culpados todos os europeus.
10. Em sua intervenção no quarto encontro sobre "A ideia do comunismo", realizado em Seul de 27 a 29 de setembro de 2013.
11. Ao contrário do que seria de esperar, a ênfase na política de classe não implica necessariamente o "totalitarismo". A política da Frente Popular Comunista (Stálin na década de 1930, Mao no decênio seguinte), que era aparentemente mais "aberta", defendia uma frente unificada constituída por todas as forças progressistas, incluindo a "burguesia patriótica", com a exclusão dos traidores da pátria. O paradoxo é que essa política "aberta" foi efetivamente muito mais "totalitária": de modo protofascista, estabeleceu a unidade nacional total, a superação das "sectárias" distinções de classe, mas ao preço de demonizar e excluir o Inimigo do corpo nacional. Esse Inimigo não é apenas um inimigo de classe, mas um traidor cuja eliminação é necessária para garantir a harmonia nacional (como os judeus para os fascistas).
12. Os que afirmam que a classe trabalhadora está desaparecendo têm razão em certa medida – está desaparecendo de nossas vistas. Há uma nova classe trabalhadora surgindo à nossa volta, dos Emirados Árabes Unidos à Coreia do Sul, uma classe nômade de trabalhadores migrantes invisíveis separados de seus lares e de suas famílias, vivendo em dormitórios isolados nos subúrbios de cidades prósperas, quase que sem direitos políticos ou jurídicos, acesso a sistemas de saúde ou planos de aposentadoria. Mobilizá-los e capacitá-los a se organizar por uma causa emancipatória seria um verdadeiro evento político.

13. Num debate que teve lugar no quarto encontro sobre "A Ideia do Comunismo", realizado em Seul de 27 a 29 de setembro de 2013.
14. Cit. de www.zionism-israel.com/ezine/New_Antizionism.htm.
15. Walter Benjamin, "Theories of German Fascism", *Selected Writings*, vol.II, Cambridge (Ma), Harvard University Press, 1999, p.231.
16. Jane Perlez e Pir Zubair Shah, "Taliban Exploit Class Rifts to Gain Ground in Pakistan", *New York Times*, 16 abr. 2009.
17. John Caputo e Gianni Vattimo, *After the Death of God*, Nova York, Columbia University Press, 2007, p.113.
18. O stalinismo estava longe de ser um exemplo explícito de Estado forte – numa estranha guinada dialética na direção de "órgãos sem corpo", Stálin uma vez observou que, enquanto construía o socialismo, o Estado se atrofiava mediante o próprio processo de reforço de seus órgãos (significando, é claro, principalmente o aparato da polícia secreta).
19. Em seu famoso prefácio a *Contribuição à crítica da economia política*, Marx escreveu (à sua pior maneira evolucionista) que a humanidade só se atribui tarefas que pode realizar. Somos tentados a virar essa afirmação pelo avesso e proclamar que, via de regra, a humanidade se atribui tarefas que não pode realizar, e assim desencadeia um processo imprevisível no curso do qual a própria tarefa (objetivo) é redefinida.
20. John Caputo e Gianni Vattimo, op.cit., p.124-5.
21. Ver, de sua autoria, "A Loving Attack on Caputo's 'Caputolism' and His Refusal of Communism", *Political Theology*, vol.14, n.3 (2013).
22. Ayn Rand, *Atlas Shrugged*, Londres, Penguin Books, 2007, p.871.
23. Ver Karl Marx, *Capital*, vol.1, Londres, Penguin Classics, 1990, p.165.
24. A propósito, não se sabe a quem "isso foi dito" se refere – a determinado indivíduo ou é apenas uma referência à sabedoria comum?
25. Na lógica e na teoria da avaliação, por vezes encontramos um paradoxo de intransitividade semelhante: se A é melhor que B e B é melhor que C, nem sempre se segue que A seja melhor que C – quando se comparam A e C diretamente, C pode parecer melhor. Seria fácil demais refutar esse paradoxo como algo que se baseia numa mudança de critérios (quando se observam todos os sistemas, aplica-se um conjunto de critérios, mas, quando eles são comparados individualmente, os critérios mudam de forma imperceptível): de alguma forma, isso tem de ser verdade, mas a questão é que essa mudança não é arbitrária, mas imanente. Ou seja, a mudança pode ocorrer em função da diferencialidade das características: digamos que se compare a beleza de três pessoas – A parece mais bela do que B e B mais bela do que C. Entretanto, quando se compara A com C, é possível que um forte contraste em algum aspecto menor prejudique a beleza de A, de modo que A vai parecer inferior a C.
26. Ver www.reuters.com/article/2012/06/24/us-usa-campaign-healthcare-idUSBRE85N01M20120624.
27. Ver www.dailypaul.com/170397/whos-afraid-of-ron-paul.

28. Rony Brauman, "From Philanthropy to Humanitarianism", *South Atlantic Quarterly* 103:2/3 (primavera/verão 2004), p.398-9 e 416.
29. G.K. Chesterton, "The Man Who Thinks Backwards", www.online-literature.com/chesterton/2573, último parágrafo.
30. Franco Bifo Berardi, *After the Future*, Oakland, AK Press, 2011, p.175. Mas será que essa desimportância é realmente um novo fenômeno? As "revoluções banais" não seriam parte de nossa tradição, das revoltas de camponeses medievais aos cartistas? Em novembro de 1914, Emiliano Zapata e Pancho Villa entraram na Cidade do México com suas tropas… e, após algumas semanas de debate, voltaram para casa, basicamente sem saber o que fazer com seu poder.
31. Berardi, op.cit., p.177.
32. Ibid., p.176.
33. Michael Hardt e Antonio Negri, *Multitude*, Nova York, The Penguin Press, 2004, p.339.
34. Ibid., p.236.
35. Louis Althusser, *Philosophy of the Encounter*, Londres, Verso Books, 2006, p.37.
36. Ver Robin McKay e Atrmen Avanessian (orgs.), *"Accelerate"*, *The Acceleration Reader*, Falmouth, Urbanomic, 2014.
37. Com toda a crescente importância do trabalho intelectual, nunca deveríamos perder de vista o deslocamento maciço do trabalho físico para China, Indonésia etc. – mas será que essa terceirização global do trabalho material realmente nos permite manter a chamada "teoria do valor-trabalho"? Será que o conhecimento como fator de valor não é um fato atualmente, um fato previsto muito tempo atrás por Marx?
38. Berardi, op.cit., p.177-8.
39. Baseio-me aqui em "On Representation", de Rowan Williams, apresentado no colóquio "A atualidade do político-teológico", realizado na Birkbeck School of Law, Londres, 24 mai. 2014.
40. Jacques-Alain Miller, "Un réel pour le XXIe siècle", in *Un réel pour le XXIe siècle*, Paris, Scilicet, 2013, p.18.
41. Ver T.J. Clark, "For a Left with No Future", *New Left Review* 74 (mar./abr. 2012).
42. Franco Bifo Berardi, "A humanidade está chegando ao fim" (em esloveno), *Ljubljanski dnevnik*, 24 mai. 2014, p.11.
43. Cit. de substitute.livejournal.com/986052.html.
44. Comunicação pessoal de Xenia Cherkaev.
45. V.I. Lênin, "The Socialist Revolution and the Right of Nations to Self-Determination" (jan./fev. 1916), www.marxists.org/archive/lenin/works/1916/jan/x01.htm.
46. Cit. de Moshe Lewin, *Lenin's Last Struggle*, Ann Arbor, University of Michigan Press, 2005, p.61.
47. Cit. de edition.cnn.com/2014/03/19/opinion/motyl-putin-speech.
48. Christopher Hitchens, *Arguably*, Nova York, Twelve, 2011, p.634.
49. Ibid., p.635.

50. Outro sinal dessa tensão imanente é o fato de que, nos últimos dias do comunismo, as massas de manifestantes frequentemente cantavam as canções oficiais, incluindo hinos nacionais, relembrando aos governos suas promessas irrealizadas. O que poderia ser melhor para uma multidão na Alemanha Oriental em 1989 do que cantar o hino nacional da RDA? Do final da década de 1950 até 1989, uma vez que sua letra (*"Deutschland einig Vaterland"* [Alemanha, a terra pátria unida]) não mais se adequava à ênfase na Alemanha Oriental como uma nova nação socialista, era ilegal cantá-lo em público; em cerimônias oficiais, só se executava a versão orquestrada. A RDA era, assim, um país singular em que cantar o hino nacional era um ato criminoso! Pode-se imaginar a mesma coisa durante o nazismo?
51. Hitchens, op.cit., p.635.
52. V.I. Lênin, *Collected Works*, vol.33, Moscou, Progress Publishers, 1966, p.463.
53. Cit. de www.voxeurop.eu/en/content/news-brief/2437991-orban-considers-alternative-democracy.
54. G.K. Chesterton, *Orthodoxy*, São Francisco, Ignatius Press, 1995, p.146-7.
55. Na mesma linha, alguns críticos liberais do antissemitismo afirmam não apenas que este é hoje em dia predominantemente de esquerda, mas também que ele foi, desde o início, parte do projeto comunista. (Basta observar que a maioria dos membros do Politburo de Lênin nos primeiros anos do governo soviético tinha origem judaica – um caso único no mundo ocidental. O que quer que Lênin fosse, não era antissemita.)
56. Ilya Ponomarev, único membro da Duma russa a votar contra a iniciativa de incorporar a seu país a república autônoma ucraniana da Crimeia, apresentou uma justificativa válida para seu voto: enfatizou que a Rússia tem bons argumentos em favor de sua pretensão relativa à Crimeia, mas discordava dos procedimentos utilizados para retomá-la da Ucrânia. Esse é o cerne do problema: não se trata de argumentos e justificativas sustentando reivindicações (nesse nível, todos os lados têm duas faces: o Ocidente, que apoiou a secessão de Kosovo da Sérvia, opôs-se à secessão da Crimeia; a Rússia, que defendia o referendo na Crimeia, rejeitou o mesmo método na Chechênia, e assim por diante). O que torna problemática a anexação da Crimeia é a forma como foi organizada (sob pressão militar russa), além da luta política mais ampla por trás dela.

4. Epignose: *J'ai hâte de vous servir!* (p.166-220)

1. Julien Gracq, *The Opposing Shore*, Nova York, Columbia University Press, 1986, p.284.
2. Pouco antes de *The Opposing Shore*, Gracq escreveu uma peça, *Le roi pêcheur*, sua dramatização do mito de Parsifal com um viés original: em sua versão, Amfortas tenta convencer Parsifal a não se aproximar do Graal, advertindo-o de que, ao chegar muito perto, o lado destrutivo de Graal iria se revelar – e, no final da peça, ele convence Parsifal, que deixa o castelo (Kundry é aqui a única a pressionar Parsifal a

ir para o Graal). Assim, o evento – o contato de Parsifal com o Graal e sua assunção ao poder real – não chega a ter lugar. (Além disso, Gracq focaliza o ferimento de Amfortas, repetidamente descrito em termos de sangue menstrual, como algo sujo, ao mesmo tempo associado com o Graal, como se houvesse um vínculo mais profundo – até mesmo uma identidade – entre ambos.) O próprio Gracq generaliza essa guinada final: "Nos livros que escrevi, há um elemento que todos compartilham: *o evento nunca chega a ocorrer*" (Julien Gracq, debate no rádio com Gilbert Ernst em 12 de julho de 1971, publicado no *Cahier de l'Herne*, n.20 [1971], p.214). Assim, o que acontece no final de *The Opposing Shore*? Será que é um evento, ou melhor, um pseudoevento?

3. Vale notar que, ainda no início da década de 1990, Badiou escreveu, ao estilo de Gracq, que uma vitória de Milošević na guerra da pós-Iugoslávia seria politicamente mais interessante do que a vitória das forças que a ele se opunham – uma clara preferência pelo pseudoevento nacionalista em relação à vida destituída de eventos. Num nível mais profundo, o problema é a rejeição por Badiou da simples ordem do ser, da economia, como não evento.
4. Cit. de www.marxists.org/archive/marx/works/1844/manuscripts/labour.htm.
5. Ver Kojin Karatani, *The Structure of World History*, Durham, Duke University Press.
6. Friedrich Nietzsche, *Sämtliche Werke: Kritische Studienausgabe*, vol.2, Berlim, Walter de Gruyter, 1980, p.679.
7. Friedrich Nietzsche, *Sämtliche Werke: Kritische Studienausgabe*, vol.10, Berlim, Walter de Gruyter, 1980, p.529.
8. Karatani, op.cit., p.303.
9. Apresento aqui de forma condensada a linha de argumentação do penúltimo capítulo de *The Year of Dreaming Dangerously* (Londres, Verso Books, 2012) [ed. bras., *O ano em que sonhamos perigosamente*, São Paulo, Boitempo, 2012].
10. Ver Peter Sloterdijk, *Repenser l'impôt*, Paris, Libella, 2012.
11. Ver Thomas Piketty, *Capital in the Twenty-First Century*, Nova York, Bellknap Press, 2014.
12. Ver Daniel H. Pink, *Drive: The Surprising Truth about what Motivates Us*, Nova York, Riverhead Books, 2009.
13. Cit. de dotsub.com/view/e1fdd77-5d1d-45b7-81be-5841ee5c386e/viewTranscript/eng.
14. Karatani, op.cit., p.304.
15. Retomo aqui a linha de argumentação do Interlúdio 2 de *Living in the End of Times* (Londres, Verso Books, 2011) [ed. bras., *Vivendo no fim dos tempos*, São Paulo, Boitempo, 2012].
16. Cit. de www.mtholyoke.edu/acad/intrel/kant/kant1.htm.
17. Cit. de www.aljazeera.com/indepth/opinion/2013/02/20132672747320891.html.
18. Frantz Fanon, *Black Skins, White Masks*, Nova York, Grove Press, 2008, p.201-6.
19. Cit. de www.marxists.org/archive/mars/works/1853/07/22.htm.
20. Cit. de www.marxists.org/archive/mars/works/1853/06/25.htm.
21. Cit. de www.marxists.anu.edu.au/archive/marx/works/1849/01/13.htm. Em função da natureza (obviamente) problemática desse trecho, devemos citá-lo também no original:

Die ganze frühere Geschichte Östreich beweist es bis auf diesen Tag, und das Jahr 1848 hat es bestägit. Unter allen den Nationen und Natiönchen Östreichs sind nur drei, die die Träger des Fortschritts waren, die aktiv in die Geschichte eingegriffen haben, die noch jetzt lebensfähig sind – die *Deutschen*, die *Polen*, die *Magyaren*. Daher sind sie jetzt revolutionär.

Alle andern grossen und kleinen Stämme und Völker haben zunächst die Mission, im revolutionären Weltsturn unterzugehen. Daher sind sie jetzt kontrerevolutionär ... Es ist kein Land in Europa, das nicht in irgendeinem Winkel eine oder mehrere Völkerruinen besitzt, Überbleibsel einer früheren Bewohnerschaft, zurückgedrängt und unterjocht von der Nation, welche später Trägerin der geschichtlichen Entwicklung wurde. Diese Reste einer von dem Gang der Geschichte, wie Hegel sagt, unbarmherzig zertretenen Nation, diese *Völkerabfälle* werden jedesmal und bleiben bis zu ihrer gänzlichen Vertilgung oder Entnationalisierung die fanatischen Träger der Kontrerevolution, wie ihre ganze Existenz überhaupt schon ein Protest gegen eine grosse geschichtliche Revolution ist ... Aber bei dem ersten siegreichen Aufstand des französischen Proletariats, den Louis-Napoleon mit aller Gewalt heraufzubeschwören bemüht ist, werden die österreichischen Deutschen und Magyaren frei werden und anden slawischen Barbaren blutige Rache nehmen. Der allgemeine Krieg, der dann ausbricht, wird diesen slawischen Sonderbund zersprengen und alle kleinen stierköpfigen Nationen bis auf ihren Namen vernichten.

Der nächste Weltkrieg wird nicht nur reaktionäre Klassen und Dynastien, er wird auch ganze reaktionäre Völker vom Erdboden verschwinden machen. Und das ist auch ein Fortschritt.

A sentença-chave é por vezes traduzida como "A principal missão de todos os outros povos e raças, pequenos e grandes, é perecer no holocausto revolucionário", e como tal usada contra Marx como o precursor do holocausto – mas a palavra "holocausto" não é usada na frase, em que é dito que a missão das nações contrarrevolucionárias é "*im revolutionären Weltsturm unterzugehen*" ("perecer/desintegrar-se na tempestade revolucionária mundial").

22. Cit. de www.marxists.org/archive/marx/works/1882/letters/82_09_12.htm.
23. Cit. de www.marxists.org/archive/marx/works/1882/letters/82_09_26.htm.
24. Cit. de www.aljazeera.com/indepth/opinion/2013/02/2013267247320891.html.
25. Chandra Bhan Prasad, liderança intelectual *dalit*, celebrou o inglês ao abençoá-lo como uma "deusa Dalit". Ver www.openthemagazine.com/article/nation/jai-angrezi-devi-maiyya-ki. Devo esses dados a meu bom amigo S. Anand (Nova Délhi).
26. Devo essa linha de pensamento a Saroj Giri, de Nova Délhi. Podemos dizer algo semelhante sobre a China atual: é errado afirmar que a China enfrenta a opção de se tornar um país verdadeiramente capitalista ou manter um regime comunista que impede o pleno desenvolvimento capitalista. Essa escolha é falsa: na China, o crescimento capitalista está explodindo não apesar do regime comunista, mas por causa dele, ou seja, longe de ser um obstáculo ao desenvolvimento capitalista, o regime comunista garante as melhores condições para o capitalismo desenfreado.

27. Vamos arriscar outro exemplo extremo dessa ferida libertadora. Em 7 de outubro de 2013, a mídia divulgou ter sido recentemente inaugurada na Índia uma "fábrica de bebês", na qual mães de aluguel poderão gestar filhos de casais ocidentais por cerca de 8 mil dólares. A fábrica, criada pela dra. Nayna Patel, vai abrigar centenas de mães de aluguel num complexo milionário que terá uma loja de presentes e quartos de hotel para as pessoas que forem buscar os recém-nascidos. As mulheres produzirão bebês por dinheiro como forma de escapar da pobreza extrema, engravidadas usando esperma e embriões enviados pelo correio, com os casais sem filhos visitando a Índia somente para pegar o novo rebento. A dra. Patel vê seu trabalho como uma "missão feminista" de reunir mulheres necessitadas com mães potenciais incapazes de conceber – sem dúvida, uma declaração caracterizada por um cinismo brutal. Entretanto não podemos imaginar uma situação em que alugar o útero a outra mulher significasse definitivamente um ato de solidariedade feminista em desafio às noções tradicionais de feminilidade substancial?
28. Mas que dizer da experiência oposta de nossa própria língua como provinciana, primitiva, marcada pela patologia de paixões e obscenidades privadas que dificultam a expressão e o raciocínio claros, cuja experiência nos pressiona a usar a língua secundária universal a fim de pensar com clareza e liberdade? Não é essa a lógica da constituição de uma língua nacional para substituir uma multiplicidade de dialetos?
29. Jacques Lacan, *The Psychosis: The Seminar of Jacques Lacan, Book III, 1955-56*, Londres e Nova York, Routledge, p.243 [ed. bras., *O seminário*, livro 3, *As psicoses, 1955-56*, Rio de Janeiro, Zahar, 1988].
30. Idem.
31. George Orwell, *The Road to Wigan Pier* (1937), cit. de www.orwell.ru/library/novels/The_Road_to_Wigan_Pier/english/e_rtwp.
32. Um bizarro episódio da vida de Chapman demonstra que ele tinha plena consciência do que significa um verdadeiro engajamento: em 1887, quando era aluno de direito, atacou e agrediu um homem por insultar sua namorada, Minna Timmins. Atormentado pelo remorso, ele se puniu por esse ato colocando a mão esquerda no fogo – a queimadura foi tão forte que ela teve de ser amputada.
33. John Jay Chapman, *Practical Agitation*, Nova York, Charles Scribner & Sons, 1900, p.63-4.
34. Bülent Somay, *"L'Orient n'existe pas"* (tese de doutorado, Birkbeck School of Law, Londres, 2013).
35. Ver Walter Lippmann, *Public Opinion*, Charleston, BiblioLife, 2008.
36. Quando, no verão de 2013, Estados da Europa ocidental detiveram o avião presidencial de Evo Morales, no qual ele voltava de Moscou para a Bolívia, suspeitando de que Edward Snowden estivesse escondido a caminho do exílio naquele país, o aspecto mais humilhante é que os europeus tentaram manter sua dignidade: em vez de admitirem abertamente que agiram sob pressão dos Estados Unidos, ou de fingirem que simplesmente seguiam a lei, eles justificaram a detenção com

base em aspectos técnicos, afirmando que o voo não tinha sido adequadamente registrado em seu controle de tráfego aéreo. O efeito foi terrível – os europeus não só apareceram como servos dos Estados Unidos, mas chegaram a tentar encobrir sua servidão invocando tecnicismos ridículos.

37. Como observou Wendy Brown num debate público realizado no Birkbeck College.

38. Quanto à "democracia direta", o caso da Suíça é instrutivo. A Suíça é com frequência celebrada como "o Estado mais próximo em todo o mundo de uma democracia direta", mas é precisamente por causa de suas formas de "democracia direta" (referendos, iniciativas populares locais etc.) que esse país só deu direito de voto às mulheres em 1971, que dois anos atrás conseguiu proibir a construção de minaretes, que resiste à naturalização de trabalhadores imigrantes e assim por diante. Além disso, a forma como os referendos são organizados tem uma peculiaridade: juntamente com o papel para registrar sua decisão, cada eleitor recebe um panfleto contendo a "sugestão" do governo sobre como votar. Para não mencionar o fato de que a Suíça, esse modelo de democracia direta, tem um dos mecanismos de tomada de decisões menos transparentes: grandes decisões estratégicas são tomadas por conselhos, fora do debate e do controle públicos.

39. Alain Badiou e Elisabeth Roudinesco, "Appel aux psychanalystes. Entretien avec Eric Aeschimann", *Le Nouvel Observateur*, 19 abr. 2012.

40. Comunicação pessoal (abr. 2013).

41. Cit. de Nicolas Fleury, *Le réel insensé: Introduction à la pensée de Jacques Alain-Miller*, Paris, Germina, 2010, p.93-4.

42. Traduzido por John Ashbery, cit. de www.poetryfoundation.org/poetrymagazine/poem/241582.

43. Saroj Giri, "Communism, Occupy and the Question of Form", *Ephemera*, vol. 13(3), p.594.

44. Ibid., p.595.

45. Ibid., p.590.

46. Devo essa referência ao *Notrecht* de Hegel a Costa Douzinas, que o desenvolveu em sua intervenção, sob o título "O direito à revolução?", no colóquio "A materialidade do absoluto", organizado em Londres pela Birkbeck School of Law entre os dias 10 e 12 de maio de 2013. Trechos de *Philosophy of Right* de Hegel são citados de www.marxists.org/reference/archive/hegel/works/pr/prcontent.htm?.

47. Marx, carta de 5 de março de 1852 a Joseph Weydemeyer, *MECW* 39, p.65.

48. Na Índia, milhares de trabalhadores intelectuais empobrecidos são empregados no que se chama ironicamente de *like farms* [fazendas de curtir]: são pagos (miseravelmente) para ficar sentados o dia inteiro na frente de um computador pressionando sem parar o botão "curtir" em páginas que pedem ao visitante ou cliente para clicar em "curtir" ou "não curtir" um produto em questão. Dessa maneira, um produto pode artificialmente parecer muito popular e assim seduzir potenciais clientes ignorantes a comprá-lo (ou pelo menos a ficar sabendo sobre ele), seguindo a lógica do "deve haver alguma coisa nele para satisfazer tantos clientes". É o

bastante no que se refere às reações dos fregueses. (Devo essa informação a Saroj Giri, de Nova Délhi.)

49. Informação que me foi passada por Shulamith Aloni, que, como ministra da Educação no governo Rabin, também fez parte da delegação israelita.

Apêndice: *Nota bene!* (p.221-45)

1. Tyler O'Neal, "Dark Knight and Occupy Wall Street: The Humble Rise", *Hillsdale Natural Review*, 21 jul. 2012, disponível em: hillsdalenaturallawreview.com/2102/07/21/dark-knight-and-occupy-wall-street-the-humble-rise.
2. R.M. Karthick, "The Dark Knight Rises a 'Fascist'?", *Society and Culture*, 21 jul. 2012, disponível em: wavesunceasing.wordpress.com/2012/07/21/the-dark-knight-rises-a-fascist.
3. Tyler O'Neal, op.cit.
4. Christopher Nolan, entrevista em *Entertainment*, 1216 (jul. 2012), p.34.
5. Ver www.buzzinefilm.com/interviews/film-interview-dark-knight-rises-christopher-nolan-jonathan-nolan-07192012.
6. Karthick, op.cit.
7. Ver edition.cnn.com/2012/07/19/showbiz/movies/dark-knight-rises-review-charity/index.html?iref=obinsite.
8. Forrest Whitman, "The Dickensian Aspects of *The Dark Knight Rises*", 21 jul. 2012, disponível em: www.slate.com/blogs/browbeat/2012/07/23/the_dark_knight_rises_inspired_by_a_tale_of_two_cities_the_parts_that_draw_from_dickens_html.
9. Karthick, op.cit.
10. Tom Hardy, o ator que faz o papel de Bane, também fez o de Charles Bronson/Michael Peterson, o lendário presidiário britânico conhecido por uma mistura de violência, busca por justiça e senso artístico que o torna semelhante a Bane, em *Bronson* (2010).
11. Cit. de Jon Lee Anderson, *Che Guevara: A Revolutionary Life*, Nova York, Grove, 1997, p.636-7.
12. Idem.
13. Søren Kierkegaard, *Works of Love*, Nova York, Harper & Row, 1962, p.114.
14. Um exemplo literário supremo desse "assassinato por amor" ocorre em *Amada*, de Toni Morrison, em que a heroína mata a filha para evitar que esta seja escravizada.
15. Deve-se observar a ironia do fato de o filho de Neeson ser um devoto muçulmano xiita e de o próprio Neeson frequentemente falar de sua futura conversão ao islã.
16. Baseio-me aqui numa ideia elaborada por Srecko Horvat (Zagreb).
17. Para uma análise mais detalhada de *O Cavaleiro das Trevas*, ver o capítulo 1 de Slavoj Žižek, *Living in the End Times* (Londres, Verso Books, 2011).
18. Deixo de fora considerações sobre os assassinatos no cinema em Aurora, que de forma alguma se refletem especificamente no filme.

19. E não se deveria evitar imaginar uma versão alternativa do filme, semelhante ao que Ralph Fiennes fez com *Coriolano*: nesse filme, é como se Coriolano, obviamente deslocado na intrincada hierarquia de Roma, só se tornasse o que é, ganhando a liberdade, quando se junta aos volscos (com seu líder Aufídio fazendo o papel de Bane). E não se junta a estes simplesmente a fim de se vingar de Roma; junta-se a eles porque esse é seu lugar. Juntando-se aos volscos, Coriolano não trai Roma em razão de um senso de revolta menor, mas recupera sua integridade. Seu único ato de traição ocorre no final, quando, em vez de liderar o exército volsco contra Roma, organiza um tratado de paz entre os volscos e Roma, sucumbindo diante da pressão de sua mãe, a verdadeira figura do superego maligno. É por isso que ele retorna aos volscos plenamente consciente do que o espera: a merecida punição por sua traição. Assim, que tal imaginarmos um Batman juntando-se às forças de Bane em Gotham City – após ajudá-las a quase derrotar o poder de Estado, ele sucumbe, faz a mediação de um armistício e depois retorna aos rebeldes, sabendo que será morto por sua traição?

Tais experimentos com versões alternativas muitas vezes contêm um potencial crítico-ideológico. A premissa de *Superman – Entre a foice e o martelo*, de Mark Millar (DC Comics, 2003), é que o Super-Homem foi criado na União Soviética; a história (que mistura versões alternativas dos super-heróis da DC com versões alternativas-realistas de figuras políticas reais como Stálin e Kennedy) começa com a nave do Super-Homem aterrissando numa fazenda coletiva da Ucrânia, e não no Kansas, de modo que, em vez de lutar por "verdade, justiça e o *American way of life*", o Super-Homem é descrito nas transmissões de rádio soviéticas como "o Ídolo do trabalhador comum que trava uma batalha sem fim por Stálin, pelo socialismo e pela expansão internacional do Pacto de Varsóvia". Será que *Entre a foice e o martelo* não fornece um belo exemplo da "alienação" (*Verfremdung*) brechtiana? O efeito perturbador do foguete do Super-Homem aterrissando na União Soviética, o sentimento espontâneo de que "alguma coisa está errada", de que o Super-Homem aterrissou num lugar errado, nos torna conscientes de como a figura desse herói está firmemente arraigada no universo ideológico norte-americano.

20. A propósito, o debate sobre a simulação de afogamento ser tortura ou não deveria ser deixado de lado como algo obviamente sem sentido: por que, se não por causar dor e medo da morte, essa prática faz com que suspeitos de terrorismo resistentes abram a boca? É por isso que se deve rejeitar o argumento "realista" segundo o qual a simulação de afogamento é somente um "artifício de tortura mental" em que o prisioneiro pensa que vão afogá-lo, mas na verdade não corre muito perigo: deveríamos pesar, de um lado, o benefício e o potencial efeito de salvar vidas da informação que pode ser obtida mediante esse artifício e, de outro, o crime que constituiria o próprio artifício. Entretanto, a simulação de afogamento é vivenciada por sua vítima como uma ameaça real, da mesma forma que fingir atirar num prisioneiro (algo que Dostoiévski descreveu há muito tempo) é uma experiência apavorante mesmo que o prisioneiro realmente não corra muito perigo.

Assim, estamos de volta ao cálculo utilitarista – o breve sofrimento de um contra o destino de muitos.

21. Ver lazersilberstein.tumblr.com/post/26499132966/according-to-slavoj-zizek-no-one-understands-slavoj-zizek.
22. Há um procedimento homólogo na língua inglesa. No domínio da política, frequentemente se usa (com ironia) a forma passiva de um verbo ativo – digamos, quando um político é forçado a se demitir [*step down*] "voluntariamente", comenta-se que ele foi "demitido" [*stepped down*]. Na China, durante a Revolução Cultural, usava-se até uma forma neutra – como "luta" – numa versão artificial passiva ou ativa. Quando um quadro acusado de revisionismo era submetido a uma sessão de "luta ideológica", dizia-se que ele era "lutado" ou que o grupo revolucionário o estava "lutando". (Aqui, o verbo intransitivo foi transformado em transitivo: não apenas lutamos, mas lutamos *alguém*.) Tais distorções da gramática "normal" expressam adequadamente a lógica subjacente; em consequência, em vez de rejeitá-las como distorções violentas do uso normal da linguagem, deveríamos louvá-las como formas de revelar a violência subjacente a esse uso normal.
23. É impossível esquecer um belo detalhe do roteiro do filme: as duas *mulheres* que foram membros do grupo (papéis desempenhados por Susan Sarandon e Julie Christie) é que permanecem fiéis a seu antigo compromisso, enquanto todos os *homens* chegam a um acordo em nome das responsabilidades familiares – contrariamente ao mito padrão de que as mulheres são mais apegadas às famílias, enquanto os homens estão prontos para correr riscos pela Causa.

FSC
www.fsc.org
MISTO
Papel produzido a partir de fontes responsáveis
FSC® C019498

A marca FSC é a garantia de que a madeira utilizada na fabricação do papel deste livro provém de florestas de origem controlada e que foram gerenciadas de maneira ambientalmente correta, socialmente justa e economicamente viável.

Este livro foi composto por Letra e Imagem em Dante Pro 11,5/16 e impresso em papel offwhite 80g/m^2 e cartão triplex 250g/m^2 por Geográfica Editora em agosto de 2015.